KLETT-COTTA

Doug & Naomi Moseley

Neuer Partner –
neues Glück

So gelingt Ihre nächste Beziehung

Aus dem Amerikanischen
von Maren Klostermann

Mit zwei Vorworten
für den deutschsprachigen Leser
von Ines und Bernhard Mäulen

Klett-Cotta

Klett-Cotta

www.klett-cotta.de/psycho

Die Originalausgabe erschien unter dem Titel »Making your second
marriage a first-class success« im Verlag Three Rivers Press, New York

© by Doug and Naomi Moseley

Für die deutsche Ausgabe

© J. G. Cotta'sche Buchhandlung Nachfolger GmbH, gegr. 1659,
Stuttgart 2009

Fotomechanische Wiedergabe nur mit Genehmigung des Verlags

Printed in Germany

Schutzumschlag: Finken & Bumiller, Stuttgart

Unter Verwendung eine Fotos von © Image source/Corbis

Gesetzt aus der Scala von Dörlemann

Auf säure- und holzfreiem Werkdruckpapier gedruckt

und gebunden von Clausen & Bosse, Leck

ISBN 978-3-608-94508-9

Bibliographische Information der Deutschen Nationalbibliothek
Die Deutsche Nationalbibliothek verzeichnet diese Publikation in der
Deutschen Nationalbibliographie; detaillierte bibliographische
Daten sind im Internet über http://dnb.d-nb.de abrufbar.

Inhalt

Vorwort
für den deutschsprachigen Leser
von einem Mann

Bernhard Mäulen: Die Zeit vor meiner Scheidung 1992 war eine schwere Zeit für mich. Deshalb hatte ich fest vor, die Fehler der ersten Ehe zu vermeiden, sollte ich noch einmal eine Frau kennen und lieben lernen. Als ich dann tatsächlich meine zweite Frau heiratete, war ich aufmerksamer, bewusster, vergaß nicht, dass Liebe, die vernachlässigt wird, absterben kann. Was ich allerdings nicht kannte, waren die Einsichten und Methoden, die einem das vorliegende Buch offeriert: Ideen und Übungen, wie Paare in einer Beziehung Nähe und Offenheit leben und erhalten könnten.

Dabei gibt es Themen und Konflikte, die besonders in Zweit-Ehen immer wieder auftauchen. In diesem Buch erläutern Doug und Naomi Moseley vor dem Hintergrund ihrer eigenen Erfahrung, wie Paare, bei denen ein oder beide Partner eine längerfristige Liebesbeziehung hinter sich haben, wieder vertrauen und lieben können. Ihre Methoden sind einfach und herausfordernd zugleich: Gefühle zeigen, den eigenen Körper spüren, 100 % für sich Verantwortung übernehmen und immer wieder den Mut haben, sich für den Partner/die Partnerin zu öffnen. Ich habe gesehen, dass ihre Methoden funktionieren und habe großen Respekt vor diesem Prozess. Ich wurde Augenzeuge, wie sie verzweifelten Paaren, die voller Schmerz, Wut und Tränen waren, geholfen haben, einen Neuanfang zu machen, statt auf eine erneute Trennung oder Scheidung hinzusteuern. Wie? Mit den Ansätzen, die sie hier in diesem Buch beschreiben. In meiner eigenen zweiten Ehe haben sie mir geholfen, heiße Themen anzusprechen, ehrlicher zu werden, vor allem zu mir selbst. Schlußendlich haben sie mich und meine Frau Ines ausgebildet; ich konnte gemeinsam mit ihr verfolgen, dass die in diesem Buch geschilderten Methoden auch bei deutschen Kursteilnehmern/-innen nachhaltig positive Veränderungen bewirken. Früher konnte ich als Mann oft zu wenig von anderen therapeutischen Methoden profitieren. Bei der Moseley-Methode habe ich aber verschiedene Zugänge erlebt und vermittle sie nun anderen Männern, was uns zu einer eigenen Kraft und Stärke führen kann. Eine Hoffnung angesichts der verbreiteten Resignation postmoderner Männer in einer von weiblicher Dominanz geprägten Beziehungswelt. Wenn Partner erfüllende Nähe wollen, müssen beide etwas aufgeben: Wir Männer oft das Schweigen, den Rückzug, die Frauen die oft nörgelnde Anklage, das Rationieren von Sex.

In diesem Buch kommen zahlreiche Beispiele vor, wie Paare Blockaden bei Themen wie Sex, Kinder oder Geld, an denen viele sich verhaken, schrittweise lösen können. Doug und Naomi Moseley schildern ihre Methoden anschaulich, ihre Sprache ist direkt und verständlich. Auf Schwierigkeiten wird eindeutig hingewiesen, und das ist gut so. Eine lebendige Beziehung aufzubauen und zu erhalten, speziell auch in einer zweiten Ehe, ist nicht leicht. Es braucht Einsatz und Hingabe von beiden Partnern. Ich empfehle dieses Buch allen, die etwas für ihre Beziehung tun wollen und selbst mehr Nähe erleben möchten.

Vorwort
für den deutschsprachigen Leser
von einer Frau

Ines Mäulen: Die Moseley-Arbeit habe ich kennen gelernt, weil mein Mann mich sehr hartnäckig über lange Zeit gebeten hat, gemeinsam mit ihm ein Seminar zu besuchen. Zumeist sind es ja wir Frauen, die die Männer beknien, zu einer Therapie mitzukommen. Anfangs hatte ich mir – nach vielen eigenen therapeutischen Ausbildungen – nichts groß Neues erwartet. Jedoch wurde mir, nicht zuletzt durch die Offenheit und tiefe Wahrhaftigkeit von Doug und Naomis persönlichen Schilderungen, schon im Verlauf des ersten Seminartages rasch klar, dass ich hier eine Menge Neues lernen konnte – sowohl und zuerst für meine eigene Partnerbeziehung, als dann auch für meine therapeutische Arbeit. Ich empfand die neuen Erkenntnisse als teilweise schmerzhaft, wenig schmeichelhaft, aber ungeheuer erhellend. Wahrheit – auch die unbequeme Sorte – übte schon immer eine enorme Anziehungskraft auf mich aus, und da sie hier mit viel Humor, Mitgefühl und Weisheit gepaart ist, konnte ich es zulassen, einige meiner festgefahrenen Verteidigungspositionen aufzugeben, zugunsten von mehr emotionaler Lebendigkeit und Nähe.

Innerhalb von zwei Jahren selbständigen Übens sowie weiterer Seminare hat sich die Methode der Moseleys für mich selbst und meine Partnerschaft als wahrer Schatz erwiesen. Bei der Arbeit mit Klienten in intensiveren Wochenendseminaren, bei denen die in diesem Buch geschilderten Erkenntnisse und Wege in klare Schritte der Veränderung umgesetzt und diese geübt wurden, zeigte sie sich als wunderbar tiefgreifend, hilfreich und effektiv für die Partnerschaft.

Wer viele Beziehungsratgeber, die schnelle und einfache Lösungen anbieten, als zu oberflächlich oder manchmal gar illusionär entlarvt hat, wird dieses Buch als wahre Fundgrube echter Schätze betrachten, die profunder Prüfung standhalten. Mit ihrer beeindruckenden Klarheit und Unbestechlichkeit helfen die Autoren, unrealistische romantische Vorstellungen zu durchschauen und loszulassen, zugunsten echter Emotionen und einer starken, tragfähigen Bindung.

Dr. med. Bernhard Mäulen und Dr. med. Ines Mäulen

Villingen-Schwenningen, im August 2008

Moseley-Kurse in Deutschland:
www.Be-Yourself-Beziehungstherapie.com
[http://www.Be-Yourself-Beziehungstherapie.com]

Dank

Unser besonderer Dank gilt unseren Agenten Paula Munier Lee
und Ethan Ellenburg für ihren Beitrag zur Planung dieses Pro-
jekts. Wir danken Susan Silva für die Betreuung des Buches auf
seinem weiteren Weg und Leslie Eschen für ihre wundervollen
Bearbeitungsfähigkeiten.

Die Unterstützung von Stephen Foster und Jane Mortifee war
eine unschätzbare Hilfe für uns. John Niendorff übernahm eine
Schlüsselrolle bei der Gestaltung des Materials. Dank auch an
Mik und Laura Madsen, John Blaxall und Deepa Narayan, Mary
Ann und Gref Hillman sowie Krysta Kavenaugh und Gerry
Brown für ihren Beitrag zu wesentlichen Punkten. Vor allem
danken wir all unseren Klienten und Freunden, die uns immer
wieder ihre Verletzlichkeit und Wahrheit angeboten haben und
damit dieses Buch ermöglicht haben.

Einleitung

Dieses Buch richtet sich an alle, die den nächsten Anlauf unternehmen, um ihr Glück in der Liebe zu finden: An Menschen, die gerade eine neue Partnerschaft oder Ehe eingegangen sind (oder sich mit dieser Absicht tragen). An Menschen, die den schmerzlichen Prozess einer Trennung oder Scheidung kennen und es beim nächsten Mal besser machen möchten, und an alle beziehungserprobten Partner, die das Gebiet der Paardynamik gründlicher erforschen möchten als bisher.

Ein Wort zu unserem Ansatz

Wir sind zwei miteinander verheiratete Paartherapeuten, die beide eine Ehe mit anderen Partnern hinter sich haben. Die in diesem Buch beschriebenen Grundsätze haben wir selbst mit großem Erfolg angewendet und sie in den letzten zehn Jahren Hunderten anderer Paare in Workshops und Seminaren vermittelt. Wir wissen, dass sie funktionieren. Aber wir möchten von Anfang an klarstellen, dass es bei unserem Ansatz nicht um »Friede, Freude, Eierkuchen« geht. Er zielt vielmehr auf eine gründliche Selbsterforschung – auf die Freilegung von verborgenen Anteilen und Orten in unserem tiefsten Innern (die zu betrachten uns zum Teil großes Unbehagen bereitet), um die wahre Ursache der Schwierigkeiten in einer Paarbeziehung aufzudecken. Eine solche Konfrontation mit sich selbst und die Durchführung der vorgeschlagenen Veränderungen ist nicht immer leicht. Doch die Zeit und Mühe, die man in die Meisterung und Anwendung der vorgestellten Konzepte investiert, wird sich noch auf Jahre hinaus durch einen dauerhaften Gewinn an Nähe und Intimität in der Partnerschaft auszahlen.

Wir haben unsere gemeinsame Tätigkeit im Jahr 1986 aufgenommen und zunächst in einer kleinen privaten Praxis mit Einzelpersonen gearbeitet. Schon bald stellten wir fest, dass wir am liebsten zügig arbeiten, schnell in die Tiefe gehen und kein Geld für überflüssige Therapiesitzungen verschwenden. Deshalb haben wir einen Therapiestil entwickelt, der sehr direkt ist und geradewegs zum Kern der Probleme vorstößt. Nach unserer Heirat im Jahr 1988 wuchs aus naheliegenden Gründen unser Interesse an der Paartherapie, und wir übertrugen unsere Arbeitsmethode auf diesen neuen Bereich. Als wir unsere Beratungstätigkeit einige Jahre später auf die Arbeit mit Gruppen, auf Workshops und Seminare ausweiteten, behielten wir unseren »Nägel-mit-Köpfen«-Ansatz ganz automatisch bei.

In unserem ersten Buch *Dancing in the Dark: The Shadow Side of Intimate Relationships* (North Star Publications, 1994) haben wir die Grundlagen dieser Beziehungsansätze dargelegt und bestimmte Verhaltensmuster untersucht, in denen alle Beziehungen gelegentlich feststecken. Dazu gehörten auch Beschreibungen der sogenannten dunklen Seiten, die beide Partner in typischen Beziehungssituationen an den Tag legen. Die Rückmeldungen, die wir nach der Veröffentlichung dieses Buches erhielten, haben uns gezeigt, dass diese Beschreibungen so charakteristisch und überzeugend waren, dass viele Menschen sich selbst und ihre individuellen Beiträge zu den Problemen in ihrer Partnerschaft darin wiedererkannten. Außerdem stellten wir fest, dass Partner bereitwilliger Verantwortung übernehmen, sobald sie mehr Klarheit über sich selbst gewinnen. Wer noch nicht damit vertraut ist, wie man sich mit seinen dunklen Seiten konfrontiert und sie bewältigt, findet in diesem Buch eine hilfreiche Einführung in die Materie.

Manchmal werden wir gefragt, warum wir unsere Arbeit vorzugsweise darauf ausrichten, die schwierigen Elemente einer Beziehung und die problematischen Anteile der Partner zu beleuchten. Ist das Ganze nicht ohnehin schwierig genug? Wollen wir das Negative nicht lieber einfach hinter uns lassen? Unserer

Ansicht nach führen Probleme, vor denen man sich versteckt, zu immer weiteren Problemen. Ihnen ins Auge zu sehen, steigert dagegen die Bewusstheit und löst Erleichterung aus. Größere Bewusstheit bringt Spannung und Aufregung mit sich, was schließlich zu einem erfüllteren Leben führt.

Was Sie in diesem Buch finden

Grundlegend für unsere Arbeit ist, dass wir die Aufmerksamkeit auf bestimmte Themenschwerpunkte richten.

Auf den bewussten Entschluss, sich dauerhaft zu binden, und damit auf die Verpflichtung, sich voll und ganz für das Gelingen der Partnerschaft einzusetzen.

Auf Gefühle, und damit auf die Notwendigkeit, Gefühle zu lokalisieren, auszudrücken und anzunehmen.

Und auf die große Bedeutung von Gesprächen und Berührungen in Paarbeziehungen.

Diese Themen werden wir ausführlich behandeln.

In den Kapiteln des ersten Teils, *Neues Spiel, neues Glück*, gehen wir der Frage nach, was es bedeutet, sich bewusst für eine dauerhafte Beziehung zu entscheiden und sich engagiert für ihr Gelingen einzusetzen. Wie kann man vermeiden, die alten Fehler zu wiederholen? Was kann man tun, um die neue Partnerschaft auf eine sichere Grundlage zu stellen?

Im zweiten Teil, *Wer Leidenschaft will, muss seine eigenen Gefühle kennen – das Emotionstraining*, betreten wir den anspruchsvollen Bereich des Gefühlstrainings. Sind Sie in erster Linie ein vernunftbetonter oder ein gefühlsbetonter Typ – ein Kopf- oder ein Bauchmensch? Wie kommt das in Ihrer Partnerschaft zum Ausdruck? Wie können sich Mann und Frau aus ihren Rollenzwängen befreien und gemeinsam an ihrer Ganzheit arbeiten?

Teil 3, *Der Einfluss früherer Beziehungen: Expartner, Kinder und Geld*, behandelt Probleme, die sich aus ehemaligen Partnerschaften oder Ehen ergeben können: Ist der Expartner ständig als unsichtbarer Dritter in der neuen Beziehung präsent? Was ist im

Umgang mit den Kindern Ihres Partners erlaubt oder strengs-
tens verboten? Wie räumt man der neuen Partnerschaft Priorität
vor der Beziehung zu den Kindern ein? Und wie geht man mit
den vielen Fragen um, die sich im Hinblick auf die gemeinsamen
Einnahmen und Ausgaben ergeben?

Der vierte Teil, *Beziehungskompetenz,* befasst sich mit folgenden Fragen: Sind sich die Partner der großen Bedeutung von Gesprächen und Berührungen in ihrer Partnerschaft bewusst? Offenbaren beide im Umgang miteinander ihr wahres Selbst oder
kehren sie Probleme unter den Teppich und hoffen, dass sie
nicht zum Vorschein kommen? Abschließend haben wir noch etwas zum Thema Prioritäten zu sagen.

Da dies ein Buch über »zweite Anläufe« ist, über Menschen, die
bereits mindestens eine gescheiterte langjährige Beziehung oder
Ehe hinter sich haben, gehen wir davon aus, dass die Partner bereit sind, eine offene und verantwortungsbewusste Sprache zu
akzeptieren. Da sie mehr Lebenserfahrung im Gepäck haben,
unterstellen wir, dass sie ein stärkeres Bedürfnis nach persönlicher Reifung und Erkenntnis haben. Das ist, wie Sie vermutlich
schon erraten haben, ein wiederkehrendes Thema dieses Buches. Wir gehen von der Annahme aus, dass Menschen, die bereits mindestens eine langjährige Beziehung oder Ehe hinter
sich haben (so wie wir selbst), im Leben vorankommen und ihre
Zeit nicht damit vergeuden wollen, um den heißen Brei herumzureden und heiklen Themen auszuweichen.

Vielleicht fällt Ihnen auf, dass wir gelegentlich zu Übertreibun-
gen neigen, um unser Anliegen zu verdeutlichen. In unseren Fallbeispielen beschreiben wir mitunter einen bestimmten Persön-
lichkeitsaspekt und befassen uns ausschließlich mit diesem einen
Aspekt. Wenn wir beispielsweise sagen, dass Männer sich eher
von ihrem rationalen Denken leiten lassen und sich ihrer Gefühle
nicht bewusst sind, meinen wir damit nicht, dass *alle* Männer *immer und überall* blind für ihre Gefühle sind. Wir möchten einfach
die Aufmerksamkeit auf ein wichtiges Problem lenken. Tatsäch-

lich sind wir überzeugt, das jeder Mensch auf der Welt über eine facettenreiche, vielschichtige Persönlichkeit verfügt und dass niemand sich auf eine einzige Kategorie reduzieren lässt. Doch wir alle stecken mitunter in bestimmten Lebensbereichen fest, und manchmal erweist es sich als hilfreich, Phänomene in leicht erkennbare – auch plakative – Kategorien zu ordnen, um mehr Klarheit zu gewinnen und eine Lösung zu finden.

Erst die Arbeit, dann das Vergnügen

Einige Experten, die sich mit Beziehungsfragen befassen, neigen dazu, die schwierigen Elemente zu ignorieren und stattdessen »auf das Positive zu setzen«, »das Glück zu bestärken« oder was es sonst an griffigen Slogans geben mag. Auf kurze Sicht verkauft sich diese Botschaft gut – wir alle möchten glücklich sein, ohne uns dafür besonders anstrengen zu müssen. Doch nach unserer Erfahrung führt diese Art von Ansatz einfach nicht zu einer bedeutungsvollen, dauerhaften Veränderung in der Realität von Beziehungen. Warum nicht? Weil die Partner nicht ermutigt werden, mehr darüber zu lernen, wer sie als Individuen sind und wer sie als Paar sind. Wir vertreten einen ganz anderen Standpunkt: Glück ist ein Gefühl, das sich einstellt, wenn wir fähig sind, alle Seiten an uns, die hellen und die dunklen, zu erkennen und wertzuschätzen.

Als eifrig Suchende in Sachen Liebe haben die meisten von uns den elementaren Wunsch, die Beziehung zum Partner immer weiter zu verbessern, und sind deshalb bereit, an ihren Schwierigkeiten zu arbeiten. Das Problem ist, dass wir nur dann echte, dauerhafte Veränderungen bewirken können, wenn wir *uns selbst* erkennen, einschließlich aller Fehler und Schwächen. Wir müssen uns selbst ehrlich betrachten, auch wenn diese Betrachtung unserem Ego nicht immer förderlich ist. Eine der zentralen Botschaften dieses Buches lautet: *Wir müssen lernen, uns bewusst zu machen, was uns nicht bewusst ist, damit wir erkennen, was wir über uns selbst nicht wissen.*

Im Allgemeinen möchten Menschen vor Problemen lieber die Augen verschließen. Sie ziehen es vor, sich Vorstellungen von märchenhaften Ergebnissen hinzugeben. Die Folge ist, dass wir für die harte Arbeit an den schwierigen Teilen der Intimität schlecht gerüstet sind – für die Herausforderungen, die in jeder Beziehung auftauchen, in der es ehrlich zugeht oder zugehen sollte. Wir neigen dazu, vor den Problemen davonzulaufen, ziehen uns emotional zurück, wollen die andere Person ändern, gehen in die Defensive oder zum Gegenangriff über – kurz, setzen alle Hebel in Bewegung, um nur ja nicht innezuhalten und den Blick nach innen, auf uns selbst, zu richten. Doch um Nähe und Intimität auszuschöpfen, *müssen* wir diese kindischen Strategien überwinden und lernen, immer wieder die Anstrengung auf uns zu nehmen, in unserem eigenen Innern zu forschen.

Wir halten es für selbstverständlich, dass Liebe und Küsse, Wärme und Wertschätzung wundervolle und notwendige Elemente lebendiger Paarbeziehungen sind, doch wir schreiben nicht viel darüber, hauptsächlich weil diese Themenbereiche schon andernorts ausführlich behandelt werden. Nach unserer Erfahrung führt zudem der Versuch, »Liebe und Küsse« zum tragenden Element der Beziehung zu machen, ohne sich mit Gefühlen wie Ärger oder Wut auseinanderzusetzen, letztendlich zu Stagnation und Bitterkeit. Wenn Partner dagegen bereit sind, direkt an Ärger, Wut, Stagnation und Bitterkeit zu arbeiten, die gelegentlich in ihrer Beziehung auftauchen, *landen sie automatisch* bei »Liebe und Küssen«, spätestens wenn die schwierigen Gefühle geklärt sind.

Teil 1

Neues Spiel, neues Glück

1 Die alten Fehler vermeiden

Nach einer oder mehreren gescheiterten Beziehungen oder Ehen suchen die meisten Menschen nach der Antwort auf die grundlegende Frage: »Wie kann ich es vermeiden, dass dieselben Fehler, dieselben Probleme auftreten wie in meiner letzten Beziehung?« Leider lautet die Antwort meistens: »Diesmal suche ich mir einen *ganz anderen* Partner!« Doch wir geben uns einer Illusion hin, wenn wir glauben, wir könnten uns nach einer gescheiterten Beziehung sofort in eine neue, besser funktionierende Partnerschaft stürzen, ohne uns zuvor mit einem der Hauptgründe für das Scheitern der letzten Beziehung – nämlich uns selbst – auseinandergesetzt zu haben.

Die Wahrheit ist, dass Beziehungen daran scheitern, dass beide Partner schwierige Persönlichkeitsanteile haben, aber nicht über die notwendigen Kenntnisse verfügen, um die Probleme in Angriff zu nehmen. Da gibt es zum Beispiel den Herrschsüchtigen, der immer Recht haben muss, und es gibt das Opfer, dem es immer gelingt, dem anderen die Schuld zuzuschieben. Kaum hat man sich auf die Beziehung eingelassen, taucht eine ganze Horde von inneren Kindern auf: das egozentrische Kind, das sich nur auf sich selbst konzentrieren möchte; das zusammengebrochene Kind, das zu leicht aufgibt; das trotzige Kind, das zu allem Nein sagt; das verängstigte Kind, das sich schutzsuchend hinter einer Abwehrmauer versteckt; und das Kind, das auf der Suche nach der unbeschwerten, immerwährenden Harmonie mit einem liebevollen Elternteil ist. Wir sehen die Person, die vom anderen nichts annehmen kann; den Verstandesmenschen, der zu sehr auf Kontrolle bedacht ist und Gefühle nicht erkennt, oder den überschäumenden emotionalen Typ, der weder seine Gefühle unter Kontrolle hat noch weiß, wie man Grenzen setzt oder respektiert.

Moseleys Gesetz der Anziehung

Aus unserer eigenen Erfahrung und von den Menschen, die in den letzten zehn Jahren an unseren Workshops und Seminaren teilnahmen, haben wir etwas gelernt, das wir als eines der grundlegenden Gesetze einer Paarbeziehung betrachten. Wir nennen es Moseleys Gesetz der Anziehung. Wir fühlen uns von Partnern angezogen, die uns in puncto emotionaler Reife in etwa ebenbürtig sind. Das bedeutet, dass ein Partner, der unter nicht geheilten emotionalen Verletzungen leidet, einen Partner mit ähnlichen Verletzungen anziehen wird (auch wenn es vielleicht anfangs nicht erkennbar ist). Ein Partner, der in einem bestimmten Bereich blockiert ist, wirkt reizvoll auf eine Person mit entsprechender Blockade. Ein Partner mit unausgereiften Persönlichkeitsanteilen entdeckt schließlich, dass er sich zu jemandem hingezogen fühlt, der in etwa den gleichen Entwicklungsbedarf hat. Natürlich ist das am Anfang keinem der beiden bewusst!

Das Gesetz der Anziehung führt zweifellos zu ärgerlichen Situationen, ist aber gleichzeitig eine ideale Voraussetzung für die persönliche Reifung. Das Gesetz erlaubt eine wichtige Schlussfolgerung: Wenn wir den aufrichtigen Wunsch haben, nicht noch einmal dieselben Fehler in der Liebe zu machen, können – und müssen – wir *uns selbst* ändern. Wenn wir uns einen Partner mit mehr Selbstbewusstheit wünschen, müssen wir uns an die Aufgabe machen, uns selbst besser kennenzulernen. Wenn wir einen reiferen Menschen als Partner anziehen wollen, müssen wir selbst reifen. Wenn wir uns mehr Lebendigkeit beim anderen ersehnen, müssen wir bereit sein, mehr Verantwortung für unsere eigene Lebendigkeit, für das, was wir sind und was wir bewirken, zu übernehmen.

Weichen Sie sich selbst nicht aus

Hier die logische Konsequenz aus dem Gesetz der Anziehung: *Wer Fehler in der Partnerschaft vermeiden will, darf sich selbst nicht ausweichen.* Folgebeziehungen, die mit größerer Leichtigkeit beginnen und besser funktionieren, scheinen sich durch vier gemeinsame Merkmale auszuzeichnen:

- Die Partner sind entschlossen, mehr darüber zu lernen, wie sie *ihre Wünsche und Bedürfnisse entdecken und ausdrücken* können.
- Sie bringen eine größere Bereitschaft mit, *persönliche Wertvorstellungen von Anfang an ehrlich zu vertreten.*
- Sie bemühen sich, *mehr darüber zu erfahren, was der Partner braucht* (um diese Bedürfnisse erfüllen können).
- Sie unternehmen *den engagierten Versuch, eigene Verletzungen zu heilen, bevor sie sich in eine neue Beziehung stürzen.*

Schauen wir uns einmal genauer an, was das bedeutet.

Die eigenen Wünsche und Bedürfnisse entdecken und zum Ausdruck bringen

Versuchen Sie, die folgenden Fragen zu beantworten: Was sind Ihre wichtigsten Bedürfnisse in einer Beziehung? Welche zwei oder drei Dinge brauchen Sie unbedingt von Ihrem Partner, um in Ihrer Partnerschaft glücklich und zufrieden zu sein? Was brauchen Sie, um Kraft zu tanken und sich so lebendig wie möglich zu fühlen? Welche konkreten Schritte kann Ihr Partner unternehmen, um diese Bedürfnisse zu erfüllen?

Die Fragen mögen einfach klingen, doch (wie Sie wahrscheinlich schon herausgefunden haben) fällt es den meisten Menschen sehr schwer, sie vollständig, verständlich und ehrlich zu beantworten. Wenn Sie Ihre eigenen Bedürfnisse nicht formulieren können, wie soll dann Ihr Partner in der Lage sein, sie zu erkennen? Wenn Ihr Partner Ihre Bedürfnisse nicht kennt, wie soll er sie dann erfüllen?

Wir wissen noch gut, wie schwer es uns selbst am Anfang unserer Partnerschaft gefallen ist, unsere Bedürfnisse zu formulieren. Doug litt noch immer darunter, dass es in seiner ersten Ehe jahrelang kaum körperliche Berührungen gegeben hatte. Er wusste sehr genau, dass er sich nur auf eine neue Beziehung einlassen wollte, in der tägliche Zärtlichkeiten dazugehörten. Doch zwischen dieser Erkenntnis und der Fähigkeit, sie auszusprechen, lagen Welten. Es schien ihm ein großes Risiko, so früh eine Forderung zu stellen und womöglich die Liebe seines Lebens zu verlieren, doch schließlich wagte er es. Naomi reagierte etwas verblüfft, als er sie gleich zu Beginn ihrer Beziehung damit konfrontierte, erklärte sich aber einverstanden und wollte versuchen, seinen Wunsch zu erfüllen. Dann war sie an der Reihe, ihre Bedürfnisse in Worte zu fassen. Naomi hatte in den vierzehn Jahren ihrer ersten Ehe viele Enttäuschungen und einen Treuebruch erlebt; deshalb standen Ehrlichkeit und Treue ganz oben auf der Liste ihrer Bedürfnisse. Auf Ehrlichkeit hatten wir uns bereits geeinigt, und jetzt erklärte sie, dass die Beziehung für sie zu Ende wäre, falls Doug sie betrügen würde.

Doug wünschte sich außerdem feste Zeiten für seine Selbsterforschung, mit der er nach dem Ende seiner ersten Ehe begonnen hatte. Naomi hatte das Bedürfnis, Zeit mit Doug zu verbringen und seine ungeteilte Aufmerksamkeit zu erhalten. Es war ihr wichtig, dass sie regelmäßig intensive Gespräche führten und dass er ihr zuhörte.

Obwohl es uns beide große Überwindung kostete, brachten wir diese Bedürfnisse klar und deutlich zum Ausdruck und legten damit die Grundlage, die unsere Ehe bis heute trägt.

In unseren ersten Ehen hatten wir beide nicht genügend Mut oder Erfahrung aufgebracht, um unsere Bedürfnisse offen und direkt zu äußern. Diesen Fehler wollten wir keinesfalls noch einmal machen. Bei unserer Arbeit ist uns aufgefallen, dass diese Haltung auch bei anderen Paaren, denen ein guter zweiter Start ins Glück gelingt, zu finden ist. *Je früher beide Partner ihre Bedürfnisse zum Ausdruck bringen, desto besser.* Wer eine gescheiterte Beziehung hinter sich hat, kann es sich einfach nicht leisten, das, was ihm wichtig ist, zu ignorieren oder so zu tun, als wäre es ihm gleichgültig.

Ehrlich zu den eigenen Wertvorstellungen stehen
Wenn Partner ihre Wertvorstellungen nicht von Anfang an offen und ehrlich darlegen, ist Ärger vorprogrammiert. Was persönliche Überzeugungen betrifft, neigen wir zu der Annahme, es werde schon alles gut werden, denn »schließlich lieben wir uns ja«. Leider ist es in Wahrheit nicht so gut um unser Wohlwollen bestellt. Die wichtigsten Wertvorstellungen betreffen die vier großen Bereiche Sex, Geld, Kinder und spirituelle Überzeugungen. Danach kommt noch eine ganze Reihe von – großen und kleinen – beruflichen und persönlichen Überzeugungen, über die ebenfalls gesprochen werden muss.

Sex: Wenn zwei Menschen sich auf eine neue Beziehung einlassen und in sexueller Hinsicht nicht harmonieren, dann ist das ein ernstzunehmendes Alarmsignal. Sex bildet einen Großteil des Kitts, der zwei Menschen zusammenhält. Wenn der Sex von Anfang an nicht befriedigend ist, so kann das ein Zeichen dafür sein, dass wichtige Fragen oder Schwierigkeiten im Raum stehen, die möglicherweise gar nichts mit dem Sexualleben zu tun haben.

Geld: Finanzielle Angelegenheiten müssen ebenfalls gründlich besprochen werden. Wer verdient das Geld? Wer soll künftig dafür zuständig sein? Erwartet einer der Partner insgeheim, dass er seine Berufstätigkeit aufgeben kann? Wie soll das gemeinsame Einkommen zusammengelegt und verwaltet werden? Wie geht man mit dem Vermögen um, das einer der Partner in die neue Partnerschaft einbringt? Wie viel muss man für Kinder aus früheren Partnerschaften aufbringen? Wie steht es mit vorhandenen Schulden? Was ist mit Haushaltsplänen? Sparzielen? Die Klärung dieser Fragen erscheint vielleicht als Selbstverständlich-

keit, aber oft möchte man in der romantischen Verliebtheitsphase nichts mit solch profanen Dingen zu tun haben.

Kinder: Kaum jemand ist auf die Herausforderungen und man-
nigfaltigen Probleme vorbereitet, die sich aus der gemeinsamen
Elternrolle in einer Patchwork-Familie ergeben. Komplexe Sorge-
rechtsvereinbarungen, Besuchsregelungen, verletzte und manchmal feindselige Ex-Partner, Zweifel an der Verlässlichkeit des
neuen Partners und zerbrechliche neue Bindungen, Restgefühle,
übermächtige Egos und vieles mehr können das empfindliche
Gleichgewicht der neuen Partnerschaft erheblich stören. Um erfolgreiche Anpassungsstrategien für eine Patchwork-Familie zu
entwickeln, müssen beide Partner so gut wie möglich Bescheid
wissen. Das ist nichts für Wankelmütige! Je mehr Fragen Sie
schon im Vorfeld klären, desto größer ist die Chance für den Bestand ihrer Beziehung.

Wertvorstellungen: In unserer vereinheitlichten Kultur scheinen
unterschiedliche Grundhaltungen weniger problematisch zu sein
als in früheren Zeiten, doch beide Partner müssen früh in der Beziehung eine klare Vorstellung davon entwickeln, wo der andere
steht. Unterschiede, die in der romantischen Phase überwindbar
erscheinen, können sich später leicht als große Hindernisse erweisen.

Berufliche und persönliche Überzeugungen: Die meisten frischgebackenen Paare geben sich Mühe, ausführlich über das Thema
Beruf *versus* Familie und über die Ziele ihrer Partnerschaft zu
sprechen, doch dabei besteht die Gefahr, banal wirkende Themen
zu übersehen, die sich aber häufig im Laufe der Zeit zu schwerwiegenden Problemen entwickeln. Zum Beispiel: Wer ist für
das Kochen zuständig? Wie soll die Hausarbeit aufgeteilt werden? Wer putzt die Wohnung? Wie steht es mit Kinderbetreuung,
Fahrgemeinschaften, Einkaufen, Rechnungen bezahlen, Vertei-
lung des Wohnraums und ähnlichen Fragen?

Spätestens wenn die Partner unter Stress und Zeitdruck geraten – was unweigerlich geschehen wird –, gewinnen diese Themen enorm an Bedeutung.

Bei der ersten langjährigen Beziehung möchte keiner der Partner den Eindruck erwecken, übertrieben kontrollsüchtig zu sein, vor allem nicht am Anfang. Die Angst vor Ablehnung ist groß, deshalb werden viele Gefühle gar nicht erst geäußert. Romantische Erwartungen bedeuten, dass beide Partner von ungeprüften Annahmen ausgehen – selbstverständlich wird *er* bei der Hausarbeit helfen; selbstverständlich wird *sie* nichts dagegen haben, wenn ich Zeit mit meinen Kumpeln verbringe. In späteren Beziehungen muss man sich fragen, ob man diese Themen nicht lieber früher als später klären will. Setzen Sie die rosarote Brille gleich zu Anfang ab, dann wird Ihre Beziehung auf lange Sicht besser laufen.

Mehr über die Bedürfnisse des Partners in Erfahrung bringen
Die Einsicht, dass Männer vom Mars und Frauen von der Venus sind, ist ein guter Anfang, aber wie geht man auf Dauer mit diesen Unterschieden um? Die Partner müssen sich regelmäßig die Zeit nehmen, den anderen nach seinen Bedürfnissen zu fragen und sich auf dem Laufenden darüber halten, ob diese Bedürfnisse tatsächlich erfüllt werden. Dabei ist die Fähigkeit zum aufmerksamen Zuhören besonders wichtig: Nachdem jeder Partner seine Bedürfnisse geäußert hat, sollte man versuchen, das Gehörte mit eigenen Worten wiederzugeben, bis der andere das Gefühl hat, dass seine Botschaft wirklich verstanden wurde. Manchmal kann oder will ein Partner bestimmte Bedürfnisse des anderen nicht erfüllen, und es ist besser, darüber zu reden, als es unter den Teppich zu kehren.

Erst eigene Verletzungen heilen
Allzu viele Menschen stürzen sich sofort in eine neue Liebe, noch bevor sich die Wogen der letzten gescheiterten Beziehung geglättet haben. Obwohl sie sich selbst in der letzten Partner-

schaft verloren haben, machen sie sich weis, dass es nicht noch einmal passieren wird. Alle möglichen Angelegenheiten mit dem Expartner und den Kindern bleiben unerledigt. Für ihr Scheitern in der Liebe machen sie immer noch die Vergangenheit und ihren Expartner verantwortlich. Solche Leute können nur auf das Wirken himmlischer Mächte hoffen, da von ihrem eigenen Wirken mit Sicherheit nichts zu erwarten ist.

Wenn wir uns nach einer gescheiterten Beziehung praktisch ohne Luft zu holen in die nächste stürzen, besteht die große Gefahr, dass ein Teil von uns verzweifelt nach einer »Mama« oder einem »Papa« sucht, um die gerade verlorene Elternfigur zu ersetzen. Und zwar je schneller, desto besser, denn dann kann die neue Elternfigur dabei helfen, sich vor der Trauer und dem Schmerz des Verlustes zu verstecken. Der rettende Partner, der sich mit dieser Art von »Beziehungsjunkie« einlässt, ist häufig ungeheuer bedürftig. In klareren Momenten wissen diese Retter, dass der andere mehr Zeit für sich allein braucht, um sich im Leben neu zu orientieren. Doch Retter fürchten so sehr, den anderen zu verlieren, dass sie wider besseres Wissen handeln und sich zu schnell in eine Beziehung verstricken.

Am Anfang passen die beiden großartig zusammen: Hungrig trifft Hungrig. Während der romantischen Verliebtheitsphase ist das kein Problem, doch spätere Probleme sind vorprogrammiert. Wenn man sich zu schnell in eine neue Beziehung stürzt, hat man keine Möglichkeit, die Bindung zum früheren Partner zu verarbeiten und aufzulösen. Wenn alte Bindungen bestehen bleiben, ist einfach nicht genug Raum für den neuen Partner. Mit der Zeit wird der neue Partner es übel nehmen, dass er die Ersatzmutter oder den Ersatzvater spielen soll. Oft benutzt der »Beziehungsjunkie« den neuen Partner – bewusst oder unbewusst –, um den Schmerz einer schwierigen Trennung zu betäuben. Wenn er sich dann wieder erholt hat, kann er häufig auf den Retter verzichten. Die Situation führt zu unzähligen Problemen, die letztendlich schwieriger zu lösen sind als die Probleme, denen man durch den schnellen Wechsel auszuweichen versucht hat.

Wir wissen alle, dass es auf lange Sicht vorteilhafter ist, sich Zeit zu lassen, um sich selbst wieder aufzubauen, bevor man eine neue Beziehung eingeht. Leider sind dabei viele mit Blindheit geschlagen.

Wir alle hungern nach Liebe. Wie viel besser wäre alles, wenn wir uns daran erinnern würden, dass eine erfülltere und reichere Intimität möglich ist, wenn »Satt« auf »Satt« trifft. Wie füllt man die eigene Leere? Wie wird man satter und voller? Indem man sich dem Schmerz und der Trauer vergangener Niederlagen stellt. Indem man weiß, wer man ohne Partner ist. Indem man den eigenen Hunger zulässt und erkennt, ohne ihn überhastet zu stillen. Indem man sich Zeit lässt. Indem man sich selbst realistisch einschätzt. Indem man Verantwortung für sich selbst und sein Leben übernimmt. Indem man bewusst alte Liebesbande auflöst und hinter sich lässt.

Die Wahrheit ist, dass niemand wirklich Lust zu dieser harten Arbeit hat. Die romantische Liebe macht einfach mehr Spaß. Doch wer sich vor dieser Arbeit drückt, wird die zerstörerischen Dramen früherer Beziehungen zumindest teilweise wiederholen. Wer darauf beharrt, seine Expartner für gescheiterte Beziehungen verantwortlich zu machen, wird sehr wahrscheinlich ein böses Erwachen erleben, sobald er sich in einer neuen Partnerschaft eingerichtet hat. Tatsächlich müssen einige Menschen diesen Prozess mehrere Male durchlaufen, bevor ihnen bewusst wird, dass es nur einen einzigen konstanten Faktor in ihren gescheiterten Beziehungen gibt – sie selbst.

Zu einem Streit gehören immer zwei

Viele Partner werden oft schnell fündig, wenn es darum geht, die Fehler des anderen zu entdecken, brauchen aber für gewöhnlich länger dazu, einen kritischen Blick in ihr eigenes Inneres zu werfen und den persönlichen negativen Beitrag aufzudecken. Zu jedem unbefriedigenden Gespräch, das wir je bezeugt haben, gehörten immer zwei Teilnehmer, und wenn wir genau hinsahen, stellten wir fest, dass beide in etwa den gleichen schädlichen Beitrag leisteten. In festgefahrenen Beziehungen weigern die Partner sich hartnäckig, ihren eigenen Beitrag zu erforschen und ziehen es vor, mit dem Finger auf den anderen zu zeigen.

Kein Mensch ist von Natur aus ausschließlich »gut« oder »schlecht« oder »stabil« oder »gestört«. Wir alle können liebevoll und fürsorglich *und* schwierig sein. Und in der Beziehung zueinander werden wir all diese Seiten an den Tag legen. In der Lebensmitte haben die meisten von uns eine ziemlich genaue Bestandsaufnahme der Persönlichkeitsanteile gemacht, die dem Selbstbild, das wir aufrechterhalten möchten, förderlich sind. Und warum auch nicht? Mit diesen Aspekten kommt man vergleichsweise gut zurecht. Etwas anderes ist es mit den Anteilen, die unserem Selbstbild weniger zuträglich sind – den Seiten an uns, die emotional unausgereift, defensiv, kontrollierend, aufgeblasen, ablehnend oder stark mit sich selbst beschäftigt sind. Unser Ego möchte gern glauben, dass wir der ganzen Welt (und vielleicht auch uns selbst) weismachen können, wir hätten diese Seiten nicht, doch so funktioniert das Leben nicht. Wir können die Anteile unseres Wesens, die einer Partnerschaft in die Quere kommen, nicht chirurgisch entfernen oder völlig verleugnen. In einer Beziehung kommen alle Seiten unserer Persönlichkeit ans Licht. Eine Paarbeziehung ist der einzige Ort, an dem wir uns nicht verstecken können.

Wenn wir blind für unsere eigenen schwierigen Anteile sind, sind wir blind für unseren Beitrag zu den Problemen, die in zwischenmenschlichen Beziehungen auftreten. Die meisten Menschen haben ihr Leben lang versucht, ihren unangenehmen und wenig schmeichelhaften Selbstanteilen auszuweichen und sich davon zu distanzieren. Unsere gesamte Kultur ermuntert uns dazu, stets woanders nach einem Schuldigen zu suchen, wenn etwas schiefläuft. Einige sind so nach außen fokussiert, dass sie ernsthafte Schwierigkeiten damit haben, ihr eigenes Inneres zu erforschen oder überhaupt wahrzunehmen, was sie fühlen. Während wir relativ blind für unsere eigenen wunden Punkte sind,

sind wir gleichzeitig sehr geschickt darin, die Aufmerksamkeit auf die Schwächen unseres Partners zu lenken. Wir hoffen, dass Sie nach der Lektüre dieses Buches besser verstehen, wie wichtig es für eine Partnerschaft ist, sich selbst zu erkennen und eigene Verantwortung zu übernehmen.

Die Aufgaben, die wir in diesem Kapitel skizziert haben, mögen im ersten Moment beängstigend klingen, aber sie sind durchaus zu bewältigen, wenn die Partner so *früh wie möglich beginnen und die Probleme im Blick behalten.* In der ersten festen Partnerschaft oder Ehe fällt es schwer, problematische Muster zu erkennen, weil man noch keine Erfahrung damit hat. In späteren Beziehungen haben wir den großen Vorteil der Erfahrung und der damit einhergehenden Reife. Wenn wir merken, dass alte Muster sich wiederholen, Gleichgültigkeit einsetzt oder innere Vorstellungsbilder auftauchen, die das Glück der Partnerschaft stören, sollten wir diese Zeichen als Ansporn nutzen, um die neue Beziehung mit wachem Bewusstsein zu führen.

2 Der bewusste Entschluss zur Bindung

Der Worte sind genug gewechselt,
Lasst mich auch endlich Taten sehn!
Indes ihr Komplimente drechselt,
Kann etwas Nützliches geschehn.
Was hilft es, viel von Stimmung reden?
Dem Zaudernden erscheint sie nie.
Gebt ihr euch einmal für Poeten,
So kommandiert die Poesie.
Euch ist bekannt, was wir bedürfen,
Wir wollen stark Getränke schlürfen;
Nun braut mir unverzüglich dran!
Was heute nicht geschieht, ist morgen nicht getan,
Und keinen Tag soll man verpassen,
Das Mögliche soll der Entschluss
Beherzt sogleich beim Schopfe fassen,
Er will es dann nicht fahren lassen
Und wirket weiter, weil er muss.

GOETHE

Hier eine Situation, die wir häufig in unserer paartherapeutischen Praxis erleben: Beide Partner sagen, dass sie das Potenzial ihrer Partnerschaft voll ausschöpfen wollen. Doch wenn wir uns durch die erste Schicht des aktuellen Beziehungsgeschehens gearbeitet haben, wird deutlich, dass einer oder beide Partner sich eine Hintertür offenhalten, um die Beziehung zu verlassen, und bereits mit einem Fuß (oder zumindest einem Zeh) auf dem Weg nach draußen sind. In einigen Fällen haben sich die Partner trotz langjähriger Ehe noch nicht wirklich für den anderen entschieden. Wenn so ein Paar sagt, es wolle die Schwierigkeiten, die seinen Alltag belasten, aus der Welt schaffen, ist das im Grunde gleichbedeutend mit dem Bestreben, eine lebensbedrohliche Blutung mit einem Heftpflaster zu stillen.

Diese Art von oberflächlichem Heilungsversuch für eine Beziehung ist Zeitverschwendung. Es sieht vielleicht eine Weile ganz gut aus, aber die Blutung wird immer wieder aufbrechen. Die Partner müssen persönlich reifen, sich in ihrer ganzen Verletzlichkeit preisgeben und Fortschritte in ihrer Beziehungsfähigkeit machen. Diese Art von Arbeit ist nur möglich, wenn zwei Menschen eine feste Grundlage geschaffen haben und entschlossen sind, auch schwierige Zeiten gemeinsam durchzustehen. *Um dauerhafte Veränderungen zu bewirken, muss ein angeschlagenes Paar eisern (und »hintertürlos«) entschlossen sein, für mindestens sechs Monate (besser ein Jahr) zusammenzubleiben, und die feste Absicht haben, in dieser Zeit engagiert an sich selbst und der gemeinsamen Beziehung zu arbeiten.*

Menschen, die langjährige Partnerschaften hinter sich haben, denken gern, sie hätten die Feuertaufe bestanden, und wüssten alles darüber, was Bindung und Verpflichtung bedeutet. Eine wichtige Tatsache bleibt dabei allerdings unberücksichtigt: Es ist ihnen in der Vergangenheit nicht gelungen, an ihrem Bindungsentschluss festzuhalten. Aus eigener Erfahrung und durch die Beobachtung anderer wissen wir, dass dieses Unterfangen mit der Zeit nicht leichter, sondern immer schwerer wird. Man ist nicht mehr so blind wie beim ersten Mal. Die Zeit ist kostbarer geworden. Frühere Verletzungen haben Narben hinterlassen. Die Selbstschutzmechanismen sind voll aktiviert. Auch erfahrene Partner können davon profitieren, noch einmal ganz unvoreingenommen zu erforschen, was es tatsächlich bedeutet, sich bewusst für eine tiefe, dauerhafte Bindung zu entscheiden.

Der Entschluss zur Bindung: die Grundlagen

Was bedeutet der Entschluss, sich dauerhaft zu binden? Das diesem Kapitel vorangestellte Goethe-Zitat fasst es ebenso treffend zusammen wie alles, was wir je dazu gehört haben. *Wir verstehen unter dem Entschluss zur Bindung das Versprechen, sich selbst voll und ganz mit innerer Wahrhaftigkeit in eine wechselseitig definierte und sexuell monogame Erfahrung mit einem anderen Menschen einzubringen.* Diese Definition deckt einen Teil dessen ab, was dieses bewusste Engagement bedeutet, doch der Entschluss zur Bindung umfasst noch weit mehr. In Paarbeziehungen ist dieser Entschluss *sowohl* ein Ergebnis *als auch* ein laufender Prozess. Er ist ein einmal abgegebenes Versprechen, muss aber im weiteren Verlauf der Beziehung immer wieder neu verhandelt werden. Der Entschluss, sich dauerhaft zu binden, ist eine der wichtigsten Lebensentscheidungen, die jedoch im Grunde nichts bedeutet, wenn sie nicht jeden Tag neu getroffen und eingehalten wird. Wenn Liebespartner zögern, sich wirklich aufeinander einzulassen, können sie das Potenzial für Heilung, Wachstum und Liebe nicht voll ausschöpfen.

Sture Bindungsverweigerer sind für gewöhnlich in der Lage, eloquent darüber zu philosophieren, warum es völlig unerheblich ist, ob man sich in irgendeiner Form festlegt und zu seinem Partner bekennt oder nicht. Doch trotz ihres ausgefeilten Intellekts werden diese Personen nie begreifen können, welcher Zauber von diesem Versprechen ausgeht. Sobald zwei Menschen beschließen, dass sie zusammengehören, eröffnet sich ein ganzes Reich an neuen, ungeahnten Möglichkeiten. Durch die Weigerung, sich voll in die Beziehung einzubringen, erreicht sie dagegen irgendwann einen toten Punkt. Eine Partnerschaft ist ein lebender Organismus. Damit sie lebendig bleibt, müssen die Partner sie wachsen lassen. Durch die Weigerung, sich über einen toten Punkt hinauszubewegen, bleibt die Beziehung stecken. In der Welt der Paarbeziehungen führt ein zu langes Verharren an einem toten Punkt zum Verfall.

Die Geschichten, die wir von Menschen hören, die sich nicht rückhaltlos auf eine Beziehung einlassen wollen, sind sich sehr ähnlich. Einige Partner haben die tiefsitzende Angst, »sich selbst zu verlieren«, wenn sie sich festlegen. Andere fürchten, benutzt oder ausgebeutet zu werden. Viele hegen die heimliche (oder auch offen eingestandene) Hoffnung, dass sich »noch was Besseres findet« (ein Partner, der attraktiver, weniger kontrollbesessen, vermögender, reifer, weniger defensiv, sexuell reizvoller, weniger jähzornig etc. ist), wenn sie nur lange genug durchhalten (d. h. sich selbst zurückhalten). Sie binden den Partner an sich, um ihr eigenes Sicherheitsbedürfnis zu erfüllen, versuchen aber gleichzeitig, sich alle Optionen offenzuhalten.

Alle Bindungsunwilligen werden letztlich vor einer Entscheidung stehen. Wenn sie mehr Lebendigkeit in ihrer Beziehungswelt wollen, müssen sie sich für ein stärkeres Engagement entscheiden und eine tiefere Bindung eingehen – oder loslassen und einen neuen Anfang machen. Wir werden zeigen, dass die Weigerung, eine dieser beiden Herausforderungen anzunehmen, nur zu allmählicher Abstumpfung und Erstarrung führt.

Warum ist der bewusste Entschluss, sich zu binden, so wichtig?

Der Entschluss zur Bindung ist eine gemeinsam erschaffene Grenze um die Paarbeziehung. Durch dieses Versprechen erklären und beweisen die Beteiligten, dass sie sich mit ganzer Kraft für das Gelingen einer langfristigen Unternehmung einsetzen wollen. Das schafft die Grundlage für die individuelle Entwicklung der Partner und für ihre Fähigkeit, sich auf die Erfahrung ihrer Liebe und aller anderen Gefühle im Leben einzulassen und daraus zu lernen. Dadurch entsteht ein Zufluchtsort, ein Ort, wo die Partner loslassen können – wo sie Schwächen zeigen, Verletzlichkeiten preisgeben und sich gegenseitig stärken und aufbauen können. Das erlaubt es, so angenommen zu werden, wie wir sind, mit allen Stärken und Schwächen, und zu lernen, andere genauso anzunehmen. Dieser Ort kann ein Schmelztiegel sein, in dem zwei Individuen sich vereinen und ein umfassenderes Bewusstsein entwickeln – oder ein Gefängnis, in dem die Partner Tag für Tag nebeneinander herleben und sich gegenseitig daran erinnern, dass sie aufgehört haben, sich zu entwickeln. So oder so trägt der Entschluss zur Bindung dazu bei, unsere Wahrnehmung zu schärfen und mehr Klarheit zu gewinnen.

Heute wollen viele Menschen keine Grenzen und Verpflichtungen mehr (Vordenker, die behaupten, dass wir alles haben können, ohne uns selbst in irgendeiner Weise beschränken zu müssen, finden mühelos Anhänger, die diese Botschaft glauben wollen). Das Problem ist, dass, nachdem die romantische Phase vorbei ist, tiefe Liebe, Akzeptanz und alles, was dazu gehört, sich nicht entwickeln können, wenn einer der Partner alles hinschmeißen will, sobald Schwierigkeiten auftreten oder nicht alles nach seiner Vorstellung läuft. Ohne die ernsthafte Bereitschaft, in guten wie in schlechten Tagen zusammenzuhalten, gewinnen Opportunismus, Fantasien, Machtspiele und Selbstschutzmechanismen allmählich die Oberhand und werden die Beziehung schließlich zerstören.

Wir haben nichts dagegen, dass zwei Menschen sich unverbindlich zusammentun, um ihre gegenseitigen Bedürfnisse zu erfüllen. Doch wir haben festgestellt, dass häufig Schutz- und Sicherheitsbedürfnisse dahinterstehen, wenn Freunde oder Liebende eine »lose« Beziehung eingehen. Es ist zunächst angenehm und kann auf kurze Sicht sogar heilend für beide sein, doch früher oder später werden die Partner vor der Entscheidung stehen, ob sie ihre Beziehung vertiefen oder beenden wollen. Bevor zwei Menschen eine feste Bindung eingehen, können sie wie Kinder »Beziehung spielen«: keiner muss Verantwortung übernehmen, Kompromisse eingehen oder wichtige Entwicklungsschritte vollziehen. Die echte Entwicklung zu erwachsener Reife setzt ein, wenn man sich erstmals auf eine feste Bindung einlässt und die Entscheidung trifft, *in der Beziehung zu bleiben. Die Exis-*

tenz einer äußeren Grenze ermutigt die Partner, allmählich zu lernen, nach innen zu gehen.

Paradoxerweise treten besonders problematische Verhaltensmuster erst dann wirklich zutage, *nachdem* man sich zum Bleiben entschlossen hat. Das mag eine herbe Enttäuschung für alle sein, die den Himmel auf Erden und einen nie versiegenden Quell bedingungsloser Liebe erwarten, doch wenn man weiß, dass schwierige Verhaltensmuster immer und in jeder Beziehung auftauchen, sieht die Sache ein wenig anders aus. Die problematischen Muster sind nicht da, um uns unglücklich zu machen; sie sind da, um uns zu einem wacheren, bewussteren Leben herauszufordern. Die entscheidende Frage ist letztlich nicht nur, ob wir eine feste Bindung eingehen wollen oder nicht, sondern ob wir unsere Möglichkeiten ausschöpfen, uns den Herausforderungen des Lebens stellen, daran wachsen und die Belohnungen ernten oder lieber teilnahmslos vor uns hindämmern wollen.

Gail und Joel: Das Ringen mit der Bindungsfrage

Gail und Joel sind beide Mitte Dreißig und treffen sich seit etwa zwei Jahren regelmäßig. Im Moment ringen sie mit der Bindungsfrage. Gail hatte mit Anfang Zwanzig – in geistiger Umnachtung, wie sie witzelt – geheiratet, doch die Ehe währte nicht lange. Joel war zehn Jahre verheiratet und ist seit drei Jahren geschieden. Aus seiner kurzen Beschreibung wird deutlich, dass die Ehe einige Verletzungen bei ihm hinterlassen hat. Beide sind kinderlos.

Ihr erstes gemeinsames Jahr war eine wundervolle Zeit. Doch seit einigen Monaten läuft es nicht mehr so gut. Beide reagieren gereizt und überempfindlich auf den anderen und geraten immer wieder in erbitterte Auseinandersetzungen über Dinge, die ihnen im Grunde nichts bedeuten. Sie haben beschlossen, der Sache auf den Grund zu gehen, und uns aufgesucht, damit wir ihnen bei der Klärung ihrer Probleme helfen.

Da wir ungern Zeit verschwenden und Gail und Joel unserem Profil eines Paares mit Bindungsproblemen entsprachen, stießen wir unverzüglich zum Kern des Problems vor. »Wie ernst ist es Ihnen mit dieser Beziehung? Was haben Sie einander versprochen?« Beide wirkten ein bisschen verblüfft. Sie antworteten, dass sie sich nichts Bestimmtes versprochen hätten, ihnen aber sehr viel am anderen liege und sie keine intimen Verhältnisse zu Dritten unterhielten. Sie hatten die Absicht, sich weiterhin zu treffen – das war alles. Im weiteren Verlauf der Sitzung fingen wir an, einige der oberflächlichen Probleme, von denen sie uns berichteten, zu klären, aber wir hatten nicht den Eindruck, zum Kern des Problems vorzudringen.

Bei der nächsten Sitzung ergriff Gail von sich aus das Wort. Sie habe gründlich über die Bindungsfrage nachgedacht, erklärte sie. Ihre erste Ehe habe nicht funktioniert und nach ihrer Erfahrung sei das Heiratsversprechen, das sie sich damals gegeben hätten, im Grunde bedeutungslos gewesen. Seit der Scheidung habe sie einige Jahre allein gelebt, habe bewiesen, dass sie sehr gut allein zurechtkomme, und brauche auch jetzt keine feste Beziehung. Sie wollte uns davon überzeugen, dass das abgedroschene Klischee von der alleinstehenden Frau, die ganz wild darauf ist, sich einen Mann zu angeln, auf sie nicht zutraf.

»Sie wollen also gar keine feste Beziehung?«, fragten wir. Na ja, so habe sie es auch nicht gemeint. Gail war verwirrt.

Joel hatte Gails Ausführungen still zugehört, und wir fragten ihn, was in ihm vorging. Er erklärte, dass er in den vergangenen Monaten über die Frage nachgedacht hätte, ob er eine feste Bindung wolle, aber das Gefühl habe, dass es noch zu früh sei. Er habe lange gebraucht, um sich aus seiner ersten Ehe zu lösen, und habe keine Eile, sich erneut zu binden. Gail wisse, dass ihm viel an ihr liege – das habe er deutlich zum Ausdruck gebracht. Sie hätten viel Spaß und guten Sex miteinander. Darüber hinaus habe er genügend Freiraum, um seine Freunde zu treffen und genügend Zeit für sich selbst und seine persönlichen Interessen. Wenn Gail einfach nur das Stimmungstief überwinden könne, in dem sie seit einiger Zeit stecke, dann wäre wieder alles perfekt.

Was geschieht hier?

Was geschieht hier unter der Oberfläche? Gail möchte, dass Joel sich zu ihr bekennt, hat aber Angst davor, das Thema auf den Tisch zu bringen. Sie mag es sich nicht einmal selbst eingestehen. Sie wünscht sich, dass Joel die Initiative ergreift und unmissverständlich zum Ausdruck bringt, dass er sie und nur sie will. Wenn Gail ihn zu einer festen Beziehung drängen oder das Thema auch nur ansprechen würde, müsste sie die Führung übernehmen – und das will sie nicht. Vielleicht sind seine Gefühle für sie nicht stark genug, um sich dauerhaft an sie zu binden, was bedeuten würde, dass Gail damit rechnen müsste, zurückgewiesen zu werden. Auch das will sie nicht. Trotzdem ist sie sich sicher, dass es ihre Liebe vertiefen würde, wenn sie sich dazu bekennen könnten, zusammenzugehören. Außerdem wünscht sie sich ein Kind von Joel – denn ihre biologische Uhr tickt. All das wühlt sie innerlich auf – aber nichts davon kann sie wirklich in Angriff nehmen, solange die Bindungsfrage nicht offengelegt ist. Sie fühlt sich blockiert und kann es nicht länger verbergen.

Joel würde lieber alles so lassen, wie es ist. Bis jetzt kann er seine Höhle aufsuchen oder verlassen, wie es ihm beliebt. Eine feste Bindung ist etwas, das irgendwo »da draußen« ist, aber er hat keine Eile, es in Angriff zu nehmen. Und außerdem – warum sollte man all diese komplizierten, chaotischen Gefühle heraufbeschwören? Joel möchte eigentlich keine anderen Grenzen als die lockeren, die sich von selbst entwickelt haben. Er hat kein Interesse daran, ihre Beziehung klarer zu definieren. An seiner Haltung ist nichts falsch, aber für eine sich entwickelnde Partnerschaft ist sie eindeutig nicht förderlich.

Männer, Frauen und Bindung

Joel und Gail stecken in der Zwickmühle eines sehr elementaren Unterschieds zwischen Männern und Frauen, den wir in unseren Einzel- und Gruppentherapien immer wieder beobachten.

Immer wenn wir eine Frau nach ihren Bedürfnissen in einer Beziehung fragen, steht die *Bindungsbereitschaft des Partners* ganz oben auf der Liste. Sie will wissen, woran sie ist und wo die Grenzen verlaufen. Wenn ihre Liebe sich vertieft, wird dieses Bedürfnis nach genauer Bestimmung sogar noch wichtiger. Sie fühlt sich durch klare Grenzen nicht in ihrer Persönlichkeit eingeschränkt; sie geben ihr im Gegenteil die Freiheit, sie selbst zu sein, und deshalb geht sie automatisch davon aus, dass ihr Partner genauso empfinden sollte. Man könnte spekulieren, dass dieses Bedürfnis auf einen genetischen Selbsterhaltungstrieb zurückgeht, der eine Frau instinktiv nach einem sicheren Ort suchen lässt, an dem sie ihre Kinder gebären und aufziehen kann, doch die Frage nach dem *Warum* spielt im Grunde keine Rolle. Was zählt, ist, dass die Mehrheit der Frauen dieses starke Bedürfnis empfindet. Es ist weder banal noch unvernünftig noch etwas, das sich wahrscheinlich ändern wird.

Männer äußern unter Umständen ihr Bedürfnis nach sexueller Exklusivität, aber eine feste Bindung (mit den ganzen Grenzen und Einschränkungen, die damit einhergehen) gehört in der Regel nicht zu den Wünschen, die sie spontan als besonders wichtig einstufen. Wenn wir einen Mann nach seinen Bedürfnissen in einer Beziehung fragen, steht ganz oben auf seiner Prioritätenliste, dass er von der Partnerin anerkannt und angenommen werden möchte. Er möchte so akzeptiert werden, wie er ist, und sich in sexueller Hinsicht angenommen zu fühlen, ist für gewöhnlich ein sehr wichtiges Bedürfnis.

Während der romantischen Phase fällt dieser wichtige Unterschied zwischen Männern und Frauen normalerweise kaum auf. Beide Partner haben den Eindruck, dass ihre dringendsten Bedürfnisse erfüllt werden. Beide fühlen sich anerkannt und angenommen. Er gibt, und sie gibt. Grenzen sind belanglos, weil es für beide nichts Wichtigeres gibt als den anderen. Doch im Laufe der Zeit verändert sich die Situation – vor allem für die Frau. Sie entwickelt das Bedürfnis nach einer tieferen Form von Verbundenheit.

Warum ist das so? Wenn die Beziehung ernster wird, möchte die Frau, um sich in ihrer essenziellen Weiblichkeit zu entfalten, intuitiv einen Ort finden, an dem sie sich ihrem Partner hingeben und öffnen kann. Sie wünscht sich eine tiefere Form der Liebe, und das erfordert ein hohes Maß an Verletzlichkeit. Weil der Mann das ebenfalls von ihr wünscht, herrscht immer noch Harmonie. Doch wer sich emotional öffnet, muss lebenslange Schutzmechanismen aufgeben, und das geschieht nicht automatisch. Bis die Frau das Gefühl hat, sich gefahrlos hingeben zu können, empfindet sie ein zunehmendes Bedürfnis nach Begrenzung – kurz, ein wachsendes Verlangen nach *Bindung*.

Beim Mann entwickelt sich häufig kein vergleichbares Bedürfnis nach Bindung und Begrenzung. Außer in Momenten höchster sexueller Erregung überlässt er für gewöhnlich dem Kopf die Herrschaft über seinen Körper. Rational denkende Menschen müssen lange und hart mit der Vorstellung ringen, dass sie ihre spontane Freiheit aufgeben sollen, um sich auf eine tiefere Verbundenheit mit einer einzigen Frau einzulassen. So wie ein Mann sich wünscht, dass die Frau ihm etwas zutiefst Authentisches gibt, möchte auch er ihr etwas zutiefst Authentisches geben, aber Männer und Frauen neigen dazu, auf unterschiedliche Weise zu geben.

Der Mann hat das Verlangen, ins Innere der Frau vorzustoßen, und zwar nicht nur sexuell. Er hat zwar das Bedürfnis, etwas von sich selbst zu geben, *doch noch stärker ist sein Bedürfnis, so wie er ist, in seinem essenziellen Sein und Wesen von der Frau akzeptiert und empfangen zu werden.* Selbst etwas zu empfangen, ist nicht das Wichtigste für ihn. Er weiß nicht, wie es ist, wenn jemand zu ihm vorstoßen und sich direkt mit seinem innersten Wesen verbinden will. Falls er diese Hürde irgendwann überwindet und eine tiefere Bindung eingeht, so wird er später mit Sicherheit die Erfahrung machen, dass die Frau genauso kraftvoll darauf drängt, in *sein* Inneres vorzustoßen – zu seinen Gefühlen. Dann erhält er Gelegenheit, zu erkennen, wie verletzlich er sich machen muss, um sich ihr gegenüber zu öffnen (und wie beängstigend das sein kann).

Aber wir greifen den Ereignissen vor. Am Anfang, in den frühen Phasen, braucht der Mann Akzeptanz und hat nicht das gleiche Bedürfnis nach Bindung wie die Frau.

Hier also die Situation: Sie möchte zu tieferen Formen der Liebe und ihrer empfangenden weiblichen Natur vordringen, und dazu braucht sie eine stärkere Bindung. Sie will die Beziehung voranbringen. Der Mann will, dass die Frau sich öffnet und ihn annimmt, aber Bindung bedeutet Grenzen – doch sich selbst Grenzen zu setzen, gehört nicht zu seinen Prioritäten. Deshalb dauert es nicht lange, bis die Frau sagt, dass sie sich *weiter*entwickeln will und dafür ein stärkeres Engagement von seiner Seite benötigt. Er dagegen zieht im Hinblick auf Liebesangelegenheiten den Status quo vor. Verändere nichts, was funktioniert. Er würde lieber mehr Zeit haben, um weitere Informationen zu sammeln – »Ich brauche noch ein bisschen Zeit, um über alles nachzudenken.«

Wie geht es also mit Gail und Joel weiter? Gail hat mehr Klarheit gewonnen und ist bereit, ihre Bedürfnisse zu äußern: Sie will eine tiefere Bindung. Das ist von größter Wichtigkeit für sie. Als sie dieses Bedürfnis zum Ausdruck bringt, fühlt sie sich sehr verletzlich, aber nachdem sie jetzt klarer erkannt hat, was für sie wahr ist, kann sie sich nicht länger vor dieser Wahrheit verstecken. Jetzt muss Joel reagieren. Wenn er seine Antwort verweigert, wird Gail nicht in der Lage sein, diese für sie grundlegende Frage weiter zu erforschen und anfangen, sich blockiert zu fühlen. Wenn einer der Partner nicht mehr weiterkommt, wird irgendwann auch die Beziehung stecken bleiben. Gails Bedürfnis wird vielleicht nicht erfüllt, aber sie will Klarheit. Sie will wissen, woran sie ist, damit *sie* eine Entscheidung treffen kann. Wenn Joel ihr Bedürfnis erfüllt, können sie sich weiter voranbewegen. Wenn er es ablehnt, sich stärker zu engagieren, wird Gail ein grundlegendes Bedürfnis oder die ganze Beziehung opfern müssen.

Wer sich nicht festlegen will, sagt:
»Du bist nicht gut genug«

Es geht hier um wesentlich mehr als um die Unterschiede zwischen Mann und Frau. Betrachten wir zunächst Gails Position. Als sie das Risiko eingeht, ihre Bedürfnisse zu offenbaren, erkennt sie allmählich auch ihre eigene Furcht, dass Joel insgeheim noch immer auf der Suche nach »etwas Besserem« ist. Wenn er sich nicht voll und ganz in die Beziehung einbringen will, empfängt sie die Botschaft: »Du bist nicht gut genug für mich« und hat das Bedürfnis, sich ebenfalls zurückzuhalten. Tatsächlich sind einige ihrer Befürchtungen durchaus begründet.

Hinter der Weigerung, sich festzulegen, obwohl man schon längere Zeit zusammen ist, steckt die implizite Aussage, der Partner sei nicht gut genug, um sich an ihn zu binden. Manche Partner, die eine Bindung scheuen, werden es mit blumigeren Worten umschreiben, aber wenn man die sprachlichen Schnörkel entfernt, bleibt »nicht gut genug« übrig. Wenn die Bindungsfrage nicht gelöst wird, steuert das Paar eindeutig auf eine Trennung zu.

Joel ist überzeugt, gute Gründe zu haben, vorsichtig an die Bindungsfrage heranzugehen – seine erste Ehe hat sich als Katastrophe erwiesen. Dennoch lässt er sich nicht voll und ganz auf die neue Beziehung ein. Damit übermittelt er Gail die Botschaft, sie sei nicht gut genug für sein volles Engagement. Jetzt, da Gails Wunsch nach einer festen Beziehung und gegenseitigen Verpflichtungen ausgesprochen wurde, wird noch etwas anderes deutlich: Die unsichtbare Beziehungswaagschale neigt sich zu Joels Gunsten. Durch die Bindungsverweigerung übernimmt er insgeheim eine »gewichtigere« oder »Besser-als«-Position, während Gail (in diesem speziellen Bereich) eine »Weniger-als«-Position zugewiesen bekommt.

Der Partner, der die »Besser-als«-Position einnimmt, ist im Allgemeinen aus offenkundigen Gründen relativ zufrieden mit dem Arrangement. Seine Position (es ist häufig die Position des

Mannes, aber natürlich nicht immer) ist relativ sicher, und seine derzeitigen Bedürfnisse werden erfüllt. Die Partnerin (in der Regel eine Frau), die sich ein stärkeres Engagement wünscht, kommt sich am Ende vor wie eine Almosenempfängerin. Gail fühlt sich also »weniger-als« – unterlegen und machtlos. Sie hat das starke Verlangen, die Beziehung an einen Ort zu bewegen, an dem die Kräfte gleichmäßiger verteilt sind.

Paare in dieser Situation können zufrieden von einem Tag zum anderen leben, und ihre Beziehung kann in vielerlei Hinsicht funktionieren. Doch mit der Zeit wird der »Weniger-als«-Partner unweigerlich Wut und Groll entwickeln. Letztendlich wird er den anderen Partner, der sich nicht festlegen will, bestrafen oder sich vor ihm zurückziehen, und diesem Punkt nähert sich Gail.

Joel dagegen ist nicht der Ansicht, dass er Gail gegenüber eine »Besser-als«-Position einnimmt. Ihm liegt viel an ihr, und für ihn ist alles so, wie es sein sollte. Seiner Ansicht nach nimmt er keine spezielle Machtposition ein, aber er spürt durchaus, dass er an Macht *verlieren* würde, wenn es nach Gails Wünschen ginge.

Als Gail anfängt, ihre Forderungen auszudrücken, denkt er: »Warum sollte es nach ihrem Willen gehen? Das ist doch ein Kuhhandel, bei dem sie bekommt, was sie will, ich aber als Verlierer dastehe.« Eines ist klar: Mit einer gescheiterten Ehe im Gepäck will er sich erst wieder festlegen, wenn er *weiß*, dass die Frau seiner Wahl fähig ist, ihn in ihrem tiefsten Innern anzunehmen und zu empfangen, und sich nicht in die kalte, distanzierte Frau verwandeln wird, als die sich seine erste Frau entpuppte. Und da er das noch *nicht* mit Sicherheit weiß, warum sollte er sich festlegen? Als Gail anfängt, ihn zu drängen, fühlt er sich weniger akzeptiert und fängt an, ein wenig von ihr abzurücken.

Es wird deutlich, dass diese Beziehung eine bestimmte Richtung eingeschlagen hat. Gail bekommt nicht, was sie braucht, und fängt an, sich zurückzuziehen und weniger zu geben. Joel, der Gails Rückzug spürt, beginnt ebenfalls, sich zurückzuziehen. Wenn der eine Partner sich zurückhält und weniger gibt, wird der andere sich schließlich ebenfalls zurückhalten und weniger geben, und dieser Kreislauf wird sich immer weiter verstärken. Und es gibt weitere verdeckte Probleme in der Beziehung von Gail und Joel.

Verschleierte Machtkämpfe

In den Wochen, bevor Gail anfing, ihr Bedürfnis nach einer verbindlicheren Beziehung auszudrücken, stellten sie und Joel fest, dass sie überempfindlich aufeinander reagierten und immer wieder in Streit gerieten, und zwar so heftig, dass die Auseinandersetzung in keinem Verhältnis zu den relativ banalen Anlässen stand. Warum?

Wie wir gesehen haben, kommt (in unserem Fall) die Partnerin, die sich eine stärkere Bindung wünscht, automatisch in eine »Weniger-als«-Position. Sie will nicht immer wieder auf dem Thema herumreiten – schließlich ist es nicht besonders schmeichelhaft für ihr Ego, sich als Bittstellerin zu fühlen, die den Partner *anfleht*, sich zu binden. Also begräbt sie diese »Weniger-als«-Gefühle der Wut und Gekränktheit und tut weiterhin so, als wäre alles in Ordnung. Aber das bleibt nicht ohne Folgen.

Wenn ein Partner insgeheim wütend oder verletzt ist, können sich diese Gefühle in einer streitsüchtigen oder defensiven Haltung äußern. Gail hat in ihrer Underdog-Position ein besonders starkes Bedürfnis, sich selbst zu behaupten, Respekt zu erhalten und ihr Selbstbild in der Beziehung aufzupäppeln.

Das führt dazu, dass verschleierte, alles beherrschende Machtkämpfe über relativ unbedeutende Dinge ausgetragen werden – über Themen, die keinen erkennbaren Bezug zur Bindungsfrage haben. Die Beteiligten sind sich nicht bewusst, dass sie die Bindungsproblematik auf andere Bereiche verschoben haben und zermartern sich den Kopf, wieso ständig die Fetzen fliegen. Beide sind ratlos und frustriert. Doch eines ist sicher: Die Partner merken, dass die Beziehung ihnen nicht so viel Kraft gibt, wie sie sich wünschen. Tatsächlich scheint das Gegenteil einzutreten: Die Beziehung verbraucht jede Menge Energie, und beide Partner fühlen sich erschöpft und ausgelaugt.

Wenn das unter der Oberfläche verborgene Bindungsproblem nicht in Angriff genommen wird, werden solche verschleierten Machtkämpfe und Interaktionsweisen zu festen Gewohnheiten, die später nur sehr schwer zu durchbrechen sind (dazu muss man sich nur ein zänkisches Ehepaar in mittleren Jahren ansehen). Die Beziehung gerät in eine Abwärtsspirale. Sogar der Partner, der sich ursprünglich eine tiefere Bindung wünschte, fängt an, sich zu fragen, wieso in aller Welt er sich auf eine derart unbefriedigende und kräftezehrende Situation einlassen sollte. Bei unserer Arbeit haben wir oft erlebt, dass derjenige Partner, der sich ein stärkeres Engagement des anderen ersehnte, schließlich das Interesse verlor. Wenn der Bindungsunwillige dann plötzlich seine Meinung änderte, musste er feststellen, dass es zu spät war, um die Entwicklung umzukehren. Was geht in ihm vor?

Die Ängste des bindungsunwilligen Partners

Wer eine Beziehung anknüpft, sich aber nicht festlegen will, empfinden häufig ein tiefes Gefühl der Machtlosigkeit gegenüber dem Partner (und wahrscheinlich gegenüber dem anderen Geschlecht im Allgemeinen). Weil er solche Gefühle der Machtlosigkeit nicht wahrhaben will (und sie wahrscheinlich aufs Heftigste leugnen würde), richtet er sich lieber still und leise in der Rolle des »besonders begehrenswerten« oder »besseren« Partners ein. Die Wahrheit ist, dass die Weigerung, sich verbindlich festzulegen, seine einzige Trumpfkarte ist. Würde er sich voll und ganz auf die Beziehung einlassen, müsste er riskieren, seine gesamten, wie auch immer gearteten Überlegenheitsgefühle dem Partner gegenüber zu verlieren.

Wer seinem Partner vorenthält, was dieser sich sehnlichst wünscht, hält in der Tat eine Machtposition in der Beziehung aufrecht, auch wenn es die Art von Macht ist, die den Verführer auszeichnet – mit anderen Worten: eine Art von Macht, die von mangelnder Reife zeugt. Sich immer eine Hintertür offen zu halten, dient dazu, den Partner aus dem Gleichgewicht zu bringen, ihn zu schwächen und so zu verunsichern, dass er alle dunklen oder bedrohlichen Gefühle zurückhält.

Das Ganze führt zu einem ziemlich unbefriedigenden Schauspiel. Jedes Mal, wenn das Thema aufkommt, weicht der Bindungsunwillige aus und bringt alle möglichen rationalen Erklärungen vor, die gegen eine feste Bindung sprechen. »Was bedeutet das schon? Wer braucht so was? Wir lieben uns doch, warum müssen wir es beweisen? Das ist doch nur ein Stück Papier. Wie kann man in unserer schnelllebigen Zeit versprechen, ein Leben lang zusammenzubleiben? Aufgeklärte Menschen machen sich über solche profanen Dinge keine Gedanken. Als Freunde sind wir besser dran. Jeder weiß, dass die Ehe die Leidenschaft tötet. Warum sollten wir uns das antun?« und so weiter. Doch unterschwellig klingen ganz andere Botschaften an: »Es könnte sein, dass du nicht gut genug für mich bist. Du könntest mich aussaugen. Verglichen mit dir, fühle ich mich machtlos.« Diese Worte werden allerdings selten ausgesprochen. Tatsächlich dürfen sie meistens nicht einmal in die bewusste Wahrnehmung desjenigen dringen, der sich um solche Rationalisierungen bemüht.

Jeder große Knoten in dem Band zwischen zwei Menschen kann nur mit erheblichen Anstrengungen gelöst werden. Dass Joel und Gail sich der unterschwelligen Dynamik in ihrer Beziehung nicht bewusst sind, hat nichts mit bewusster Täuschung oder Dummheit zu tun. Die schlichte Wahrheit lautet: Es gibt Dinge über sich selbst, die sie nicht wissen, und sie müssen diese Dinge erkennen, wenn sie sich zu reiferen, präsenteren Menschen entwickeln wollen. Die Tatsache, dass sie bei der Bindungsfrage nicht weiterkommen, zeigt, dass sie mehr über sich herausfinden müssen. Wenn ihre Beziehung wahrhaft tragfähig ist, wird dieser notwendige Erforschungs- und Lernprozess den Knoten lösen und ihnen die Möglichkeit eröffnen, sich weiterzubewegen.

Sich hinter dem Richter verstecken

Wie gelingt es Menschen, die sich insgeheim machtlos und minderwertig fühlen, diese Gefühle auch vor sich selbst zu verbergen? Eine Möglichkeit besteht darin, einen sehr mächtigen »inneren Richter« zu entwickeln, der alles und jeden sehr streng bewertet und kritisiert. Im Alltag eines Singles bleibt dieser Richter möglicherweise weitgehend unsichtbar. Doch sobald ein möglicher Partner auf der Bildfläche erscheint, meldet sich der Richter lautstark zu Wort – besonders, wenn die Beziehung enger und ernster wird.

Der Richter geht nicht das Risiko ein, mit unterschwelligen Gefühlen in Berührung zu kommen, sondern konzentriert sich lieber auf die Fehler des Partners. Als Joels Richter auftauchte, konnte er nichts anderes sehen, als die Probleme, die *Gail* durch ihre Forderungen verursachte, das Chaos, das *sie* anrichtete, und *ihr* kindisches Verhalten.

Leider haben innere Richter große Mühe, *sich selbst* in irgendeinem klaren Licht zu sehen. Der Blick vom Richterstuhl richtet sich ausschließlich nach unten. Sie sind so vertieft in den Urteilsprozess, dass sie nahezu unfähig sind zu begreifen, dass sie selbst in einem äußerst starren Schutzpanzer stecken. Je größer die Gefühle der Unzulänglichkeit und Machtlosigkeit sind, desto mächtiger wird der Richter. Je mehr Raum der Richter einnimmt, desto starrer wird der Schutzpanzer und desto weniger zugänglich ist die Person für andere. Für sie ist es sehr schwer, diesen Panzer zu durchdringen und ins Innere zu gelangen, weil (aus Sicht des Richters) niemand jemals gut genug ist. Der Traumpartner, der es wert wäre, sich ihm zu öffnen, taucht niemals auf (aber hält sich ausdauernd in der Fantasie). Die realen Partner gehen schließlich einer nach dem anderen ihres Weges (oder werden genaugenommen weggestoßen), und die Selbsttäuschung verfestigt sich. Natürlich wäre auch kein Therapeut es wert, sich ihm gegenüber zu öffnen, deshalb wird auch so gut wie nie Hilfe gesucht.

Joel hat allerdings versucht, sich mit seinen Bindungsproblemen auseinanderzusetzen. Er hat seine Fehler, Gail hat ihre Fehler – und trotzdem möchte er, dass sie in seinem Leben bleibt. Er sieht ein, dass ihre Grundbedürfnisse erfüllt werden müssen. Er möchte, dass seine eigenen Bedürfnisse ebenfalls erfüllt werden. Er erkennt auch einige seiner Abwehrmechanismen und Ängste, und er hat den Wunsch, über sie hinauszuwachsen. Er ist das Verführungsspiel leid und – Überraschung! – ein Teil von ihm weiß (oder vermutet), dass es im Grunde gut für ihn wäre, eine feste Beziehung einzugehen. Als er seine Selbsterforschung vertieft, wird ihm klar, dass er sich in seiner ersten Ehe nie wirklich auf die Beziehung eingelassen hat – tatsächlich war das einer der Gründe, die zu ihrem Scheitern führten. Er zeigt nun eine größere Bereitschaft, eine feste Bindung in Betracht zu ziehen, möchte aber trotzdem, dass die Sache von *ihm* ausgeht; er will das Gefühl haben, dass *er* diese Entscheidung aus innerer Überzeugung trifft, und nicht weil er von außen dazu gedrängt wurde.

Joels Selbsterforschung ist eindeutig noch nicht abgeschlossen, und noch muss er viele Informationen und Erkenntnisse zusammentragen. Doch er hat einen wichtigen ersten Schritt getan. Und als Beobachter stellen wir ebenso erstaunt fest wie er, dass er bei seiner ersten Ehe nicht einmal ansatzweise mit diesen Erkenntnissen über sich selbst in Berührung gekommen ist. Erst jetzt fängt er allmählich an, einige Entdeckungen zu machen. Bleiben wir also noch eine Weile bei ihm und fügen weitere Mosaiksteinchen zusammen.

Der Entschluss zur Bindung ist schmerzlich

Joel hat insgeheim immer davon geträumt, dass ihm eines Tages die wahre und vollkommene Liebe über den Weg laufen wird – so vollkommen wie er selbst! Wenn er diese vollkommene Liebe gefunden hat, wird es kein Zögern und Zaudern mehr geben; sie wird sein Herz im Sturm erobern; er wird hingerissen sein, voller Leidenschaft und Begeisterung, und mit absoluter Sicherheit wissen, dass sie die Richtige ist. Doch die ganze Plackerei seiner jetzigen Beziehung – dieses ewige Grübeln, Analysieren und Bewerten – passt nicht zu seinem Traum. Ein Teil von ihm hat das Gefühl, dass irgendwo ein Fehler stecken muss, und seiner Ansicht nach ist Gail »dieser Fehler«.

Das ist ein weiterer blinder Fleck in Joels Blick. Um »voller Leidenschaft und Begeisterung« zu sein, müsste *er sich selbst* ändern. Er sucht nach einer Traumfrau, die in sein Leben tritt und ihn an seiner Stelle verändert. Das ist nicht nur unrealistisch, sondern sogar eine potenziell gefährliche Methode, um eine Beziehung zu beginnen. Insgeheim hält Joel an der Fantasie fest, dass eine Entscheidung wie diese leicht und schmerzlos sein sollte. Er erkennt nicht, dass nur das naive Kind in ihm an eine solche Vorstellung glauben kann.

Der Entschluss, sich dauerhaft an einen anderen Menschen zu binden, hat einen hohen Preis: Es bedeutet einen Verlust an Freiheit, die Übernahme von erheblich mehr Verantwortung und den Verzicht auf viele Annehmlichkeiten der Egozentrik ... im Austausch für die Notwendigkeit, von nun an stets Rücksicht auf einen anderen Menschen nehmen zu müssen, und zwar für sehr lange Zeit, nämlich *für immer*. Es bedeutet, dass sich Joel dem geheimen Gefühl, etwas ganz Besonderes zu sein (das wir alle haben), stellen muss, dass er sich mit dieser Vorstellung auseinandersetzen und sie möglicherweise aufgeben muss – und dabei auch sein für gewöhnlich unsichtbares Gefühl der Machtlosigkeit aufdecken muss. Es bedeutet, sich lebenslang gemeinsam mit einem Menschen, der nicht vollkommen ist, und mit Mitteln, die noch viel unvollkommener sind, durch alle erdenklichen, mitunter ungeheuer komplexen Probleme zu kämpfen. Noch schlimmer ist, dass die Beziehung trotz allem am Ende scheitern kann, was das Risiko eines noch größeren Schmerzes birgt, als Joel sich derzeit vorstellen kann. Kurz, es bedeutet, sich mit der Realität auseinanderzusetzen.

Auf die widersprüchlichen inneren Stimmen hören

Sich »für immer« zu binden, ist eine sehr große Entscheidung. Sobald wir vor einer wichtigen Lebensentscheidung stehen, macht sich unsere ganze menschliche Komplexität bemerkbar. Anstatt eine einzige Stimme zu hören, die begeistert ruft: »Ja, nichts wie ran! Riskier's!«, hören wir viele verschiedene Stimmen – die alle etwas anderes zu der Entscheidung zu sagen haben. Angesichts dieser Situation müssen wir eine Entscheidung treffen.

Wir können so tun, als hörten wir nur eine einzige klare Stimme – und ungerührt weitermachen. Das tun viele Menschen bei ihrer ersten festen Beziehung oder Ehe. Manche erinnern sich erst vorm Scheidungsrichter an ihre innere Stimme, die ihnen schon von Anfang an eine Warnung zuraunte. Bei seiner ersten Ehe hat Joel nicht auf seine zweifelnden Stimmen geachtet. Doch diese Option steht ihm jetzt nicht mehr offen. Sein Scheitern hat ihn aufgeweckt.

Die zweite Option ist, ab sofort genauer hinzuhören. Auch wenn das ärgerlich, mühsam und entschieden unromantisch ist, lässt Joel sich selbst jetzt mehr Zeit zum Zuhören. Er ahnt, dass er nur dann den bewussten Entschluss zu einer dauerhaften Bindung fassen kann, wenn er alle Stimmen angehört hat.

Zum Beispiel sagt eine von Joels Stimmen: »Es geht zu schnell. Du brauchst mehr Zeit.« Eine andere versichert: »Sie ist eine tolle Frau, und du liebst sie. Es wird Zeit, eine Entscheidung zu treffen und die Beziehung zu vertiefen.« Eine weitere Stimme erklärt: »Du brauchst deine Freiheit – keine Verpflichtungen, jede Menge Frauen.« Wieder eine andere Stimme betont den Wert von Familie und Gemeinschaft und wie wichtig es sei, sich als Mensch weiterzuentwickeln. Eine Stimme sagt, dass er Gail besitzen und es hemmungslos mit ihr treiben wolle, eine andere würde es vorziehen, sich von solchen fleischlichen Gelüsten zu distanzieren. Wie wir gesehen haben, glaubt eine besonders dunkle Seite von Joel, dass Gail nicht gut genug sei. Wir können sicher sein, dass ein anderer Teil von ihm sich ihrer unwürdig fühlt. Und so geht es weiter: Ein riesiges inneres Durcheinander! Wenn Joel sich selbst gegenüber ehrlich sein will, muss er eine Möglichkeit finden, mit der Mehrheit dieser Stimmen – die nichts anderes sind als Teile von ihm selbst – in Kontakt zu treten und mit ihnen zu verhandeln. Und dafür braucht er etwas Zeit.

Gail hört die gleichen Stimmen und wahrscheinlich noch ein paar weitere. Zurzeit scheinen ihre Stimmen sie mit weniger Widersprüchen zu konfrontieren, und darüber können wir nicht mit ihr streiten. Dennoch raten wir ihr, aufmerksam auf alle zweifelnden Stimmen zu achten und sich *jetzt* mit ihnen auseinanderzusetzen, bevor sie sich für ein Leben mit Joel entscheidet – denn sie werden nicht für immer so leise bleiben.

Tiefer hinein

Im Fall von Gail und Joel und der Frage ihres Engagements für die Beziehung war Gail sich darüber im Klaren, was sie wollte und Joel nicht. Derjenige Partner, der sich über seine Wünsche im Klaren ist, wird wahrscheinlich eine Weile warten … und dann die Tür schließen. Derjenige Partner, der sich nicht im Klaren ist, muss heftig mit sich ringen – das Problem von allen Seiten betrachten, seine Gefühle ergründen und den entscheidenden Höhen und Tiefen nachspüren. An einem Tag wird er sich sicher sein und am nächsten wieder von Zweifeln geplagt werden. Wenn er diesen Erforschungsprozess gewissenhaft und konsequent durchführt, wird er irgendwann Klarheit gewinnen, und die Anstrengung, die er investiert hat, wird dafür sorgen, dass die Klarheit ihm erhalten bleibt. Vielleicht entscheidet er sich dafür, tiefer in die Beziehung einzusteigen, vielleicht entscheidet er auch, dass er »raus« ist. So oder so wird diese Entscheidung zu seiner persönlichen Reifung und Weiterentwicklung beitragen. Doch für Gail und Joel ist dieser Moment der umfassenden Klarheit noch nicht gekommen. Wie können sie ihre Beziehung voranbewegen, während die Suche nach Klarheit weitergeht?

Joel möchte die Beziehung zu Gail vertiefen, ist aber überzeugt, dass er im Moment noch keine lebenslange Verpflichtung eingehen kann. Gail scheint dazu eher bereit zu sein, obwohl Joels Zweifel wahrscheinlich auch einige ihrer eigenen Fragen zu der Situation widerspiegeln. (Es ist nicht *nur* sein Problem.) Auch sie hat eine gescheiterte Beziehung hinter sich und deshalb Angst, den Sprung erneut zu wagen. Doch wenn die beiden sich jetzt noch nicht auf eine tiefere Verbindung zubewegen wollen, wie können sie dann weiter erforschen, ob sie füreinander bestimmt sind?

An diesem Punkt muss es bei Joel entweder zu einem Sinneswandel kommen, oder er muss ein Angebot machen, dass der Erfüllung von Gails Bedürfnis zumindest so nahe kommt, dass sie bleibt und weiterhin mit ihm an ihrer Beziehung arbeitet. Hier der Vorschlag, den Joel unterbreitet.

Für die Dauer der nächsten drei Monate, erklärt Joel, will er sich voll und ganz in die Beziehung zu Gail einbringen. Das heißt: sexuelle Treue und das Versprechen, die Wahrheit über sich selbst, das Gute und das Schlechte, zu erforschen und auszusprechen. Außerdem möchte er, dass auch Gail in jeder Hinsicht ehrlich zu ihm ist. In diesen drei Monaten werden beide den entschlossenen Versuch machen, sich über alle Gefühle auszutauschen und sich allen auftretenden Problemen sofort zu stellen – gerade so, als hätten sie den Bund fürs Leben geschlossen. Sie werden beide bestrebt sein, alles herauszufinden, was sie übereinander wissen müssen, um sich für eine feste Bindung – oder dagegen – entscheiden zu können. Er wird nichts von sich selbst unausgesprochen lassen und möchte, dass sie es ebenso hält. Am Ende der drei Monate werden sie sich zusammensetzen und entscheiden, ob sie dieses Versprechen erneuern wollen oder nicht. Angenommen, sie entscheiden sich für eine Fortsetzung der Beziehung, wird er sie innerhalb von sechs Monaten bitten, seine Frau zu werden.

Gail nimmt den Vorschlag an. Er erfüllt nicht alle ihre Wünsche, ist aber trotzdem aufregend für sie. Beide bewegen sich über den toten Punkt hinaus, an dem sie feststecken. Einige Grenzen nehmen allmählich Gestalt an. Die Festlegung einer »Deadline« gibt ihr ein Gefühl von Sicherheit. Sie muss nicht länger ziellos umherwandern und möglicherweise ihre Zeit verplempern. Innerlich zweifelt sie selbst, ob sie sich binden will, und durch Joels Vorschlag hat nun auch sie mehr Möglichkeiten, sich Klarheit zu verschaffen.

Diese förmliche Vereinbarung klingt vielleicht ein bisschen mechanisch und unromantisch; vor allem, wenn man zu den Glücklichen gehört, die den Sprung ohne Zögern gewagt und nie bereut haben. Doch Gail und Joel sind nicht in dieser glücklichen Lage. Sie haben reichlich Erfahrung mit Zweifeln. Gails erste Ehe war wie ein kurz aufblitzender Punkt auf dem Radarschirm, hat ihr aber bewusst gemacht, was alles falsch laufen kann. Joel hat das Gefühl, dass seine erste Ehe ein Riesenfehler war – ein Fehler, den er nicht wiederholen möchte.

Dieses rückhaltlose, zeitlich begrenzte Engagement, das an einem gemeinsam vereinbarten Punkt neu verhandelt wird, ist eine gute Lösung für den Moment. Wenn Joel sich an die Aufgabe macht, die er sich selbst gestellt hat, wird er mehr Klarheit gewinnen und besser in der Lage sein, sich bewusst für (oder gegen) eine dauerhafte Bindung zu entscheiden und bei dieser Entscheidung auch die schwierigen und schmerzlichen Aspekte des Prozesses miteinzubeziehen. Durch die Ausarbeitung dieses Kompromisses besteht eine wesentlich bessere Chance, dass seine Entscheidung – wenn sie positiv ausfällt – aus *seinem tiefsten Innern* kommt und damit dem entspricht, was wir als bewussten Entschluss zur Bindung bezeichnen: Eine innere Verpflichtung, die dauerhaft und haltbar ist.

Die Notwendigkeit einer Entscheidung

Schlussendlich muss jedes Paar seinen eigenen Weg durch die Bindungsproblematik finden. Die wichtigste Anforderung ist, sich auf eine gemeinsame Strategie zu einigen und daran zu hal-

ten. Paare, die keine Übereinkunft treffen oder keine Grenze setzen, neigen dazu, endlos um den heißen Brei herumzureden,
während die Monate verstreichen. Nach unserer Erfahrung stößt
die Beziehung unter diesen Umständen nach 18 Monaten oder
maximal zwei Jahren an ihre Grenzen, was das Heilungspoten-
zial betrifft, und steuert allmählich auf ihr Ende zu. Die Ressentiments wachsen, die Partner gehen eher wie Bruder und Schwester und nicht wie Liebende miteinander um, und die Beziehung
verläuft schließlich im Sande. Keine Entscheidung zu treffen ist
letztlich gleichbedeutend mit der Entscheidung, die Beziehung
sterben zu lassen.

Wir haben uns bemüht, viele wichtige Bindungsaspekte zu erläutern, weil wir überzeugt sind, dass Partner diese Aspekte immer ermitteln und betrachten müssen, wenn sie ihre Beziehung
ernsthaft voranbewegen möchten. Das ist die Kopfarbeit, und
ohne sie geht es nicht. Darüber hinaus gibt es den unerklärli-
chen Teil des inneren Engagements, seinen Zauber und sein Geheimnis, das tiefe Gefühl, das damit einhergeht, die Sehnsucht
und das unstillbare, allen Menschen innewohnende Verlangen
danach, das sich jeder Analyse entzieht – kurz: die Stimme des
Herzens.

Alle Menschen, die sich mit der Bindungsfrage auseinandersetzen, müssen sich schließlich fragen: »Bin ich wirklich mit
dem Herzen bei dieser Beziehung?« Wenn wir die ganzen langen
Listen der Probleme und Charaktereigenschaften einmal beiseite
lassen, bleibt die Frage: »*Ist dieser Mensch der Eine und Einzige für
mich?*« Wenn die Antwort ja lautet, lassen sich alle anderen Probleme lösen – vorausgesetzt, beide Seiten sind bereit und entschlossen, es zu tun.

Wenn Ihr Herz diese Frage nicht mit ja beantwortet, heißt das
wahrscheinlich, dass es an der Zeit ist, weiterzuziehen. Entscheiden Sie sich für ein Leben als Single und machen Sie das Beste
daraus. Erst wenn Sie bereit sind, gehen Sie das Risiko ein, sich
voll und ganz in eine Beziehung einzubringen und echte Erfüllung zu finden. Doch vergessen Sie eines nicht: Wir erhalten nur

so viel Kraft und Erfüllung aus einer Beziehung, wie wir selbst zu geben bereit sind, und um von jemand anderem dauerhaft geliebt und begehrt zu werden, müssen wir in der Lage sein, ihm unsere Liebe und unser Begehren dauerhaft zu zeigen.

Teil 2

Wer Leidenschaft will, muss
seine eigenen Gefühle kennen –
das Emotionstraining

3 Die Trennung von Geist und Körper und das Verlangen nach Einheit

Wir alle haben ein denkendes und ein fühlendes Selbst in uns. Im Idealfall wären *beide* Teile voll entwickelt und jederzeit, je nach Lebensanforderung, zugänglich für uns. Als Individuen, die sich innerlich im Gleichgewicht befänden, hätten wir Zugriff auf unser gesamtes Potenzial, sowohl für unsere Persönlichkeitsentwicklung als auch für unser Wachstum als Partner in einer Liebesbeziehung. Wie man weiß, ist das selten der Fall. Die meisten Menschen haben ein unterentwickeltes Gefühls-Selbst und – was noch schlimmer ist – haben Probleme damit, Lektionen von dem einzigen Menschen anzunehmen, der uns wirklich helfen kann, zu mehr Ganzheit zu gelangen – unser Partner.

Denken und Fühlen

Jeder Mensch erlebt die Welt auf eine *denkende* (geistige oder rein verstandesmäßige) Weise und auf eine *fühlende* (emotionale) Weise. Es ist, als ob zwei Seelen in unserer Brust, zwei Persönlichkeiten in unserem Körper wohnten, die auf alle Ereignisse um uns herum unterschiedlich reagierten. Jedes Selbst benutzt eine Sprache, die vom anderen nicht ohne Weiteres verstanden wird.

In unserer Kultur dominiert zumeist das denkende Selbst, und seine Sprache lernen wir am schnellsten. Die meisten Männer tendieren ohnehin in diese Richtung, und die meisten Frauen haben die Erfahrung gemacht, dass sie erfolgreicher durchs Leben kommen, jedenfalls in unserer Kultur, wenn sie sich an das mentale Programm halten. Wenn Männer und Frauen gefragt werden, wo das Zentrum ihres Bewusstseins liegt, neigen beide dazu, es zwischen ihren Ohren zu lokalisieren. Wir führen unser Leben hauptsächlich vom Kopf aus – wir interpretieren, analysieren, verknüpfen, fällen Urteile, stützen uns auf erinnerte Erfahrungen, antizipieren künftige Ereignisse und deuten unsere Wirklichkeit im Allgemeinen über den Verstand. Und all das hat seine Berechtigung.

Doch neben unserer kopfgesteuerten Wahrnehmung der Welt, verarbeiten wir unsere Erfahrungen auch kontinuierlich auf der emotionalen Ebene. Unsere Gefühle kommen aus dem Bauch, d. h. aus dem Körper, und stehen in direkter Verbindung zu unseren Instinkten, unserer Intuition und unserem inneren Wissen. Jeder Reiz, der stark genug ist, einen Gedanken zu erzeugen, erzeugt auch ein Gefühl. Genauso wie unsere Gedanken ständig in Bewegung sind, sind auch unsere Emotionen ständig in Bewegung; und wir können uns diese Gefühle bewusst machen, *wenn wir bereit sind, etwas über die Sprache der Gefühle zu lernen.*

In einer idealen Welt hätten gut angepasste Menschen jederzeit sowohl Zugang zu ihrem denkenden als auch zu ihrem fühlenden Selbst. Alle Menschen wären fähig, beide Wahrnehmungsbereiche zu nutzen, die hereinkommenden Informationen zusammenzufügen und mit umfassender, größtmöglicher Bewusstheit zu behandeln. In einer gut angepassten Partnerschaft würden sich beide Partner in dieser Art von innerem Gleichgewicht befinden und bei ihrem Umgang miteinander gleichermaßen von ihrem Fühlen und ihrem Denken ausgehen. Gesunder Menschenverstand, Problemlösung und konstruktives Planen würden gleichberechtigt neben Leidenschaft und innerer Wahrheit bestehen. Doch so leicht wird es uns nicht gemacht.

Bei den meisten Menschen ist das denkende Selbst stärker ausgeprägt, deshalb wird es uns für gewöhnlich als Erstes bewusst. Weil es zuerst da ist, wird ihm tendenziell Vorrang vor dem fühlenden Selbst eingeräumt. In einigen Fällen ist diese Vorherrschaft so umfassend, dass die Gefühlserfahrung kaum wahrgenommen wird. Tatsächlich stellen viele Menschen, die sehr fest im rationalen Modus verankert sind, sogar in Frage, dass so etwas wie eine laufende Gefühlserfahrung überhaupt existiert. Für diese Menschen ist der vernunftbetonte Teil ihrer selbst alles: die Wirklichkeit, die vom Verstand erfasst werden kann, ist die *einzige* Wirklichkeit, und die Sprache der Logik und des Geistes ist die einzig existierende Sprache. Doch gerade die Überzeugung, dass sie *alles* wüssten, was es zu wissen gibt, macht sie anfällig für Selbsttäuschungen und Blockaden – insbesondere im Liebesleben.

Nach verbreiteter Auffassung haben Frauen ein stärker ausgeprägtes Gefühls-Selbst, während bei Männern das Verstandes-Selbst besser entwickelt ist. Dieser Unterschied wird als ursächlich für einen Großteil der Geschlechterdifferenzen betrachtet. Unserer Ansicht nach ist es nicht ganz so einfach. Frauen haben unter Umständen besseren Zugang zu ihren Gefühlen, doch ob sie fähig sind, sie klar und verständlich mitzuteilen, steht auf einem anderen Blatt. Wenn ihre Abwehrmechanismen aktiviert sind, haben Frauen die Neigung, genauso schnell auf den Kopf umzuschalten wie Männer. Eines scheint jedoch klar zu sein: Bei Frauen ist es wesentlich wahrscheinlicher, dass sie auf mehr Gefühl in der Partnerschaft drängen.

Das Potenzial für Ganzheit

Liebesbeziehungen geben uns die perfekte Gelegenheit, der leisen Stimme unseres schwächer entwickelten Selbst zuzuhören. Warum? Weil wir sie durch unseren Partner sprechen hören können (wenn wir wollen).

Da die Natur nach Gleichgewicht strebt (und damit nach Ganzheit) ist ein Partner im Allgemeinen offener für die Erkundung von Gefühlen als der andere. Das ist eine natürliche Kombination, von der selten abgewichen wird. Man stelle sich nur einmal zwei hartgesottene Kopfmenschen vor, die jahrelang zusammenleben: Gefühle wären kein Problem, weil kaum je welche auftauchten. Eine solche Beziehung kann in vielerlei Hinsicht gut funktionieren, wäre aber lebloser und abgestumpfter, als die meisten Leute ertragen könnten. Aber wie würden sich zwei Gefühlsmenschen verhalten, die Jahr um Jahr aufs Engste zusammenleben? Diese Beziehung wäre den meisten von uns zu intensiv – eine Achterbahnfahrt der Gefühle, die vielleicht atemberaubende Hochs beschert, bei der es jedoch schwierig wäre, im normalen Leben etwas Vernünftiges auf die Reihe zu bekommen. Am besten läuft es, wenn einer von jeder Sorte in der Beziehung ist.

Wenn ein verstandesbetonter Mensch und ein gefühlsbetonter Mensch sich ineinander verlieben, brechen machtvolle Emotionen auf. Dieses eine Mal kann und will keiner der beiden sein emotionales Wesen verleugnen. Alle Arten von wundervollen Funken sprühen – und das zu Recht. Auf beiden Seiten ist ein großes Verlangen nach Ganzheit und Liebe vorhanden. Nach einer Anpassungsphase richten sich beide Partner darauf ein, von nun an zusammenzuleben, was jedem die Möglichkeit eröffnet, vom anderen alles Notwendige zu lernen.

Wenn beide bereit wären, die Stärken des anderen anzunehmen, könnten sie die Spaltung zwischen Geist und Körper überwinden. Der rationale Typus würde alles aufnehmen, was er vom emotionalen Typus über Gefühle lernen kann und ein neues Bewusstsein für die innere Welt entwickeln. Der Gefühlsmensch könnte mehr darüber lernen, wie man in der äußeren Welt erfolgreich agiert, was eine Profilierung der analytischen Seite erfordert. Beide Partner würden eine ausgeglichene Persönlichkeit entwickeln und sich dadurch mehr Möglichkeiten für eine ausgeglichene Partnerschaft eröffnen. Als ausgeglichene Individuen in einer ausgeglichenen Beziehung hätten sie ideale Voraussetzungen, um eine starke Familie zu gründen oder irgendeine andere gemeinsame Lebensaufgabe erfolgreich in Angriff zu nehmen.

Wir wissen, dass der verstandesbetonte Partner nie ein vollentwickelter Gefühlstyp werden kann oder auch nur den Wunsch danach hätte. Dasselbe gilt für den gefühlsbetonten Typ, der keine Ambitionen hat, es im Bereich des rationalen Denkens zur Meisterschaft zu bringen. Die Partner müssen nicht alles annehmen, aber sie müssen immer wieder zeigen, dass sie bereit sind, voneinander zu lernen, und regelmäßig signalisieren, dass sie die Botschaft des anderen verstanden haben. Das sollte eigentlich selbstverständlich sein: Wer möchte nicht so ausgeglichen, lebendig und zufrieden wie möglich sein?

Doch in der Realität folgt eine typische Paarbeziehung häufig folgendem Muster: Nach der romantischen Phase driftet der rationale Partner allmählich zurück zu seinem gewohnten Beziehungsverhalten, das hauptsächlich kopfgesteuert ist. Der emotionale Partner, der weiß, dass Gefühle als zweitrangig gelten, fängt an, am Wert seiner Emotionen zu zweifeln. Viele Denkaufgaben in der Beziehung beanspruchen Aufmerksamkeit: Geld, Kinder, Alltagslogistik, Planung, der Nachweis, wer in einer gegebenen Situation Recht hat usw. Gefühle sind beim Sex und bei besonderen Anlässen erlaubt, aber sie werden von den Denk-Anteilen überwältigt und erhalten immer seltener Raum zur Entfaltung.

Jahr um Jahr, ganz allmählich, wird die rein verstandesmäßige Ausrichtung und Kopflastigkeit der vernunftbetonten Partner *sogar noch stärker*, das heißt, sie entfernen sich immer weiter von ihrer inneren Welt und von ihren Gefühlen. Sie begeben sich nicht in bewusster oder gezielter Absicht auf diesen sich immer weiter verengenden Weg. Genaugenommen sind sie vollauf mit Ereignissen in der Außenwelt beschäftigt und merken gar nicht, dass sie emotional immer weniger zugänglich werden. Sie empfinden Stress, weil sie ständig unter Zeitdruck stehen, aber da sie sich die meiste Zeit in der Verstandeswelt ihres Kopfes befinden, gehen sie über die Bedürfnisse ihres Körpers hinweg und sagen sich selbst, dass sie zum Wohle ihrer Familie und ihrer Liebsten handeln.

Gleichzeitig neigen auch die emotional orientierten Partner dazu, sich im selben Zeitraum von ihren Gefühlen zu entfernen, aber für sie ist dieser Prozess wesentlich schmerzlicher. Intuitiv wissen sie, dass mehr Gefühl die Beziehung bereichern und das Potenzial für Ganzheit erhöhen würde, was letztlich besser für alle Beteiligten wäre, aber sie können nur zusehen, wie die Bezie-

hung immer kopfgesteuerter und leidenschaftsloser wird. Anstatt von ihren Partnern als Verbündete in einer für beide Seiten
vorteilhaften Unternehmung betrachtet zu werden, werden ihre
Forderungen nach mehr Gefühl häufig als persönliche Angriffe
aufgefasst, ignoriert oder abgewertet.

Der Ausbruch der Krise

In den ersten Jahren einer Beziehung durchlaufen gefühlsorien-
tierte Partner verschiedene vorhersehbare Stadien, wenn auch
in ungeordneter Reihenfolge. Sie versuchen zu akzeptieren, dass
der andere ihre Gefühle und den Wert von Gefühlen ignoriert.
Sie bemühen sich, alles »richtig« zu machen und sich von ihrer
besten Seite zu zeigen. Dabei durchleben sie abwechselnd Resignation, Wut, Enttäuschung, Niedergeschlagenheit, Langeweile,
Widerwillen, Einsamkeit und so weiter – die natürlichen Gefühls-
reaktionen des emotionalen Typs. In extremen Fällen verfallen sie
in eine Sucht, werden zum Beispiel abhängig von Medikamenten
oder lassen sich auf andere selbstzerstörerische Verhaltensweisen ein; doch meistens empfinden sie eine schleichende, immer
stärker werdende Abstumpfung und Verzweiflung, ein Gefühl
von: »Eine Beziehung muss doch mehr sein als das«.

Die vernunftbetonten Partner, die nicht besonders gut auf ihr
Inneres oder das ihres Partners eingestellt sind, neigen dazu,
zwischenmenschliche Probleme gar nicht zu bemerken. Da sie
viel besser in der Lage sind, sich von sich selbst zu lösen, ziehen
sie es vor, die Situation »lockerer« zu sehen (d. h. wie die Situation nach ihrer rationalen Einschätzung sein sollte). Keine Gefühle zu haben betrachten sie nicht als Problem. Nach einer gewissen Zeit (oft nach Jahren), wenn die Leidenschaft allmählich
aus der Beziehung verschwindet, werden die gefühlsbetonten
Partner immer verzweifelter, und fangen an, sich in der einen
oder anderen Form zu beklagen. Häufig haben sie Schwierigkeiten, ihren Schmerz in Worte zu fassen, was sie zusätzlich frustriert. Sie wollen nicht als Problemfall behandelt werden, auch

wenn sie das starke Bedürfnis haben, gehört und beachtet zu werden – warum kann der Partner ihre Gefühle nicht einfach anerkennen? Doch der vernunftbetonte Partner auf der anderen Seite macht ungerührt weiter, ist ungeheuer damit beschäftigt, irgendetwas zu *tun*, und gibt sich häufig der schmeichelhaften Vorstellung hin, er übe einen positiven Einfluss auf den Partner aus, ohne zu merken, wie abgestumpft er selbst geworden ist.

Schließlich wird der emotionale Partner *wütend*. Warum? Der vernunftbetonte Partner will Leidenschaft, hat aber seine eigenen Gefühle für gewöhnlich tief vergraben, was bedeutet, dass seine Emotionen nicht sofort verfügbar sind. Das wiederum bedeutet, dass er den emotionalen Partner *braucht*, um Gefühle in sein Leben zu bringen, wenn eine Situation eintritt, die nach Gefühlen verlangt – *woher auch immer*. Vom gefühlsbetonten Partner wird *erwartet*, dass er diese Emotionen aufbringt, doch empfindet dieser seine Rolle als Gefühlslieferant häufig als quälend (und äußerst ärgerlich) – wie ein Theaterschauspieler, der vor einem völlig apathischen Publikum spielen muss. Die emotionalen Partner tragen die alleinige Verantwortung für nahezu *alles* im Gefühlsbereich. Diese Aufgabe jahrelang zu erfüllen, ist einfach schrecklich ermüdend. Zusätzlich belastend ist die Aussicht, dass bei jedem Gefühl, das dem anderen nicht akzeptabel erscheint, mit Kritik und Missbilligung zu rechnen ist.

Wenn der vernunftbetonte Partner in emotionaler Hinsicht nicht völlig abstumpft, zeigt er die Tendenz, sein eigenes Stimmungsbarometer an den Gefühlen auszurichten, die der emotionale Partner gerade vorgibt. Ist der andere zum Beispiel gerade glücklich, ist er auch glücklich. Ist der andere traurig, ist er auch traurig. Für den emotionalen Partner ist es, als hätte er die ganze Zeit eine äußerst unoriginelle, farblose Person um sich, die jede seiner Bewegungen nachahmt. Und es wird noch schlimmer.

Wenn die rationalen Partner darauf angewiesen sind, dass ihr emotionales Gegenstück glücklich ist, damit sie selbst glücklich sein können, ergeben sich weitere Probleme. Der denkende Partner wird es sich zur Aufgabe machen, der fühlenden Person zu

»helfen«, um sie wieder »in Ordnung zu bringen«. Als notorische Baustelle betrachtet zu werden, an der ständig irgendetwas repariert werden muss, ist keine angenehme Erfahrung. Das Gleiche gilt, wenn man bei jeder emotional schwierigen Situation in der Partnerschaft vom anderen als »das Problem« identifiziert wird.

Die gefühlsbetonte Person empfindet die Situation verständlicherweise als schwierig und extrem belastend. Im Austausch für die Gefühle, die sie offenbart, bekommt sie (außer Gedanken) nichts Vitales oder Bedeutsames zurück. Sie kann sich nicht entspannen, weil der Partner immer daran arbeitet, sie glücklich zu machen, damit *er* glücklich sein kann. Zunächst macht diese Situation die emotionalen Partner wütend, aber bald sind sie einfach zermürbt. Und die rationalen Partner verstehen nicht, warum. Dann setzt eine Krise ein – und leider scheint diese Krise notwendig zu sein, um die volle Aufmerksamkeit des denkenden Partners zu erhalten.

Die fühlenden Partner werden schließlich das Ende der Fahnenstange erreichen. Sie leiden inzwischen sehr stark unter der allmählichen Abstumpfung der Beziehung, die dem rationalen Partner als unproblematisch erscheint, sofern er sie überhaupt bemerkt. Für die emotionalen Partner stellt diese gefühlsmäßige Erstarrung eine Bedrohung der Werte dar, die sie für unabdingbar halten. Schließlich werden sie sich bewusst – vielleicht zu ihrer eigenen Überraschung –, dass sie auf dem Rückzug sind. Für sie bedeutet das mehr als nur den Rückzug aus der Partnerschaft, weil sie die Situation als tödliche Bedrohung erleben. Für sie *fühlt es sich an*, als stünde ihr Leben auf dem Spiel. Deshalb haben sie den Eindruck, dass die Entscheidung drängt, und nach ihrem Empfinden haben sie nur die Wahl, entweder sofort zu handeln und der Beziehung wieder etwas Leben einzuhauchen ... oder zu sterben.

Irgendwann macht es plötzlich Klick, und der gefühlsbetonte Partner sagt: »Moment mal! Seit wir zusammen sind, habe ich meinen Beitrag geleistet und versucht, meine mentale Seite zu entwickeln. Oft habe ich mich dabei gegenüber meinem Partner, der mir in dieser Hinsicht einiges vorauszuhaben scheint, unzulänglich und minderwertig gefühlt. Ich habe gekämpft, gerungen, mein Möglichstes getan, während mein Partner nicht den leisesten Versuch gemacht hat, mehr über mich und meine Stärken zu lernen. Unsere Beziehung erstarrt in rationalen und philosophischen Betrachtungen. Es ist an der Zeit für ein bisschen Gefühl.« Und dann sagen sie: »Ich verlange, dass du etwas über meine Sicht der Dinge lernst, über Gefühle, deine und meine. Es wird die Lebendigkeit und Leidenschaft zurückbringen, die ich dringend brauche und schmerzlich vermisse. Wenn du dazu nicht bereit bist, ist diese Ehe zu Ende, fürchte ich.« Der mentale Partner reagiert völlig verdattert, manchmal schockiert. Das Ganze scheint aus heiterem Himmel über ihn hereinzubrechen.

Schließlich kommen wir zu einer Frage, die alle mental orientierten Partner gerne stellen (und zu der Antwort, die sie nicht so gern hören). *Was tut man gegen diese ganzen Probleme?* Jeder, der eine langjährige Beziehung hinter sich hat, wird Teile des Dramas wiedererkennen, das wir hier beschrieben haben, und jeder hofft auf eine leichte Lösung. Wenn die großen Herausforderungen einer Partnerschaft vor uns auftauchen, neigen wir aus irgendeinem Grund dazu, uns der Illusion hinzugeben, dass derjenige Teil der inneren Entwicklung, der mit dem Lernen von Gefühlen verbunden ist, sich irgendwie von allein und ohne große Mühe ergeben werde. Doch so ist es leider nicht. Sich seine Gefühle bewusst zu machen, erfordert Konzentration und harte Arbeit. Das gilt insbesondere, wenn man in einer Familie aufgewachsen ist, in der Gefühle unterdrückt wurden, oder wenn man aus einer Familie stammt, in der extreme Gefühle an der Tagesordnung waren, wie bei Alkoholikern oder anderen Suchtkranken.

Wie alle bedeutungsvollen Reifungsprozesse erfordert emotionales Lernen einen unangenehmen Grad an Verletzlichkeit und die Bereitschaft, gewohnte Sicherheiten aufzugeben. Als Therapeuten seufzen wir jedes Mal auf, wenn Menschen nach einem

Patentrezept suchen, nach dem kinderleichten Sieben-Punkte-Programm, das ihnen quasi über Nacht und ohne eigene Anstrengung für alle Zeiten die perfekte Liebe und Partnerschaft beschert. Wenn es eine Methode gäbe, die einen sicheren, unbeschwerlichen Weg zu einer erfüllten Partnerschaft böte, hätten bestimmt schon viele Menschen ihren Weg dorthin gefunden.

Bitte deuten Sie dieses Thema nicht über Begriffe wie richtig oder falsch oder gut und schlecht, wie zum Beispiel: Das Fühlen ist dem Denken überlegen oder umgekehrt. Es ist einfach eine Frage der Ausgewogenheit. Wenn vernunftbetonte Partner sich weigern, ihr fühlendes Selbst zu entdecken und zu entwickeln, ist ihr inneres Gleichgewicht gestört, und dann gerät auch die Beziehung aus dem Lot. Der Weg zu Wachstum und Entdeckung ist blockiert. Es ist wie bei einem Zweipersonenstaffellauf, bei dem der eine Läufer nicht weiß, wie er den Stab vom anderen übernehmen soll – wenn das nicht gelingt, ist das ganze Rennen zu Ende.

Wer sich nach einer gescheiterten Beziehung auf eine neue Partnerschaft einlässt, sollte früh anfangen, einige grundlegende Gefühle zu erforschen. Es ist gar nicht so schwierig, wenn man einmal die Absicht gefasst hat. Wenn die Partner erst einmal erkannt haben, dass sie *beide* viel über Gefühle lernen müssen, und sich entscheiden, gemeinsam daran zu arbeiten, anstatt darüber zu streiten, haben beide viel zu gewinnen. *Sie* erhält die Chance, die emotionale Zuwendung zu erhalten, nach der sie sich sehnt, und *er* gewinnt mehr Leidenschaft und Lebendigkeit, statt alle Gefühle wegzudrücken. Das nächste Kapitel wendet sich an Paare, die bereit sind, sich auf diesen Lernprozess einzulassen.

4 Tausendundein Gefühl: Ein Kurzlehrgang über das Feuer der Leidenschaft und wie man es lebendig hält

Gefühle geben einer Partnerschaft Energie und Leidenschaft und sorgen dafür, dass sie dynamisch und lebendig, verletzlich und aufrichtig bleibt. Dennoch gehört es zu den größten Herausforderungen der Paararbeit, die Beteiligten dazu anzuregen, einander ihre Gefühle mitzuteilen. Dies ist von *größter Wichtigkeit*, denn ohne Gefühlsäußerungen von beiden Partnern driftet eine Beziehung immer in Richtung Abstumpfung und Monotonie, was sie wiederum langsam, aber sicher auf ihr Ende zutreiben lässt.

Vor allem bei vernunftbetonten Partnern gleicht das Erlernen von emotionalen Fähigkeiten dem Erwerb einer Fremdsprache. Es ist nicht schwer, einige nützliche Ausdrücke aufzuschnappen, doch um bedeutungsvolle Gespräche führen zu können, muss man sich auf den Hosenboden setzen und ordentlich pauken. Als ernsthaft bemühter Schüler gesteht man sich als Erstes ein, dass man ein Anfänger ist, kämpft mit dem Grundwortschatz, lernt einige Regeln, macht sich mit den sprachlichen Strukturen vertraut, fängt dann an, einfache Dinge zu sagen, übt mit »Muttersprachlern«, ist darauf gefasst, wie ein Idiot zu klingen, übt weiter, und beschließt immer wieder aufs Neue, nicht aufzugeben. Dann, wenn man gerade glaubt, dass man zu begreifen beginnt, wie die Sprache funktioniert, stößt man auf die frustrierenden Ausnahmen von den Regeln und muss die subtilen Nuancen berücksichtigen, die einem bisher entgangen sind. Doch sind die Anfangsschwierigkeiten einmal überwunden, wird die Mühe reich belohnt. Wenn man die neue Sprache schließlich einigermaßen beherrscht, findet man sich in einem anderen Land wieder, das ungeahnte Möglichkeiten eröffnet. Das Lernen fällt einem immer leichter – macht sogar richtig Spaß!

Die drei Hauptelemente der Gefühlskommunikation: Lokalisieren, Ausdrücken, Empfangen

Wir erleben sehr häufig, dass Paare erwarten, in wenigen Tagen alles über Gefühle zu lernen, und dann aufgeben, wenn sie die neue Sprache nicht gleich fließend beherrschen. *Man kann nicht erwarten, Gefühlsfähigkeiten von einem Tag auf den anderen zu lernen.* Wir wollen hier mit einigen der Grundlagen beginnen.* Der Aufbau von Kompetenzen, die den Umgang mit Gefühlen in einer Partnerschaft erleichtern, umfasst drei Komponenten, nämlich Gefühle zu lokalisieren, sie klar und unvermischt auszudrücken und zu empfangen.

Gefühle lokalisieren
Bevor wir irgendetwas mit Gefühlen anfangen können, müssen wir in der Lage sein, sie ausfindig zu machen – und das ist weit schwieriger, als die meisten vernunftorientierten Menschen glauben wollen. Bei einem einwöchigen Gruppen-Training zum Beispiel fordern wir Einzelpersonen und Paare etwa fünfundzwanzigmal am Tag auf, uns zu sagen, was sie fühlen. Am Anfang fällt es den Teilnehmern ungeheuer schwer, mit einem *Begriff* zu antworten, der tatsächlich widerspiegelt, was gerade in ihnen vor-

---

* Wenn Sie in erster Linie ein Gefühlstypus sind, kommt Ihnen das alles möglicherweise ganz selbstverständlich vor. Trotzdem empfehlen wir Ihnen, wachsam zu bleiben, denn wenn der Gefühlstypus in der Partnerschaft unter Druck gerät, ist auch er häufig nicht so versiert in Gefühlsfragen, wie er glaubt. Wenn Sie eher der vernunftbetonte Typus sind, lesen Sie bitte weiter, ohne zu urteilen, und geben Sie Gefühlen eine Chance. Beide Typen müssen erkennen, dass man eine Sprache nicht vollständig aus Büchern lernen kann und dass sich ernsthaft Interessierte am besten einen Lehrer suchen.

geht, und es kostet sie konzentrierte Anstrengung, nicht aufzugeben. Zunächst erhalten wir häufig eine Antwort aus dem Bereich des *Denkens*: »Ich weiß nicht«. Doch wenn wir die Teilnehmer auffordern, weiter zu forschen, fangen sie allmählich an, ihre Gefühle aufzudecken.

Die Fähigkeit, sich der eigenen Gefühle gewahr zu werden und sie zu benennen, sollte eigentlich etwas Selbstverständliches sein, doch die meisten Menschen haben keine offenen, unbehinderten Leitungsbahnen zwischen ihrem Gefühlsleben und ihrem aktuellen Bewusstseinszustand entwickelt: Statt dessen unterdrücken wir – Männer und Frauen gleichermaßen – unsere Gefühle oder filtern sie durch unseren Verstand, sodass uns Unmittelbarkeit verloren geht. Wir neigen dazu, automatisch zu funktionieren, ohne uns unserer Gefühle bewusst zu sein.

Diese Automatik zu durchbrechen kostet ausdauernde Anstrengung. Gefühle zu lokalisieren ist eine Kunst, die viel Übung erfordert. Wir müssen bereit sein, unsere Überzeugungen von der Vorherrschaft des Verstandes aufzugeben und unser gewohntes Beziehungsverhalten zu verändern. Bereit? Dann lassen Sie uns beginnen.

Erster Schritt: Was fühle ich? Um die eigenen Gefühle zu lokalisieren, sollte man sich jeden Tag so oft wie möglich fragen: »Was fühle ich in diesem Moment?« Begnügen Sie sich nicht mit Antworten wie: »Nichts«, »Ich weiß nicht«, »Ich fühle mich gut« oder »Ich fühle mich schlecht«. Das sind mentale Wertungen, keine Gefühle. Es klingt simpel, aber wir haben die Erfahrung gemacht, dass höchstens eine von hundert Personen diese Übung länger als eine Woche durchhält. Wer mehr über Nähe und Intimität in der Partnerschaft lernen will, muss sich eindeutig mehr Mühe geben. Damit wir zu unseren Gefühlen vorstoßen, müssen wir uns auf die subtileren Bereiche unseres inneren Wesens einstimmen. Doch wenn man schließlich ein echtes Gefühl erkennt, spürt man sofort, dass man eine innere Wahrheit freigelegt hat.

Fragen Sie sich jetzt: »Was fühle ich?« Forschen Sie in Ihrem Körper. Erlauben Sie sich, etwas verwundbarer zu sein als sonst. Gehen Sie ein bisschen tiefer. Werden Sie ruhiger, lassen Sie sich ein wenig Zeit – Gefühle sind schwer zu erreichen, wenn man hektisch ist.

Zweiter Schritt: Gefühle üben. Um Ihre Beziehung zu vertiefen, sollten Sie sich jeden Tag etwas Zeit nehmen und die Gefühlssuche gemeinsam mit Ihrem Partner üben. Fragen Sie Ihren Partner zwischendurch immer wieder, was er oder sie empfindet (und seien Sie bereit, von Ihren eigenen Gefühlen zu berichten). Seien Sie fröhlich dabei – es muss keine todernste Angelegenheit sein. Nehmen Sie keine Wertungen vor. Sagen Sie sich, dass Sie Anfänger sind und Fehler machen dürfen. Wählen Sie für die Übung einen Zeitpunkt, zu dem die Beziehung gut läuft. Tun Sie es, bevor größere Gefühle hervorbrechen. Wenn sich in der Partnerschaft seit längerer Zeit Gefühle aufgestaut haben, ist ein langsamer, stetiger Kraftaufwand erforderlich, der in etwa dem entspricht, den man für das Wenden eines Schlachtschiffs braucht.

Denken Sie daran: Sie müssen nichts *tun*, wenn sie ein Gefühl zulassen. Einer der Gründe, weshalb der vernunftbetonte Typus Angst vor Gefühlen hat, ist, dass er glaubt, er müsse sofort etwas »tun«, sobald er sich für ein Gefühl öffnet. Ein Gefühl ist einfach ein Gefühl und schadet niemandem. Die Probleme entstehen durch die Überzeugung, dass man *etwas tun müsse*.

Gefühle zum Ausdruck bringen

Wir treffen häufig Menschen, die erklären, sie wüssten über ihre Gefühle Bescheid, würden aber nicht darüber reden. Eine Liebesbeziehung, in der die Partner über ihre Gefühle »Bescheid wissen«, sie aber nicht formulieren können, unterscheidet sich nicht wesentlich von einer Beziehung, in der die Partner ihre Gefühle überhaupt nicht orten können. Als hätte jemand ein Geheimnis, das er niemandem anvertraut: Er selbst mag darüber Bescheid wissen, aber niemand sonst erfährt etwas davon. Um die Vertrautheit zu vertiefen, müssen die Partner fähig sein, das Geschehen in ihrem Innern zu lokalisieren *und* fähig sein, es mitzuteilen.

Im Allgemeinen gibt es positive Gefühle (wie Glück, Freude, Aufregung) und eher »schwierige« Gefühle (wie Schmerz, Trauer und Wut). Leider fällt es vielen Partnern sogar schwer, dem anderen ihre positiven Gefühle mitzuteilen. Dazu muss man für gewöhnlich lernen, etwas mutiger zu sein, sind wir doch an den Gefühlen interessiert, die noch schwieriger auszudrücken sind.

Schwierige Gefühle äußern: Ein nicht ausgedrücktes Gefühl ist ein zurückgehaltenes Gefühl. Im Gegensatz zu dem, was unser rationales Selbst uns vorgaukelt, führt das Zurückhalten eines Gefühls *nicht* dazu, dass es nicht mehr existiert oder seine Wirkung verliert. Genaugenommen verstärkt sich ein zurückgehaltenes Gefühl letztendlich. Groll ist ein gutes Beispiel.

Man hat ein Paar vor sich, dessen Partner voller Groll aufeinander sind. Sie tun so, als ob es anders wäre, weil sie »nett« zueinander sein wollen; doch merkt man sofort, dass sie sich emotional voneinander distanzieren. Diese Partner haben auch viele positive Gefühle füreinander, deshalb vermeiden sie es, einander ihren Groll mitzuteilen – doch paradoxerweise ist es der Groll, der sich am deutlichsten zeigt. Da beide Partner Angst haben, sich ihren Groll einzugestehen und darüber zu sprechen, unterdrücken sie ihn, vielleicht seit Monaten und Jahren. Diese Ablehnung oder Verleugnung einer Gefühls-Wahrheit hat zu einem großen unterirdischen Reservoir an Ressentiments geführt, die das ganze Leben des Paares beeinflussen.

Jeder einigermaßen geschulte Berater könnte diesem Paar helfen, dem Groll noch ein bisschen länger auszuweichen und sich auf die Verstärkung ihrer sogenannten positiven Gefühle zu konzentrieren. Die rationale Theorie dazu könnte etwa folgendermaßen lauten: Verstärken Sie weiterhin die positiven Elemente, dann wird sich der Druck verringern und alles wird sich zum Guten wenden. Nach diesem Modell kann man *alle schwierigen Gefühle gegen andere eintauschen oder als vernunftwidrig ablehnen.* Setzen Sie die korrekte Strategie um, berücksichtigen Sie die passende Erkenntnis und Sie finden Ihren Weg zum »Glück« (und behalten es für immer). Das ist die Sichtweise, die der Verstand gegenüber dem Gefühl einnimmt.

Wenn das Paar noch nicht lange zusammen ist, gelingt es ihm vielleicht, sich an die Methode des positiven Denkens zu halten und seinen Groll eine Zeitlang zu ignorieren. Doch die Partner, über die wir hier reden, sind schon etwas länger zusammen. So zu tun, als befände sich dieses riesige Reservoir an aufgestautem Groll nicht im Zentrum ihrer Partnerschaft, wird einfach nicht funktionieren. Partner, die auf ihrem Groll sitzen und nicht darauf reagieren, können den Auftrag des positiven Denkens nicht konsequent ausführen. Sie werden leicht sauer aufeinander, verweigern sich dem Partner oder gehen bei der leisesten Provokation in die Defensive. Sie geraten sich immer wieder wegen Kleinigkeiten in die Haare: Mit anderen Worten, die unterschwelligen Ressentiments brechen immer wieder durch, wenn der Entschluss, eine positive Stimmung aufrechtzuerhalten, auch nur ansatzweise ins Wanken gerät.

Angenommen hingegen, man hilft denselben Partnern dabei, ihren Groll zum Ausdruck zu bringen. Keiner möchte das. Es ist schwierig und unangenehm, vielleicht sogar schmerzlich. Beide Partner denken, dass sie den anderen irgendwie hinters Licht geführt haben, und fürchten sich davor, ihre Gefühle zu offenbaren. Doch schließlich erklären sie sich damit einverstanden, ihre eigenen Gefühle zu äußern und dem anderen zuzuhören, wenn er im Gegenzug seine Ressentiments zum Ausdruck bringt.

Beide beginnen zögernd. Sie haben keine Übung darin, ihre negativen Gefühle zu formulieren. Jeder holt tief Luft. Wir helfen ihnen, indem wir einige Grundregeln aufstellen. Einer fängt an, der andere hört einfach nur zu. Wir fragen jeden Partner, wie er sich in Anbetracht der geäußerten Ressentiments fühlt, sonst nichts. Dann bringt der andere seinen Ärger zum Ausdruck, bis er sich ausreichend gehört fühlt. Einige der Äußerungen spiegeln eindeutige Ungerechtigkeiten wider. Andere sind banal. Einige reichen Jahre zurück. Es gibt wenig echte Überraschungen, weil der andere den vorhandenen Groll bereits gespürt hat. Doch hin und wieder kommt etwas völlig Neues und Unerwartetes ans Licht. Schon bald ist Erleichterung spürbar. Die Situation klärt sich. Die Partner fangen an, einander wieder in die Augen zu sehen. Bei einigen Enthüllungen war das Zuhören quälend, aber bei den meisten nicht. Sogar die schmerzlichen Enthüllungen sind besser als eisiges Schweigen oder die passiv-aggressiven Verhaltensweisen, die sonst kamen. Jetzt tauchen andere Gefühle auf. Die Kommunikation weitet sich aus. Es kommt zu Rechtfertigungen, vielen weiteren Klärungen und einigen Entschuldigungen. Erleichterung. Mehr Gefühle. Es besteht keine Notwendigkeit, an der Verstärkung positiver Gefühle zu arbeiten; sie kommen von ganz allein.

Wir wollen nicht den Eindruck erwecken, es wäre leicht, denn das ist es nicht. Ein Paar, das ernste Probleme hat, sollte sich nicht ohne fachliche Hilfe auf diesen Prozess einlassen, weil er nicht funktioniert, wenn die Partner reizbar aufeinander reagieren. Doch wir wissen, dass blockierte Beziehungen sich öffnen, wenn beide Partner sich ernsthaft darauf einlassen, ihre Gefühle zu klären.

Sogenannte negative Gefühle zurückzuhalten, führt auch zum Zurückhalten sogenannter positiver Gefühle. Der Versuch, nur positive Gefühle zuzulassen, zwingt dazu, eine Maske zu tragen. Hinter einer Maske zu leben, führt früher oder später zu Heuchelei, Heuchelei führt zur emotionalen Abstumpfung. Spricht man dagegen die Gefühle aus, erhält man die positiven *und* die negativen, aber sie führen zu Lebendigkeit und Leidenschaft. Kurz, wir haben die Wahl: Wir können uns entweder mit allen unseren Gefühlen auseinandersetzen oder gefühllos werden!

Wer mehr über Gefühle lernen will, sollte noch einen weiteren Punkt bedenken: *Ein Gefühl zurückzuhalten, kostet Energie.* Wenn sich ein unterdrücktes Gefühl verstärkt, muss man mehr Energie aufwenden, um es in Schach zu halten. Die dafür verbrauchte Energie ist fehlende Lebensenergie. Über kurz oder lang zehrt diese ständige Belastung alle Kräfte auf. Wer seine Gefühle für längere Zeit zurückhält, wird irgendwann eine leichte oder möglicherweise sogar schwere, dauerhafte Depression entwickeln und die Freude am Leben verlieren. Die Regel lautet: Wird in einer Partnerschaft zu viel zurückgehalten, stirbt die Liebe.

Seine Gefühle auszudrücken, die Gefühlsenergie innerhalb der *Einzelperson* in Bewegung zu setzen: Das stärkt den Kreislauf der individuellen Gefühlsenergie (die, wenn sie im Fluss ist, das Herz vor Verstopfungen schützt). Es ist der Fluss des Lebens selbst. Diese Bewegung von Energie kann sich als Katharsis-Prozess erweisen und Erleichterung auslösen. Aber wie funktioniert all das in einer Partnerschaft? Kurz, der Ausdruck eines Gefühls führt nur zu einem dauerhaften Gewinn für die Partnerschaft, wenn das Gefühl beim anderen ankommt und aufgenommen wird. Das ist also ein äußerst wichtiger Teil des Trainings.

Gefühle empfangen

Um zu lernen, wie man Gefühle *lokalisiert*, muss man sich selbst gründlicher erforschen. Um zu lernen, wie man seine Gefühle *zum Ausdruck bringt*, muss man sich verwundbar machen und lernen, die emotionale Energie von innen nach außen zu lenken. *Das Annehmen der geäußerten Gefühle* vollendet den Kreislauf des Energie-Austauschs in einer Beziehung und sichert die emotionale Zuwendung, die eine Partnerschaft zum Leben braucht.

Nehmen wir ein einfaches Beispiel: Janice bringt ihre Zuneigung für ihren Partner Bill in klaren Worten zum Ausdruck. Er wendet sich von ihr ab, wechselt das Thema, versucht, über den Sinn der Liebe zu diskutieren, zieht sich in sein Schneckenhaus zurück, wertet, will seiner Partnerin ihr Gefühl ausreden, belehrt sie, hängt anderen Gedanken nach oder reagiert zerstreut und abgelenkt. *Keine dieser risikoarmen Reaktionen enthält irgendeinen Hinweis darauf, dass er das ausgedrückte Gefühl empfangen hat.* Eine sehr ambivalente Erfahrung für Janice. Als Individuum empfindet sie Erleichterung, weil sie ihr Gefühl zum Ausdruck gebracht hat. Sie hat sich verletzlich gemacht und ist ein Risiko eingegangen, das Mut erforderte. Als Mensch hat sie einen Schritt nach vorn gemacht. Doch als Partnerin *empfindet sie eine innere Leere, weil ihr Gefühl offenkundig nicht angenommen wurde.*

Wenn Gefühle in ihrer Partnerschaft regelmäßig keine Resonanz finden, ist klar, wohin die Sache steuert. Janice hat einen Teil ihres inneren Erlebens, einen Teil von sich selbst angeboten, der nicht angenommen wurde. Wenn der Partner ihr Gefühl nicht annimmt, fühlt sie sich abgewiesen, gekränkt, verletzt, abgewertet und wahrscheinlich angegriffen. Wenn sich solche Zurückweisungen wiederholen, wird sie sich zweimal überlegen, ihr Inneres erneut preiszugeben. Der Weg in Richtung Abstumpfung und Stagnation ist eingeschlagen.

Nehmen wir nun an, derselbe Gefühlsausdruck wird angenommen. Nachdem Janice ihre Emotionen geäußert hat, braucht Bill ein oder zwei Sekunden, um zu reagieren. Er forscht in sich nach dem Gefühl, das in Reaktion auf die Empfindungen, die Janice gerade zum Ausdruck gebracht hat, entsteht. Nachdem er es lokalisiert hat, äußert er Zuneigung, Aufregung, Angst, Glück, Trauer, sexuelle Erregung oder was auch immer (es kann praktisch jedes Gefühl sein). Dass er ihr eine emotionale Reaktion aus seinem Innern zurückgibt, zeigt ihr, dass er in *irgendeiner* Form durch ihre Gefühlsäußerung berührt wurde. Mit anderen Worten, ihr Gefühl ist bei ihm angekommen und hat ihn bewegt, was er ihr beweist, indem er mit einem eigenen Gefühl antwortet.

Janice hat vielleicht auf eine ganz bestimmte Reaktion gehofft, vielleicht sogar auf eine ganz andere Reaktion als die, die sie erhalten hat; aber schon das Wissen, dass ihr Gefühl in seinem Innern aufgenommen wurde, trägt dazu bei, ihr Engagement und Interesse zu erhöhen. Ganz gleich, welches Gefühl von ihm zurückkam, es wird sehr wahrscheinlich ein weiteres Gefühl in ihr geweckt haben, das sie nun wiederum ihm zurückgeben kann. Wenn das geschieht, besteht in einer Beziehung die Möglichkeit zu weiterer Energie und Entwicklung. Niemand weiß, wo die Partnerschaft als Nächstes hinsteuert, doch *sie bewegt sich*, die Partner sind engagiert, erfahren mehr übereinander und vertiefen sehr wahrscheinlich ihre Nähe und Vertrautheit.

Was die meisten Anfänger nicht erkennen, ist, dass *alle* Gefühle angenommen werden müssen – auch die schwierigeren, wie zum Beispiel Wut. In Kapitel 5 werden wir dieses Thema ausführlich behandeln, aber zunächst möchten wir etwas genauer erläutern, was es mit dem Empfangen von Gefühlen auf sich hat. Wie gesagt, müssen Gefühle angenommen werden, damit sich der Kreislauf der Leidenschaft schließt. Wenn der Empfänger das geäußerte Gefühl wirklich aufnimmt, wird ein Energieschub bei ihm ausgelöst. Derjenige, der das Gefühl zum Ausdruck bringt, empfindet Entspannung, Ruhe und schließlich Zuneigung, wenn seine Gefühle vom anderen angenommen werden. Beide Partner fühlen sich am Ende zufriedener.

Woran erkennt man, ob ein Gefühl angenommen wird? Woher wissen wir, ob es einen Eindruck beim Partner hinterlässt, wenn wir ihn an unserer inneren Welt teilhaben lassen? Wenn der Partner eine emotionale Reaktion zeigt. Ein Gefühl wurde angenommen, wenn es ein Gefühl in der anderen Person erzeugt *und* sie dieses Gefühl ihrerseits zum Ausdruck bringt.

Wenn wir eine Emotion ausdrücken, die beim Partner ankommt, und der Partner das Gefühl lokalisiert, das daraufhin in ihm auftaucht, und dieses Gefühl mitteilt, *fließt Energie in der Beziehung* – wesentlich mehr Energie, als durch einen vernunftbetonten, analytischen Austausch erzeugt werden könnte. Hier haben wir zwei Menschen, die ihr Innerstes und damit echte Energie miteinander teilen. Beide Partner fühlen sich nach dem Austausch gestärkt und neu belebt. Sie verzichten auf ihre Abwehr. Neue Erkenntnisse sind möglich. Bewegung ist möglich. Vertrautheit vertieft sich.

Emotionales Tennis

Wir alle kennen die Grundlagen eines bereichernden Gedanken-
austauschs. Ein Partner erzeugt eine Idee und bringt sie zum
Ausdruck. Ist das Gespräch ausgewogen und fruchtbar, nimmt
der Empfänger die Botschaft auf, überarbeitet sie im Geiste und
sendet sie zurück. Der Urheber der Idee empfängt wiederum diese
Botschaft, verarbeitet sie und sendet sie erneut zurück. Das tun
wir alle die ganze Zeit – mit rationalen Gedanken.

Ein Gefühlsaustausch funktioniert genauso. Wir veranschau-
lichen das gern mit einer Metapher, die wir als »emotionales Tennis« bezeichnen.

Um die Gefühlskommunikation in einer Beziehung lebendig
zu halten, brauchen wir zwei Partner, die es sich zur Aufgabe machen, einen prüfenden Blick in ihr Inneres zu werfen, bevor sie
reagieren. Jeder steht spielbereit auf seinem eigenen Court. Einer
schlägt auf und serviert dem anderen ein Gefühl. Wenn der Partner, bei dem der Aufschlag landet, sich weigert, den Gefühlsball
anzunehmen oder ihn vollständig verfehlt, kann das Spiel nicht
weitergehen. Wenn der Partner, der den Ball annehmen soll, die
ganze Zeit ruft, dass er oder sie dieses Spiel nicht beherrscht, und
sich hartnäckig weigert, es zu lernen, kann das Spiel auch nicht
weitergehen. Wenn ein Partner darauf besteht, ein anderes Spiel
zu spielen – sagen wir: »intellektuelles Tennis« – und in Reaktion
auf das dargebotene Gefühl mit einem rationalen Diskurs antworten will, weil er dieses Spiel besonders gut beherrscht, ist das
gleichbedeutend mit der Aufforderung zu einem Machtkampf.
Früher oder später wird der Aufschlagende, der emotionales Tennis spielen will, wütend werden. Er hat keinen Partner auf der
anderen Seite, niemandem, mit dem er spielen kann. Wenn der
Verweigerer sein Verhalten nicht ändert, wird der Aufschläger
schließlich aufgeben, seine Gefühle zusammenpacken und sich
nach jemandem umsehen, der mit ihm spielen *will*.

Nehmen wir jetzt an, der Empfänger (sagen wir, es ist ein
Mann, aber es könnte genauso gut eine Frau sein) legt sich stär-

ker ins Zeug und bemüht sich, das Gefühl anzunehmen, das ihm dargeboten wird. Er muss eine gezielte Anstrengung unternehmen, um es aufzufangen. Seine Aufmerksamkeit ist gefordert, er muss sich strecken und dem Gefühl entgegenkommen. Wenn er es aufnimmt, muss er es in seinen Körper hineinlassen. Genauso, wie er beim intellektuellen Tennis eine Idee im Kopf hin- und herwenden und von allen Seiten betrachten würde, muss er jetzt auch seinem Körper Zeit lassen, um das empfangene Gefühl abzutasten und zu erforschen. Normalerweise dauert es länger, ein Gefühl hervorzubringen als eine Idee, doch schließlich wird das Gefühl auftauchen – *und dann muss er es zurück übers Netz spielen.* Ein Gefühl anzunehmen, ist etwas völlig anderes, als es einfach über sich ergehen zu lassen oder abzuwehren. Es ist eine Fähigkeit, die man lernen kann. Doch eines ist klar: Für den Fortgang des Spiels ist es unabdingbar, dass der Partner auf der anderen Seite in irgendeiner Weise auf das dargebotene Gefühl reagiert *und* etwas zurückschickt. Wenn das geschieht, kommt es zu einem Energieaustausch und das Spiel gewinnt an Tempo und Aufregung.

Dann muss die Aufschlägerin (sagen wir, es ist eine Frau) auf das zurückkommende Gefühl achten, es mit ihrem Körper auffangen und erneut zurückgeben. (Es besteht die Gefahr, dass sie sich für besser hält, als sie tatsächlich ist, deshalb muss auch sie höllisch aufpassen). Sobald einer der beiden anfängt, rationale Erklärungen zurückzuschicken – Ausreden, Gründe für dies und das, Rechtfertigungen –, ist das Spiel zu Ende, weil kein Spiel stattfindet, wenn die beiden Teilnehmer nicht dasselbe Spiel spielen. Es ist schwierig, das Spiel am Laufen zu halten, weil es Verletzlichkeit auf beiden Seiten erfordert, was beim Austausch von Intellektualisierungen so gut wie nie der Fall ist.

An diesem Punkt würde der vernunftbetonte Partner vielleicht fragen, warum es eigentlich *zwei* Spiele in einer Beziehung geben muss. Kann man nicht dasselbe erreichen, wenn man nur intellektuelles Tennis spielt? Nein, kann man nicht. Es gibt zwei Partnertypen, und jeder Partner braucht seinen Anteil an demjenigen Spiel, das ihm die größte Befriedigung bietet. Das ist tatsächlich Grund genug, wenn man eine ausgewogene, für beide Seiten lohnende Beziehung aufrechterhalten möchte. Doch das ist noch nicht alles – lassen Sie uns einige Aspekte der Gefühlskommunikation betrachten, die wir bislang nur gestreift haben.

Gefühle: Der direkte Weg zur Wahrheit

Dem vernunftbetonten Typus fällt es schwer zu glauben, dass man in der Liebe über das Gefühl schneller zur Wahrheit gelangt als über den Intellekt – bis er sich (normalerweise im Rahmen einer Therapie) darauf beschränken muss, ausschließlich Gefühle zu äußern. Bei unserer Arbeit mit Paaren haben wir vor langer Zeit gelernt, dass auch extrem komplizierte, verwickelte, immer wiederkehrende Beziehungsprobleme sich relativ schnell aufarbeiten lassen, wenn beide Partner sich darauf beschränken, einander ihre Gefühle zu offenbaren. Wenn der authentische Kern beider Partner offengelegt wird, gelangen sie in Riesenschritten zu mehr Bewusstheit. Und Bewusstheit führt zur Auflösung von Problemen.

Man bedenke einmal Folgendes: Messen Lügendetektoren Worte? Nein. Sie messen körperliche Vorgänge. Jeder Fernsehzuschauer weiß, dass man durch die geschickte Manipulation von Worten die Wahrheit zurechtbiegen und den eigenen Zwecken dienlich machen kann. Doch der Körper kann nicht lügen. Die Botschaft, die mit einem Gefühl einhergeht, kommt direkt aus unserem Innern und zeigt, wer wir sind. Wir können leicht Worte finden, um uns selbst zu belügen, aber die Gefühle, die in direkter Verbindung mit unserem tiefsten Innern stehen, sprechen die Wahrheit.

Betrachten wir einige Beispiele von rational gefärbten Aussagen im Gegensatz zu gefühlsbezogenen Darstellungen derselben Situation. Beachten Sie, dass die Gefühlsaussage eine wesentlich direktere Einschätzung der eigenen Wahrheit und Verletzlichkeit bietet.

- »Du bist herrschsüchtig« (Denken) *versus* »Ich fühle mich dir gegenüber machtlos« (Fühlen).

- »Deine Art, mit Geld umzugehen, treibt uns in den Ruin« (Denken) *versus* »Ich habe Angst, wenn ich an unsere finanzielle Zukunft denke« oder »Ich fühle mich ausgenutzt« oder »Ich bin wütend« (Fühlen).

- »Du bist in letzter Zeit immer so niedergeschlagen. Wieso reißt du dich nicht einfach ein bisschen zusammen?« (Denken) *versus* »Wenn du so niedergeschlagen bist, fühle ich mich hoffnungslos« (Fühlen).

- »Wir wollen uns einen schönen Abend machen, wozu auch gehört, dass wir miteinander schlafen, aber du kommst ins Bett und bist so verkrampft, dass ich dich am liebsten rausschmeißen möchte« (Denken) *versus* »Es verletzt mich und macht mich wütend, wenn ich auf der Liste deiner Prioritäten so weit unten stehe« (Fühlen).

- »Ständig umarmst du unser Kind. Was ist mit mir?« (Denken) *versus* »Ich fühle mich einsam und vernachlässigt. Ich hungere nach einer Berührung von dir« (Fühlen).

- »Du bist so gemein zu unserem Kind« (Denken) *versus* »Ich bin wütend, weil du unser Kind angebrüllt hast« (Fühlen).

- »Hast du Hunger?« (Denken) *versus* »Ich bin hungrig« (Fühlen).

- »Wieso lässt du überall deine Klamotten liegen?« (Denken) *versus* »Ich fühle mich wirr und konfus, wenn unser Schlafzimmer ein einziges Chaos ist« (Fühlen).

- »Du bist ständig am Flirten« (Denken) *versus* »Es macht mich wütend, wenn du andere Männer ansiehst« (Fühlen).

- »Wir tragen gerade einen Machtkampf aus« (Denken) *versus* »Ich habe Angst oder bin wütend oder was auch immer ...« (Fühlen).

In allen Fällen greifen beide Äußerungen dasselbe Thema auf, doch stößt nur die zweite Aussage zur inneren Wahrheit vor, zu dem, was den Sprecher tatsächlich bewegt. Die Informationen in den ersten Statements gewähren typischerweise einen Einblick in die Unzulänglichkeiten *des anderen*, was diesen in die Defensive drängt und eine ähnliche Reaktion provoziert. Mit der zweiten Äußerung gibt der Sprecher etwas von seiner eigenen Befindlichkeit und Verletzlichkeit preis. Sie ist wesentlich aufschlussreicher, wahrhaftig und riskanter. Das emotionale Statement liefert neue Informationen und hat nicht die Tendenz, den Partner in die Defensive zu treiben. Deshalb hat es wesentlich bessere Chancen, gehört zu werden, Erkenntnis zu befördern und nicht zum Streit, sondern irgendwo anders hinzuführen. Nur wenn man »persönlich wird«, besteht die Chance, zu einer konkreten und dauerhaften Verbesserung der aufgeworfenen Probleme zu gelangen. (Natürlich müssen beide Partner bereit sein, dieses Spiel mitzumachen. Wenn nur einer ständig seine Abwehr fallen lässt und der andere weiterhin auf einer intellektuellen Ebene antwortet, ist nichts zu gewinnen.)

Der Einstieg

Wie sollen zwei Menschen, die größtenteils blind für ihre Gefühle sind und ein Leben damit verbracht haben, sie zu verbergen, plötzlich damit anfangen, auf dieser Ebene miteinander zu kommunizieren? Wir werden einige Schritte beschreiben, die dazu beitragen können, Partnern in einer Beziehung diesen Start zu erleichtern. Entschlossene Paare können große Fortschritte machen, wenn sie bereit sind, diese Schritte zu befolgen. Dennoch ist es, wie gesagt, leichter, das eigene Bewusstsein für die emotionale Ebene zu entwickeln und zu trainieren, wenn man professionelle Hilfe in Anspruch nimmt (und das sagen wir nicht nur, um Werbung für Therapeuten zu machen). Warum? Weil wir Selbsttäuschungen erliegen. Da nur wenige Menschen in ihrer Kindheit geeignete Vorbilder und ein entsprechendes Training hatten, kommen uns langjährige Gewohnheiten in die Quere. Außerdem haben Partner, die in einer Sackgasse stecken, anfangs Schwierigkeiten, einander zuzuhören und sich auf diese

Weise zu unterstützen. Sich Gefühle bewusst zu machen, ist ein neues, unbekanntes Terrain, und die Partner brauchen Hilfe und Anleitung, am besten von einer Person, die sie beide wertschätzen.

Diese Einschränkung vorausgeschickt, machen wir im Folgenden sieben Vorschläge, um Ihre Gefühlsfähigkeiten zu verbessern:

1. Setzen Sie sich das Ziel, alles über Gefühle zu lernen, was Sie können – und halten Sie sich an diesen Entschluss.

2. Fragen Sie sich regelmäßig, ob Sie sich gerade im Kopf oder im Bauch, im Denken oder Fühlen bewegen. Wenn Sie sich Ihres Körpers gewahr werden, sind Sie präsenter. Wenn sie alles über den Kopf machen und nach rationalen Erklärungen suchen, befinden Sie sich wahrscheinlich in der Defensive und suchen (unbewusst) nach einer Möglichkeit, die Kontrolle zu übernehmen. Wenn Sie in Ihrem Kopf sind, sollten Sie versuchen, sich in Ihren Körper zu versetzen. Was geht in Ihrem Körper vor? Was spüren Sie? Nehmen Sie sich Zeit, um die Aufmerksamkeit nach innen zu richten und es herauszufinden. Geben Sie sich selbst den Raum für Unvollkommenheiten, und seien Sie nachsichtig mit sich, wenn es nicht gleich auf Anhieb klappt. Schließlich versuchen Sie gerade, eine ganz neue Fähigkeit zu erlernen.

3. Konzentrieren Sie sich darauf, »Ich-Aussagen« zu machen, die ihre eigenen Gefühle beschreiben. Achten Sie darauf, dass Sie Begriffe wählen, die tatsächlich ein Gefühl zum Ausdruck bringen, bevor Sie zu weiteren Erklärungen ansetzen.

4. Seien Sie auf der Hut. Wenn Sie etwas vorbringen wie »Ich habe das Gefühl, *dass* ...« oder »Ich habe das Gefühl, *du* ...«, sollten Sie innehalten. Sie sind nicht mehr bei Ihren Gefühlen, und es ist auch äußerst unwahrscheinlich, dass eines der folgenden Worte irgendetwas damit zu tun hat. Sie sind in Ihrem Kopf. Gehen Sie zurück und sehen Sie nach, ob Sie ein echtes Gefühl in sich finden, das Sie zum Ausdruck bringen können.

Wenn Sie diesen Schritt überspringen, war die ganze Mühe umsonst.

5. Fragen Sie Ihren Partner (wenn er oder sie bereit ist, Sie bei dieser Erforschung zu begleiten) nach seinen oder ihren Gefühlen. Beobachten Sie, ob Ihr Partner ein Gefühl oder eine Intellektualisierung zum Ausdruck bringt. Ermitteln Sie Ihre eigene Reaktion auf die bekundeten Gefühle, anstatt die Gefühle, die der andere äußert, zu analysieren.

6. Haben Sie Geduld. Möglicherweise gelingt es Ihnen und Ihrem Partner nicht sofort, Ihre Gefühle genau zu lokalisieren, sondern erst einige Zeit später. Wenn Sie es immer wieder ausdauernd probieren, wird sich die Verzögerungszeit verkürzen.

7. Wenn Sie erst einige Zeit nach dem gemeinsamen Versuch erkennen, was Sie empfunden haben, sollten Sie sich trotzdem bemühen, diese Erkenntnis in Worte zu fassen, auch wenn der Moment vorüber ist. Das hilft Ihnen, die Erkenntnis zu verankern und verkürzt die künftige Reaktionszeit.

Üben Sie das Geben und Nehmen von Gefühlen.

Vereinbaren Sie mit Ihrem Partner, dass Sie sich täglich zu einem Gespräch zusammensetzen, bei dem jeder von Ihnen zehn Minuten lang redet und dabei ausschließlich Gefühlsbegriffe benutzt. Das heißt: Sie setzen sich einfach gegenüber und spüren den Gefühlen nach, die Sie innerlich bewegen. Benennen Sie eine auftauchende Emotion mithilfe einer Ich-Aussage (z. B. »Ich fühle …«); beschreiben Sie die Empfindung etwas ausführlicher, aber nicht zu ausführlich, und lassen Sie anschließend ein weiteres Gefühl zu. Sie werden schnell feststellen, dass dies wesentlich schwieriger ist, als Sie vielleicht denken, und dass zehn Minuten sehr lang sein können! Man neigt dazu, lieber gar nichts zu sagen, weil es ungeheuer anstrengend ist, tiefer zu forschen. Doch mit der Zeit werden Sie immer mehr innere Wahrheiten aufdecken und sich auch bewusst werden, wie verletzlich man sich machen muss, um diese Art von Gespräch aufrechtzuerhalten.

Der zuhörende Partner sollte während dieser zehn Minuten gar nichts sagen. Die Versuchung, den anderen anzuleiten, zu belehren oder ihm Fragen zu stellen (was die Sprecher immer in Richtung Verstand lenkt), ist einfach zu groß, vor allem am Anfang. Hören Sie einfach zu, nehmen Sie die Gefühle des anderen in sich auf, und wenn die Zeit um ist, sprechen Sie zunächst über die Gefühle, die durch die Äußerungen des anderen in Ihnen ausgelöst wurden. Sie werden feststellen, dass Sie sich Ihrem Partner nach diesen zehn Minuten viel inniger verbunden fühlen als nach jedem intellektuellen Austausch.

Eine abschließende Bemerkung: Die Auswirkungen des Rauchens auf Gefühle

Was lässt Menschen zur Zigarette greifen? Manchmal rauchen Menschen, um sich zu stimulieren, insbesondere ihre mentalen Prozesse, manchmal rauchen sie, um sich zu beruhigen. Und was stimmt nun? Sind Zigaretten ein Aufputsch- oder ein Beruhigungsmittel?

Unserer Ansicht nach sind Zigaretten ein *Gefühlshemmer*. Sie fühlen sich insgeheim machtlos? Rauchen Sie eine Zigarette, schneiden Sie das Gefühl ab, und Sie sind eher bereit, sich nach draußen zu wagen und es mit der Welt aufzunehmen (Aufputschmittel). Sie sind wütend? Rauchen Sie eine Zigarette, trennen Sie das Gefühl ab, und alles ist leichter zu bewältigen (Beruhigungsmittel). Sie haben Angst? Das Gefühl löst sich in Rauch auf. Und so weiter.

Doch was geschieht, wenn man aufhört zu rauchen? Die ganzen Gefühle, die man im Laufe der Jahre unter die Oberfläche gedrückt hat, brechen hervor, vor allem die unangenehmen. Also lieber schnell nach einer Zigarette greifen und die Gefühle wieder unterdrücken. Es bleibt jedem selbst überlassen, ob er seine Lebenskraft auf diese Weise untergraben will. Es ist jedoch kontraproduktiv, mit seinen Gefühlen in Kontakt kommen zu wollen, aber weiterhin zu rauchen. Man drückt quasi mit einem Fuß aufs Gas und mit dem anderen auf die Bremse. Unserer Ansicht nach gilt das Gleiche für viele weitere Suchtmittel, doch da diese außerhalb unseres persönlichen Erfahrungsbereichs liegen, möchten wir uns darüber kein abschließendes Urteil erlauben. Wir sagen hier nur so viel: Wenn Sie Raucher sind und mehr über Gefühle lernen wollen, hören Sie auf zu rauchen, und warten Sie ab, was geschieht.

5 Die positive Kraft der Wut

*»Die Zornmütigen werden schnell zornig, und zwar
gegen wen sie nicht sollen und worüber sie nicht sollen
und mehr, als sie sollen. Es ist nicht leicht zu bestimmen,
wie, wem, worüber und wie lange man zürnen soll und
welches die Grenze des richtigen und des fehlerhaften
Verhaltens ist.«*

ARISTOTELES, DIE NIKOMACHISCHE ETHIK

Mehr als 2000 Jahre sind vergangen, seit Aristoteles die Worte
schrieb, die diesem Kapitel vorangestellt sind, und seither haben alle erdenklichen Leute alle erdenklichen Dinge über diese
schwierigste und menschlichste aller Emotionen geschrieben.
Leider, jedenfalls nach unserer Meinung, enthält ein Großteil
dieser Abhandlungen die zentrale Botschaft, dass die beste Art
mit Wut und Zorn umzugehen, darin bestehe, *nicht* damit umzugehen. Wut gilt als unaufgeklärtes, potenziell gefährliches Element der menschlichen Grundsituation, das man überwinden,
als vernunftwidrig verwerfen, per Willenskraft bezwingen, durch
liebevolle Gedanken auflösen oder in irgendeiner anderen Form
vermeiden sollte. Wir sind da anderer Ansicht.

Eine Welt ohne Zorn mag das Ideal eines Kindes sein, aber die
Wirklichkeit sieht anders aus – vor allem bei jenen von uns, die
sich auf eine dauerhafte Paarbeziehung einlassen. In jeder Partnerschaft wird beiden Beteiligten schnell klar, dass es kaum eine
andere Situation gibt, die besser geeignet wäre, uns derart auf die
Nerven und unter die Haut zu gehen (und alles aus uns heraus-
zuholen!). Zwei Menschen können unmöglich für längere Zeit
eng zusammenleben, ohne dass ihre Bedürfnisse in Konflikt geraten. Grenzen werden verletzt. Jeder Partner wird gelegentlich

aus Gedankenlosigkeit egoistisch oder ungerecht handeln. Das ist frustrierend; und Frustrationen sind nur die Spitze des Wutberges.

Wenn es um den Umgang mit der Wut geht, haben wir zwei Möglichkeiten. 1. Wir können sie einfach wegdrücken, indem wir sie ignorieren, verdrängen oder verleugnen. Diese Strategie kann das Leben ein wenig einfacher machen, aber sie hat ihren Preis. Nachdem man seinen Zorn eine gewisse Zeit zurückgehalten hat, gehen auch andere starke Gefühle in der Partnerschaft verloren, insbesondere sexuelle. Und es gibt weitere Nachteile. Wut, die lange Zeit unterdrückt wird, hat die Angewohnheit, in unerwarteten Momenten auf zerstörerische Weise auszubrechen oder auf schleichende Weise durchzusickern (etwa in Form von Wertungen, abfälligen Bemerkungen, Sticheleien, Geringschätzung, Sarkasmus, Verschwendungssucht oder indem man dem anderen vorenthält, was er sich am sehnlichsten wünscht). Die andere Option besteht darin, in den sauren Apfel zu beißen und einige Fähigkeiten zu erlernen, um mit der Wut umzugehen.

Wir haben die Folgen beider Entscheidungen beobachtet und sind zu dem Schluss gekommen, dass die Entwicklung von Fähigkeiten zum besseren Umgang mit der Wut die wichtigere Beziehungsaufgabe ist. Damit echte Vertrautheit entsteht, müssen zwei Menschen sich voll und ganz (mit allem, wozu sie imstande sind) in eine Beziehung einbringen. Gefühle des Zorns (die zur Erfahrung der Lebendigkeit und Leidenschaft dazugehören) sind ein Teil dessen, was unsere Menschlichkeit ausmacht. Wer dem Zorn ausweicht, weicht einem Teil von sich selbst aus, und das bedeutet, der Welt eine Maske zu zeigen und nicht in seiner vollen Authentizität präsent zu sein. Partner, die sich vor einem Teil ihrer selbst verbergen, können nicht erwarten, zu echter, anhaltender Intimität zu gelangen.

Fähigkeiten zum Umgang mit aggressiven Gefühlen lernt man wesentlich leichter aus der Erfahrung als aus Büchern. Wir stoßen aber bei unserer Arbeit mit Paaren so häufig auf Schwierigkeiten in diesem Bereich, dass wir es für wichtig halten, einige

Ausführungen zu diesem Thema miteinzuschließen. Das Problem ist nicht, dass Partner nicht fähig wären, sich anzubrüllen. Das kann jeder! Woran es mangelt, ist die Fähigkeit, die starken Energien der Wut und der aggressiven Gefühle auf direkte und konstruktive Weise zu nutzen. Wir möchten in diesem Kapitel einige Grundideen vorstellen, die es erleichtern, einige dieser Fähigkeiten zu erlernen, wenn man Defizite in diesem Bereich hat. Für eine intensivere Beschäftigung mit der Thematik empfehlen wir unser Buch *Dancing in the Dark*.

Bevor wir anfangen, möchten wir einen weiteren Punkt klarstellen. Die Ausführungen in diesem Kapitel richten sich an Partner, die sich für eine langfristige, dauerhafte Beziehung entschieden haben und entschlossen sind, alle Schwierigkeiten, Konflikte und komplexen Gefühlen, die unweigerlich zwischen ihnen auftreten werden, gemeinsam durchzustehen und aufzuarbeiten. Wir reden hier nicht über Wut am Arbeitsplatz oder Wut zwischen Fremden oder Bekannten. Wir reden nicht über Zorn gegenüber Kindern. Wir reden auch nicht von Menschen, die sich vor ihren Unzulänglichkeiten verstecken, indem sie (bewusst oder unbewusst) versuchen, durch den Missbrauch ihrer Zornesenergie Macht über andere auszuüben. Wir haben auch nicht die Absicht, uns an Partner zu wenden, die vollkommen zufrieden damit sind, aggressive Gefühle aus ihrer Partnerschaft auszuklammern, wenn diese Methode für sie funktioniert.

Roger und Valerie: Das ABC der Wut

Um in die Anfangsgründe der Wut einzuführen, wollen wir einen Blick auf Roger und Valerie werfen. Beide sind Ende Dreißig und seit fünf Jahren verheiratet. Für Valerie ist es die zweite Ehe. Mit ihrem ersten Mann war sie zehn Jahre verheiratet. Für Roger ist es das erste Mal. Zwischen den beiden besteht eindeutig eine große Zuneigung, aber die Leidenschaft ist abgeflaut. Genaugenommen scheint es, als ob Valerie in letzter Zeit zwischen Wut und Depressionen hin- und herschwankt. Roger versteht nicht, was ihr Problem ist. Wenn wir die Sätze, die sie in unserer Praxis geäußert haben, einmal zusammenfassen, klänge es etwa folgendermaßen:

SIE: Ich bin total wütend, und er behauptet, er empfinde keinerlei Wut. Ich weiß, dass er jede Menge Wut im Bauch hat, und es macht mich verrückt, wenn er das abstreitet.

ER: Ich verstehe einfach nicht, warum sie so wütend ist. Ich werde nur wütend, wenn ich einen konkreten Anlass dafür habe. Warum können wir nicht einfach sachlich und vernünftig über alles reden, damit wir in Frieden miteinander leben können?

SIE: Verstehen Sie, was ich meine? Er streitet seine Wut vollständig ab. Und nicht nur das – er will mir *meine* Wut auch noch absprechen. Sobald ich zornig werde, läuft er einfach weg.

ER: Natürlich suche ich das Weite, wenn sie so wütend wird wie in letzter Zeit. Es ist mir zu gefährlich. Ich brauch das nicht.

SIE: Ich will einen Mann, der gefühlsmäßig zu mir passt.

ER: Wenn ich die ganze Zeit wütend sein soll, so wie sie, weiß ich nicht, ob ich in der richtigen Beziehung bin.

Wir haben Variationen dieser Sätze von vielen Paaren gehört. Nehmen wir uns einmal die Zeit, die Äußerungen genauer zu analysieren und einen Blick darauf zu werfen, was hier geschieht.

Wut ausdrücken und empfangen

Lassen wir für den Moment einmal die Frage beiseite, ob Roger Wut empfindet oder nicht, und befassen uns mit dem, was wir sicher wissen. Valerie ist wütend und das schon seit geraumer Zeit. Ihr zu sagen, dass sie damit aufhören soll, wird nicht fruchten. Dass Roger nicht mit ihrer Wut umgeht und sich davor versteckt, wird sich ebenfalls als wenig hilfreich erweisen. Damit die beiden einen besseren Zugang zueinander finden, müssen zwei

Dinge geschehen. Erstens: Valerie muss lernen, ihre Wut so klar und verständlich zum Ausdruck zu bringen, dass Roger ihre Gefühle empfangen kann. Zweitens: Roger muss anerkennen, dass Valeries Zorn nicht zu leugnen ist, und dass er durch seine Weigerung, sie in ihrer Wut anzunehmen, tatsächlich zu dem Problem beiträgt.

Wie bringt man seinen Zorn klar zum Ausdruck? Betrachten wir zunächst Valerie. Für sie stellt sich die Situation folgendermaßen dar: Sie legt Wert auf Leidenschaft in ihrem Leben. Sie spürt intuitiv, dass Leidenschaft nur möglich ist, wenn man Zugang zur vollen Bandbreite seiner Gefühle hat. Sie nimmt ihre Wut wahr, aber es ist eine sehr starke Emotion, und sie fühlt sich damit nicht wesentlich wohler als Roger. Wie die meisten Menschen, die keine Übung darin haben, ihre aggressiven Gefühle zum Ausdruck zu bringen, neigt auch Valerie dazu, ihren Ärger hinunterzuschlucken. Das hat sie in ihrer Ehe mit Roger eine Zeitlang getan, aber jetzt kann sie es nicht länger aushalten. Der Zorn bricht durch, obwohl Valerie sich bemüht, ihn unter Kontrolle zu halten.

Sie will Roger weder Angst einjagen noch ihn verlieren. Sie weiß, wohin all dies in ihrer ersten Ehe geführt hat und möchte es nicht noch einmal erleben. In ihrer ersten Ehe hat sie sich selbst verloren und versucht, die Rolle des braven Mädchens zu spielen. Wie viele Menschen, die ihre Wut verleugnen, hat sie die Aggressionen gegen sich selbst gerichtet und lange Phasen leichter Depressionen durchlaufen, ohne wirklich zu verstehen, warum. Mittlerweile spürt sie, dass es ungesund ist, ihren Ärger hinunterzuschlucken, sowohl für ihren Körper als auch für ihre Seele. Sie hat nicht nur beschlossen, dass ihr das in ihrer zweiten Ehe nicht noch einmal passieren soll, nicht zuletzt ist sie älter geworden und möchte der Frau in sich gerecht werden. Ein braves Mädchen kann vielleicht damit leben, seine Wut nicht herauszulassen, eine reife Frau aber nicht.

Da Valerie nicht weiß, wie sie die Kraft ihres Zorns nutzen soll, und sich die Wut jahrelang in ihr angestaut hat, begeht sie einen verbreiteten Fehler. Sie lässt ihren Zorn heraus, indem sie sich entweder kalt und abweisend verhält oder ihm in hohen Dezibelzahlen Luft macht – typischerweise mit Worten, die den Partner kritisieren oder eine selbstgerechte Haltung unterstützen. Im ersteren Fall macht sie ihrem Partner klar, dass sie wütend ist, tut aber nichts, um ihre Zornesenergie in Bewegung zu bringen – sie schmollt in Erwachsenenmanier. Im zweiten Fall geht es bei dem scheinbaren Wutausbruch eher um Bestrafung und Machtgewinn als um eine Bewegung der emotionalen Energie. Wir wissen das, weil Valerie lauter »Du«-Aussagen verwendet und ihre Aufmerksamkeit in erster Linie darauf gerichtet ist, den eigenen Standpunkt zu untermauern und zu beweisen, dass sie »Recht hat« oder er ihr »Unrecht« getan hat. Wie wir noch sehen werden, sind es zwei sehr unterschiedliche Dinge, ob man seiner Wut Ausdruck verleiht oder sich gegenseitig herabsetzt.

Die Wut herauslassen: Grundregeln

In der ersten Phase des Aggressionstrainings stellen wir einige praktische Grundregeln über den Respekt vor der körperlichen Integrität des anderen auf und halten die Partner dann dazu an, ihre Wut auf den anderen ohne Worte zum Ausdruck zu bringen. Diesen Ansatz behalten wir bei, bis die Partner sich bewusster darüber geworden sind, wie sie ihren Zorn äußern. Man lässt sich viel zu leicht zu gedankenlosen Worten hinreißen, die lediglich defensive Reaktionen auslösen (was normalerweise nirgendwo hinführt).

Stellen Sie sich vor, Sie sollten jetzt, in diesem Moment, Ihrem Partner auf diese Weise zeigen, dass Sie wütend sind. Sie dürfen seinen oder ihren körperlichen Raum nicht verletzen. Sie dürfen keine Worte benutzen. Ihre Aufgabe ist, dem Partner die Intensität der Wut, die Sie im Bauch haben, zu übermitteln, während Sie aus kurzer Distanz Blickkontakt mit ihm halten. Sie dürfen Laute äußern, und wenn Sie auf ein Kissen einprügeln möchten, ist das auch in Ordnung.

Das klingt simpel. Doch wenn Sie es tatsächlich ausprobieren, werden Sie vermutlich feststellen, dass es ein gewisses Maß an Verletzlichkeit erfordert, seine aggressiven Energien zu offenbaren (die meisten Menschen weichen dieser Verletzlichkeit aus, indem sie sich beleidigt hinter einer Mauer des Schweigens verschanzen oder in einen Strom von Worten flüchten).

Wenn wir Menschen im besseren Umgang mit der Wut schulen, fordern wir sie in den Anfangsphasen dazu auf, diese Art des Ausdrucks zu üben, weil es ihnen hilft, das Wesen der Wut besser zu verstehen. Die meisten Menschen setzen Wut mit verbaler oder körperlicher Gewalt gleich. In Wahrheit sind Wut und Gewalt zwei ganz unterschiedliche Dinge. Wer seine Wut zum Ausdruck bringt, setzt emotionale Energie in Bewegung – das hat nichts damit zu tun, jemanden zu beschimpfen oder sonst in irgendeiner Form zu verletzen. Bei Gewalt geht es um den Missbrauch von Macht, mit der Absicht, jemanden zu verletzen. Weil Gewalt in Verbindung mit Wut auftreten *kann,* ist beides für viele Menschen miteinander verknüpft. Nach dieser Denkweise müsste man, wenn man die Gewalt ausrotten will, die Wut ausrotten. Doch das ist ein Trugschluss. Genaugenommen haben wir festgestellt, dass Menschen, die sich weigern, ihre Wut auf gesunde Weise zum Ausdruck zu bringen (durch die Lenkung des Energieflusses, wenn die Wut hochkommt), diejenigen sind, die am ehesten zur Gewalt neigen.

Unserer Meinung nach ist es für jeden Menschen von Vorteil, wenn er lernt, seine Wut auf konstruktive Weise herauszulassen – nicht nur im Hinblick auf die seelische, sondern auch im Hinblick auf die körperliche Gesundheit. Wir empfehlen es dringend. Doch für zwei Menschen in einer Paarbeziehung ist das besonders wichtig. Tatsächlich kann konstruktiv eingesetzte Wut einen produktiven Zweck in einer Partnerschaft erfüllen. Doch dazu müssen die Partner lernen, die Wut des anderen anzunehmen.

Wut muss angenommen werden

Hier die Situation, wie sie sich für Roger darstellt: Als Kind fühlte Roger sich der Kraft seines Zorns nicht gewachsen. Das Gefühl war so stark, dass er nicht wusste, wie er damit umgehen sollte. Deshalb traf er als junger Mensch, der ganz automatisch in einem Entweder/oder-Modus operierte, eine Entscheidung: Wut war etwas Schlechtes und potenziell Verletzendes. Er wollte »gut« sein und niemandem schaden. Erfolgreiches »Gutsein« bedeutete, den Zorn zu verdrängen.

Mit dieser Entscheidung war er jahrelang gut gefahren. In vielen Lebensbereichen hatte er sich erfolgreich als »netter Kerl« behauptet. Dann, etwas später in seinem Leben, heiratete er. In den ersten Jahren ging seine Strategie auf, und Valerie kooperierte, indem sie das brave Mädchen spielte (weil sie eine ähnliche Entscheidung getroffen hatte). Jetzt findet sich Roger plötzlich mit einer wütenden Frau wieder und versteht nicht, was los ist. Was muss er wissen?

Wenn man als Kind die Entscheidung trifft, etwas auf bestimmte Weise zu tun, und später keine Anstrengung unternimmt, um diese Entscheidung in Frage zu stellen oder zu aktualisieren – obwohl der Körper rein chronologisch ins Erwachsenenalter kommt – orientiert man sich weiterhin an der ursprünglichen Entscheidung. Da Roger nie etwas anderes gelernt hat und nicht weiß, wie er sich selbst anders betrachten soll, bleibt dies seine Schwachstelle. Wenn diese Schwachstelle auch weiterhin nicht in Frage gestellt geworden wäre (was leicht hätte geschehen können, wenn er den Rest seines Lebens als Junggeselle verbracht hätte), hätte er die Entscheidung dieses Kindes nie wieder aufgegriffen – und seine Strategie einfach bis ans Ende seiner Tage fortgesetzt. Doch da er mit einer Frau verheiratet ist, die ihre Wut nicht bis ans Ende ihrer Tage verbergen kann, funktioniert die alte Taktik nicht mehr. Er muss sich nach einer neuen Bewältigungsstrategie umsehen.

Es gibt noch etwas, das Roger bislang nicht bewusst ist. Wenn er sich gegen Valeries Wut wehrt, indem er seinen Intellekt einsetzt, um das Ganze allein als *ihr* Problem darzustellen, errichtet er im Grunde eine Mauer gegen ihre Wut. Roger gibt Valeries Zorn keinen Raum und lässt sie gegen eine Wand prallen. Er ist insgeheim überzeugt, dass er sich vor etwas »Bösem« schützt und daher etwas »Gutes« für sich selbst tut, genauso, wie er es in seiner Kindheit gelernt hat. Das Problem ist, dass Valeries Zornesenergie an der Wand abprallt und letztlich zu ihr zurückspringt, wenn Roger sie abwehrt und sich weigert, sich damit auseinanderzusetzen (oder, wie wir sagen, sich weigert, sie zu empfangen). Da die geballte Wut auf sie zurückgeworfen wird, hat Valerie zwei Optionen: Sie wird immer wütender oder verschließt sich vor Roger. Da wir dieses Phänomen in vielen Paarbeziehungen beobachtet haben, wissen wir, wie es ausgeht. Wenn Valerie jahrelang die Erfahrung macht, dass ihre Wut nicht angenommen wird, gibt sie irgendwann den Versuch auf, ihre Energie mit Roger zu teilen. Sie wird entweder in der Beziehung bleiben und abstumpfen oder ihr Bedürfnis nach Nähe und Intimität außerhalb der Beziehung erfüllen – oder beides.

In einem früheren Kapitel haben wir ein Fallbeispiel vorgestellt, bei dem ein Partner sich weigerte, die Zuneigung des anderen anzunehmen. Wenn dieser Prozess sich fortsetzt, liegt das Ergebnis auf der Hand. Was die meisten Menschen nicht erkennen, ist, dass dies für *alle* Emotionen gilt – wozu selbstverständlich auch die Wut gehört. Valeries Zorn ist ein Teil von ihr: Dieses Gefühl ist ein direkter Ausdruck ihrer selbst. Wenn Roger Valeries Gefühle weiterhin ablehnt, stößt er Valerie als Frau zurück. Damit macht er sie nicht nur immer zorniger, sondern gibt ihr auch das Gefühl, als Mensch von ihm abgewiesen zu werden.

Kehren wir jetzt zu Roger zurück, und nehmen wir an, er sei bereit, diese Informationen zu verarbeiten (was sich unter Umständen als unmöglich erweist, wenn er völlig blind für sein eigentliches emotionales Alter die Wut betreffend ist). Er könnte sagen: »Ach, ich soll also eine Art seelischer Mülleimer für ihre Gefühle spielen? Ihre Wut einfach stillschweigend hinnehmen und den ganzen Tag hinunterschlucken? Dann würde ich meine

Selbstachtung als Mann verlieren. Das ist es nicht wert. Dann nehme ich lieber den Schmerz einer Trennung in Kauf und suche mir eine Frau, die immer lieb und freundlich ist und in Frieden mit mir leben will.«

Roger ist zum ersten Mal verheiratet, deshalb müssen wir ihm vielleicht eine gewisse Naivität nachsehen. Er hat noch nicht gelernt, dass *alle* Frauen zornig sind. (Das gilt auch für die »braven Mädchen« oder die sanften, mütterlichen Typen, auch wenn es auf den ersten Blick vielleicht anders aussieht.) Er muss entweder lernen, diesen Zorn auszuhalten, oder darauf verzichten, mit einer erwachsenen Frau zusammen zu sein. Gefangen in einer Strategie, die er in einem wesentlich jüngeren Alter entwickelt hat, hat er bisher nicht einmal versucht, Valeries Wut zu empfangen und herauszufinden, was dann geschieht.

Die Energie der Wut aufnehmen

Angenommen, Valerie hat gelernt, ihre Wut besser auszudrücken. Sie erkennt jetzt, dass es nicht darum geht, Roger zu ändern, ihn zu beherrschen, zu beschimpfen, sich an ihm zu rächen oder irgendetwas zu beweisen. Es geht nur darum, dass es ihr – für sich selbst – gelingt, ihr Gefühl zum Ausdruck zu bringen. Sie erklärt sich bereit, diese Anstrengung auf sich zu nehmen.

Jetzt steht Roger nicht mehr unter dem Zwang, sich automatisch verteidigen zu müssen. Im Gegenzug erklärt er sich bereit, Valeries Zorn anzunehmen, ohne ihn in irgendeiner Weise abzuwehren. Doch da er ihre Wut noch nie zuvor empfangen oder diesen Gedanken auch nur theoretisch in Erwägung gezogen hat, weiß er nicht, wie er das anstellen soll.

Wir erklären Roger, dass Valerie im Grunde die Energie eines ihrer stärksten Gefühle von ihrem Körper zu seinem sendet. Wenn er diese Emotion körperlich in sich aufnimmt, wird er seinerseits eine Emotion in sich wahrnehmen. Wenn er dieses Gefühl dann wieder an Valerie zurückgibt, zeigt er damit, dass er ihr

Gefühl empfangen hat. Um seine Zweifel zu zerstreuen, schlagen wir ein kleines Experiment vor.

Valerie fängt an, ihre Wut (auf die oben beschriebene, nonverbale Weise) auszudrücken und setzt dieses Bemühen eine Weile fort. Roger vollzieht alle Schritte seines gewohnten mentalen Programms, um die Situation zu bewältigen.

- Zuerst analysiert er Valerie: Er empfängt überhaupt nichts.
- Ein weiterer Teil von ihm wertet ihre Wut: Er empfängt überhaupt nichts.
- Dann stellt er Fragen nach den Gründen für ihre Wut. Immer noch unempfänglich.
- Als Nächstes schlägt er ihr vor, von zehn rückwärts bis eins zu zählen und zu atmen: Immer noch kein Empfang.
- Dann distanziert er sich und erklärt ihr, dass es *ihr* Zorn sei. Mit ihm habe das nichts zu tun, also solle sie die Anwandlung überwinden. Definitiv kein Empfang!
- Dann öffnet er sich ein bisschen und stellt fest, dass er selbst Wut empfindet. Vielleicht empfängt er Valeries Energie, vielleicht verteidigt er sich auch einfach, indem er eine Art von Gegen-Anstrengung aktiviert.

Sicher ist, dass seine Reaktionen allesamt nicht dazu beitragen, Valeries Wut zu lindern.

Valeries Energie ist noch nicht erschöpft – ihre Wut hat sich lange aufgestaut. Sie bringt ihr Gefühl weiterhin zum Ausdruck. Wir ermutigen Roger, von seinem Kopf abzulassen und etwas tiefer in seinen Körper zu gehen. Es ist immer hilfreich, ein- oder zweimal tief Luft zu holen, wenn man derjenige ist, der die Wut aufnehmen will. Was empfindet er hinter seiner Abwehrmauer?

Nach einer kurzen Erforschung seiner Gefühle erklärt Roger, er habe ein bisschen Angst. Zum ersten Mal spüren wir, dass er anfängt, Valeries Gefühl zu empfangen. Ihre Energie erzeugt ein Gefühl in ihm. Es spielt überhaupt keine Rolle, welche Emotion in ihm auftaucht, solange er ehrlich ist. Als er anfängt, sich mit der Zornesenergie wohler zu fühlen, und das Kind in ihm sich ein bisschen beruhigt, erkennt er, dass er von Valeries Gefühls-energie nicht verletzt wird. Als Valerie wie eine Löwin brüllt, um ihre Wut zum Ausdruck zu bringen, empfindet er sogar eine gewisse Aufregung.

Zum Experiment gehört auch, dass wir uns nach jeder Reaktion von Roger an Valerie wenden, um zu überprüfen, wie sich ihr Zorn entwickelt. Wie wir bereits festgestellt haben, hat sich an ihrer Wut nichts geändert, solange Rogers Reaktionen einen Empfang abblockten. Doch sobald er zeigt, dass er ihren Zorn aufnimmt, beginnt sich ihr emotionales Erleben zu verändern. Schließlich kommen Gefühle wie Erleichterung, Glück und sogar Liebe und Zuneigung bei ihr durch.

Wir haben im Laufe der Jahre unzählige Male miterlebt, wie Paare diese Erfahrung durchlaufen, und das Ergebnis ist immer dasselbe. Wenn der Durchbruch erfolgt, und die Wut zum ersten Mal angenommen wird, wechselt ein festgefahrenes Paar sofort in eine offenere Haltung. Die Person, die den Zorn abgewehrt hat, entdeckt zu ihrer Verblüffung, dass das genaue Gegenteil des Verhaltens, das sie seit Jahren gezeigt hat, zu dem Ergebnis führt, das beide ursprünglich angestrebt hatten – zu mehr Offenheit, Erleichterung, Harmonie und Zuneigung.

Was ist mit Rogers Wut?

Wie bei jeder neuen Fertigkeit, die man erlernt, wird auch das Training für einen konstruktiven Umgang mit der Wut komplexer, sobald man den ersten Durchbruch geschafft hat. Doch wenn man den Zorn nicht mehr mit Macht oder der Notwendigkeit zum Handeln gleichsetzt, sondern ihn als Energie-Bewegung wahrnimmt, hat man einen sehr wichtigen Veränderungsschritt vollzogen. Ebenso bedeutsam ist der Wechsel von einer Abwehrhaltung hin zur Bereitschaft, die Wut anzunehmen. Auch wenn sich dieser Wechsel nur schwer in Worte fassen lässt, ist er für jeden, der ihn direkt erlebt, eine tiefgreifende Erfahrung.

Jetzt müssen wir uns ernsthafter mit Roger beschäftigen. Wir wissen, dass sich in Roger nach fünf Jahren durchschnittlicher Ehe und einigen Monaten, in denen seine Frau wütend und sexuell schwer zugänglich war, eine Menge Wut aufgestaut hat. Nachdem er seine Wut ein Leben lang weggeschoben hat, kommt sie jetzt nicht von allein zutage. Hinzu kommt, dass Wut definitiv nicht Rogers Vorstellung von »Spaß« entspricht und er nicht besonders erpicht darauf ist, eine langjährige Gewohnheit zu ändern. Außerdem dürfen wir nicht vergessen, dass ein klarer Ausdruck der Wut erfordert, die eigene Verletzlichkeit zu spüren. (Wer das nicht glaubt, sollte gleich jetzt versuchen, sich vor den Spiegel zu stellen und einen wütenden Laut auszustoßen.)

Wir wissen auch, dass die Wut und alle anderen Emotionen immer in unserem Körper sind. Schauspieler holen sie je nach Bedarf hervor, und wir bewundern sie für diese Fähigkeit. Doch da wir daran gewöhnt sind, uns auf den Verstand zu verlassen, fällt es den meisten Menschen offenbar schwer, die Vorstellung zu akzeptieren, dass wir die ganze Zeit über sämtliche Gefühle in uns haben.

Roger erkennt langsam an, dass er gelegentlich Wut empfindet, aber nicht in diesem Moment. »Vielleicht später«, sagt er. Wenn wir ihn jetzt vom Haken lassen, wissen wir, dass er »später« genauso wenig Lust haben wird wie jetzt, seine Kompetenz im Umgang mit der Wut zu verbessern. Deshalb ermuntern wir ihn, seine Widerstände zu umgehen und seinen Ärger *jetzt* herauszulassen. (Falls er sich dazu ein erlittenes Unrecht ins Gedächtnis rufen muss, so soll er das tun. Im weiteren Verlauf des Trainings erwarten wir allerdings von ihm, dass er dazu in der Lage ist, ohne die Vergangenheit heraufzubeschwören.)

Es liegt auf der Hand, dass Roger an diesem Punkt starke Widerstände entwickelt, weil er sich seit Jahren vor seinem Zorn versteckt und ihn als vernunftwidrig zu leugnen versucht. Es wird einige Anstrengung kosten, ihn an diesem Punkt zu halten, bis er tatsächlich probiert, in seine Wut hineinzugehen. Doch wir drängen ihn weiter, weil wir wissen, dass sich nichts bewegen wird, solange er zu diesem Versuch nicht bereit ist. Es kann sich nur etwas bewegen, wenn er durch direktes Erleben einen Beweis erhält, der ihm hilft, sein in der Kindheit entstandenes Überzeugungssystem zu ändern. Er erkennt noch nicht, dass seine Weigerung, die eigene Wut zu spüren, Valerie dazu gezwungen hat, den Zorn für sie beide zu fühlen.

Als Roger gerade versuchen will, seine Wut auszudrücken, kommt ihm seine Selbstbeurteilung in die Quere. Er will keine albernen Laute ausstoßen. Sich nicht zum Affen machen. Und ganz bestimmt keine Kissen verprügeln. Das ist doch nur so ein Therapie-Quatsch aus den Sechzigern. Das kommt für ihn nicht in Frage. Er würde doch nur »so tun als ob«, wenn er das Gefühl jetzt hervorholen müsste, und etwas so Aufgesetztes will er nicht. Er könnte die Beherrschung verlieren und gefährlich sein. Diese Therapeuten ticken doch nicht ganz richtig. Vielleicht würde er die Kinder im Nachbarhaus erschrecken ... Wenn es denn gar nicht anders geht, würde er es vorziehen, über seine Wut zu *reden* anstatt sie direkt zu erleben, anstatt auszudrücken, wie sie sich anfühlt. Roger hat seinen Rubikon erreicht. Er kann bei diesen Überlegungen verharren, die kaum über die Entscheidung hinausreichen, die er als Kind getroffen hat, oder er kann den Sprung wagen und abwarten, was geschieht.

Angenommen, wir können ihn überzeugen, seinen Wissenschaftler-Hut noch einmal aufzusetzen und ein weiteres Experiment zu wagen. Man weiß nichts mit Sicherheit, solange man es nicht probiert hat. Mit viel gutem Zureden und etwas Anleitung bekommen wir Roger dazu, seine Wut-Energie ein klein bisschen zu bewegen. Diesmal wagt er den Sprung.

Zuerst ist Valerie schockiert. Diese Art von Energie hat sie bei ihrem Mann noch nie erlebt. Mit funkelnden Augen schickt er ein lautes Brüllen in ihre Richtung. Ihr erster Impuls ist, sich zu verteidigen (genau wie bei ihm). Wir stehen das durch. Als Nächstes kommt ein bisschen Furcht. Das stehen wir auch durch. Dann fängt sie an, Erleichterung zu spüren: Schon die bloße Tatsache, dass sie Rogers Wut in direkter Form zu spüren bekommt, anstatt auf die passive, versteckte Weise, ist eine unglaubliche Erleichterung. Ihr fällt ein Stein vom Herzen, als sie erkennt, dass er zu mehr fähig ist, als auf seinen Zorn zu reagieren wie ein kleiner Junge, und dass sie den ganzen Zorn nicht allein tragen muss. Zu wissen, dass er emotionale Energie hat, die mit gewissen Grenzen einhergeht, hat etwas Befreiendes. Und auch die Erkenntnis, dass sie vielleicht gemeinsam in die stärkeren Gefühle hineinwachsen können, trägt zu ihrer Erleichterung bei. Dann entdeckt Valerie, dass sie Aufregung verspürt und dann Zuneigung und Interesse und vielleicht mehr ...

Als Valerie das Stadium der Aufregung erreicht, reagiert Roger zunächst mit noch größerer Bestürzung. Die ganzen Jahre hielt er seinen Zorn zurück, um geliebt und nicht zurückgewiesen oder verlassen zu werden (die Entscheidung des Kindes). Jetzt stellt er fest, dass das Herauslassen seines Zorns genau das *Gegenteil* dessen bewirkt, was er die ganzen Jahre erwartet hat. Genaugenommen erhält er die Reaktion, die er erwartet hat, als er seine Wut zurückhielt. Er fängt an zu verstehen, dass er vielleicht doch nicht die ganze Zeit ein »braver Junge« sein muss, um geliebt zu werden. Er spürt etwas von der Aufregung, die damit einhergeht, dass man etwas Neues ausprobiert. Er erlebt die Erleichterung, die sich einstellt, wenn ein Teil der blockierten Wutenergie bewegt wird. Er erhält die direkte Rückmeldung, dass sein Zorn seiner Partnerin keinen Schaden zugefügt hat – sondern das Gegenteil eingetreten ist. Er erlebt, dass er jetzt, als Erwachsener, vollständig in der Lage ist, bei seinen Emotionen zu bleiben und ihnen Grenzen zu setzen (anstatt seine gesamten Gefühle zu ersticken).

Wie Sie souverän mit Ihrer Wut umgehen

Valerie und Roger haben noch einen langen Weg vor sich, bis sie gelernt haben, besser mit ihrer Wut umzugehen, aber es hat einen ersten Durchbruch gegeben, einen Anfang, zu dem es nicht gekommen wäre, wenn sie nicht den Mut gehabt hätten, sich auf das direkte Erleben einer Gefühlsbewegung einzulassen. Jetzt müssen sie lernen, starke Zornesenergien nicht nur zuzulassen, sondern sich auch noch wohl damit zu fühlen. Das wichtigste Element dieser Phase ist schlichte Übung. Wie untrainierte Körpermuskeln sind auch diese Gefühlsmuskeln am Anfang steif. Dagegen hilft nur ausdauerndes Training. Die Partner haben entdeckt, dass das direkte Erleben von Gefühlen sie persönlich und als Paar wesentlich weiter bringt, als das Reden über Gefühle je könnte. Das müssen sie von nun an immer wieder üben.

Die Entscheidung, vor der die Partner stehen, ist folgende: Entweder man verharrt an dem Ort, den das Kind für seine Wut gewählt hat (was bedeutet, dass man ihr ausweicht, sie auf passive Weise zum Ausdruck bringt oder ihr keine Grenzen setzt) oder man entwickelt die erwachsene Fähigkeit, die Wut zu äußern und zu empfangen. Als Valerie anfangs erklärte, sie brauche jemanden, der ihr gefühlsmäßig ebenbürtig sei, sagte sie im Grunde, dass sie einen erwachsenen Mann wolle, der mit Wut und Zorn umgehen könne, und keinen kleinen Jungen, der sich davor verstecke. Ein Mann, der die gleiche emotionale Reife hat wie sie, kennt seine Grenzen, und weiß, dass sein Zorn einen festen Platz hat und Teil einer authentischen, verantwortungsbewussten Männlichkeit ist. Er weiß auch, dass ein echter Mann lernen muss, den Zorn einer Frau anzunehmen (nur der kleine Junge in ihm würde davor weglaufen oder in die Defensive gehen). Eine emotional reife Frau für ihren Teil weiß, dass die Wut ein Teil ihres Wesens ist und dass es Situationen gibt, in denen sie sich zeigen muss. Das Kind in ihr hat Schwierigkeiten, wenn es auf den Zorn eines Mannes trifft, aber die Frau in ihr kann damit umgehen.

6 _Wenn Männer nichts fühlen_

Die meisten Menschen, insbesondere Männer, tun sich schwer mit Gefühlen und weigern sich, mehr darüber zu lernen. Doch Gefühle sind, ob es uns gefällt oder nicht, die Bausteine einer Paarbeziehung. Das heißt, wenn wir das Beste aus unserer Partnerschaft machen wollen, müssen wir unseren Widerstand überwinden und uns für Emotionen öffnen. Entweder das oder man verabschiedet sich von der Hoffnung, eine leidenschaftliche Liebe auf Dauer lebendig zu halten. Da viele Partnerschaften an diesem Problem scheitern, halten wir es für gerechtfertigt, es erneut aufzugreifen.

Eine Lektion für Männer

Die Stimme der Frau: Wenn wir nach emotionaler Zuwendung hungern, weil unser Partner sie uns verweigert, sind wir anfangs *enttäuscht*, dann *desillusioniert*, werden uns schließlich heftig *beklagen* und *wütend* werden. Da man unsere wichtigsten Bedürfnisse nicht erfüllt, werden wir uns am Ende wahrscheinlich *rächen* wollen. Wie? Vermutlich, indem wir uns unsererseits weigern, die wichtigsten Bedürfnisse unseres Partners zu erfüllen. Wenn diese Art des Umgangs jahrelang anhält, geraten wir wahrscheinlich in eine Depression, fühlen uns hoffnungslos und stumpfen ab. Vielleicht entwickeln wir sogar eine Essstörung oder eine Sucht, um unseren emotionalen Hunger zu lindern. Doch ganz gleich, wie sich die Sache entwickelt, eines ist sicher: Im Endergebnis wenden wir uns innerlich von unserem Partner ab. Früher oder später werden die Mutigeren von uns bereit sein, die Partnerschaft zu beenden; sie werden das Risiko eingehen, nach neuen Kraftquellen zu suchen und einen Menschen zu finden, der ihre Bedürfnisse stillt. Andere werden innerlich erlöschen, ständig nörgeln, sich in Affären stürzen, sich in sich selbst zurückziehen oder den Partner auf andere Weise verlassen.

Frauen verstehen

Diese Stimme haben wir unzählige Male in den unterschiedlichsten Variationen gehört. Obwohl sowohl Männer als auch Frauen auf der Gefühlsseite der Gleichung stehen können, ist es nach unserer Erfahrung im Allgemeinen der männliche Partner, der das Problem nicht ernst nimmt. Er weigert sich, etwas dagegen zu tun, und reagiert häufig schockiert, wenn die Krise, die seit Jahren unter der Oberfläche brodelt, schließlich ausbricht. Sogar dann widerstrebt es dem Mann häufig, seine Emotionen wahrzunehmen, und oft steckt er eine Menge Energie in ihre Abwehr, indem er die Partnerin als »irrational«, unberechenbar oder »nie zufrieden« abstempelt. Er schlüpft in die Rolle des Opfers, obwohl er in Wahrheit einen entscheidenden Beitrag zur Entstehung des Problems geleistet hat, vor dem er jetzt steht. Er hat die Augen nicht mit Absicht verschlossen, er hat sie einfach nicht weit genug geöffnet, um die Situation aus der Perspektive seiner Partnerin zu betrachten.

Okay, Männer, versetzen wir uns einfach mal für einen Moment in die Frau und gehen die Geschichte noch einmal durch: Strengen Sie sich ein bisschen an und stellen Sie sich vor, *Sie* sind die emotional orientierte Person, also die Frau, die mit einem kopflastigen Typ zusammen ist. Energie durchströmt Ihren Körper. Sie haben alle erdenklichen Emotionen, die Sie mit Spannung und Lebendigkeit erfüllen. Es spielt keine Rolle, welches spezielle Gefühl gerade da ist oder ob es Ihnen gefällt. Einige finden Sie angenehm, auf andere könnten Sie gut verzichten, aber für Sie ist das emotionale Erleben untrennbar mit Lebendigkeit verbunden – und Sie *sind* lebendig.

Sie haben Ihren Weg zu einem Partner gefunden. Am Anfang hat er Ihnen Leidenschaft, vor allem in Form seines sexuellen

Verlangens gegeben. Es war nicht so wichtig, was er im Einzelnen empfand; wichtig war, dass es *seine Gefühle* waren. Sie konnten sie spüren, und sie fühlten sich gut an. Er schien voller Begeisterung und sprühte vor Energie. Er ließ Sie bereitwillig an seiner inneren Welt teilhaben oder versprach zumindest, dass er es tun würde.

Doch jetzt hat die Aufregung ein bisschen nachgelassen. Sie sind eine feste Beziehung eingegangen und haben sich bemüht, ein gemeinsames Leben aufzubauen. Sie spüren immer noch jede Menge Emotionen, aber der Mann, mit dem Sie zusammenleben, hat sich verändert. Er hat sich stärker nach außen orientiert. Er lebt mehr in seinem Kopf als in seinem Körper. Wenn Sie jetzt Gefühle zur Sprache bringen, speist er Sie mit philosophischen Betrachtungen oder Ratschlägen ab. Oder mit Schweigen. Manchmal ignoriert er Sie. Er äußert Kritik – manchmal offen, manchmal versteckt –, aber auch wenn die Kritik unausgesprochen bleibt, verstehen Sie sie. Gelegentlich erklärt er Ihnen, was Sie fühlen sollten. Er selbst zeigt kaum Gefühle, was bedeutet, dass er Ihnen wenig gibt, das von Herzen kommt.

Einige der philosophischen Betrachtungen, mit denen er Sie versorgt, sind fundiert und erweitern Ihren Blick, auch wenn viele seiner Theorien und Ideen von irgendjemandem stammen, der keine tieferen Lebenserfahrungen hat als Sie selbst. Ein Großteil seiner »Philosophie« gründet auf idealistischen Vorstellungen davon, wie das Leben sein sollte, und hat wenig mit der Spontaneität des wahren Lebens zu tun. Außerdem stellen Sie fest, dass Ihr Partner seine vernunftbetonten und analytischen Gedankenspiele zwar häufig auf Sie anwendet, aber selten auf sich selbst.

Seine Ratschläge sind zwar manchmal hilfreich, gehen Ihnen aber irgendwie auf die Nerven. Und das aus gutem Grund. Oberflächlich betrachtet scheint der Ratgebende in guter Absicht zu handeln, aber die Sache hat einen Haken: Wenn man unter die Oberfläche schaut, entdeckt man normalerweise, dass der Ratgebende unbewusst eine überlegene Position gegenüber der Person einnimmt, der er die Ratschläge erteilt. In dieser Position kann man sich behaglich einrichten. Der Ratgebende ist so vertieft in die Worte, die er anbietet, dass er sich der Macht*gefühle*, die er aus der Rolle des Lehrers zieht, normalerweise überhaupt nicht bewusst ist. Doch der Empfänger der Ratschläge erkennt früher oder später immer, was los ist. Wer unbedingt Ratschläge verteilen muss, unterbricht außerdem den echten Entdeckungsprozess, was sehr ärgerlich für jemanden sein kann, der nach wahren Erkenntnissen über das Leben und seine persönlichen Erfahrungen strebt.

Tja, so sieht es also aus: *Sie* sind die Person, die *fühlt* und die mit philosophischen Betrachtungen, Vorträgen und (größtenteils unaufgeforderten) Ratschlägen eingedeckt wird. Interessanterweise stellt sich beim Austausch mit diesem vernunftbetonten Partner für gewöhnlich heraus, dass *Sie* diejenige sind, die irgendwie in Ordnung gebracht werden muss. Als Gefühlstyp wissen Sie diese Perlen der Weisheit vielleicht zu schätzen, dennoch ersehnen Sie sich von dieser intimen menschlichen Beziehung etwas Persönlicheres als philosophische Betrachtungen und Ratschläge. Sie wünschen sich, dass Ihr Partner nicht nur Platitüden verbreitet, sondern Ihnen etwas von sich selbst gibt, Sie an seinem Innern teilhaben lässt. Schließlich soll er doch der Mensch sein, der Ihnen so nah und vertraut ist wie niemand sonst auf der Welt.

Eine Zeitlang machen Sie das Ganze mit, bis Sie schließlich eine gewisse Beklommenheit spüren. Als emotionaler Mensch neigen Sie dazu, sich blockiert zu fühlen, wenn Sie bewertet und als »reparaturbedürftig« oder gar mangelhaft betrachtet werden. Ihre Fähigkeit, schnell und mit Begeisterung auf die Lebenskraft zu reagieren, verlangsamt sich. Sie fangen an, sich schwerer zu fühlen.

Nach und nach fällt Ihnen auf, dass Sie nicht viel Persönliches bekommen, was Sie wirklich fassen könnten. Sobald die privaten Themen zwischen Ihnen schwieriger werden, neigt Ihr Partner zum Rückzug – wenn nicht körperlich, so doch in die Welt seiner

Gedanken oder seiner Arbeit. Er hält sich für präsent, aber Sie spüren ihn nicht mehr und bekommen keine »gefühlte« Energie von ihm. Es kommt Ihnen vor, als ob Sie einen leeren Kokon neben sich hätten. Sie können nur mit Mühe ausmachen, was ihn innerlich bewegt. Und wieso kümmert Sie das überhaupt? *Weil er Ihr Lebenspartner ist, und Sie wirklich aufrichtig daran interessiert sind, was in ihm vorgeht.*

Mehr Zeit vergeht. Emotionen und Energien strömen noch immer durch Ihren Körper. Sie wünschen sich mehr Lebendigkeit von Ihrem Partner, mehr Kontakt zu ihm, mehr Einsicht in seine innere Welt. Inzwischen ist es Ihnen fast gleichgültig, ob Sie etwas Schönes oder etwas Schreckliches bekommen, solange Sie nur *irgendetwas* bekommen. Weil Sie der emotionale Typus sind, fällt es Ihnen schwer, Ihre Bedürfnisse präzise auf den Punkt zu bringen, aber eines ist sicher: Sie hoffen auf mehr. Vielleicht schreien Sie sogar danach. Und was bekommen Sie? Abwehr. Widerstand. Spöttische Blicke, so als wären Sie nicht ganz richtig im Kopf. Möglicherweise betrachtet er Ihren Wunsch nach tieferem Kontakt als persönlichen Angriff. In ausschweifenden Vorträgen verdreht er Ihnen das Wort im Mund. Ab und zu signalisiert er Ihnen, dass er sich stärker einbringen möchte, doch es folgen selten Taten, und es kommt zu keiner bedeutsamen oder bleibenden Veränderung.

Allmählich werden Sie wütend. Für Sie ist die Situation klar. Sie *fühlen* sie deutlich. Was Sie für sich selbst wollen, wäre auch gut für Ihren Partner. Ihre Bedürfnisse sind keine Marotten, auf denen Sie selbstsüchtig beharren. Sie möchten die ganze Beziehung verbessern und voranbringen. Sie müssen nicht alles sofort und zu 100 Prozent haben. Sie wären schon zufrieden, wenn Sie einen kleinen Hinweis darauf bekämen, dass sich etwas bewegt. Nichts Großes. Alles, was Sie wollen, ist etwas mehr echtes, eigenes Gefühl von ihm, nur hin und wieder. Ihre Intuition sagt Ihnen, dass schon ein kleiner Einbruch des Partners in Ihre Gefühlswelt ausreichen würde, um der ganze Beziehung eine andere Richtung zu geben. Es würde einen himmelweiten Unterschied machen, wenn Sie von diesem Menschen, den Sie lieben und schätzen, ab und zu (sagen wir fünf- bis zehnmal die Woche) ein »Ich fühle ...«-Statement erhalten würden – ein Statement, das die Leere mit einem *echten Gefühl* füllt. Doch was bekommen Sie stattdessen? Mehr hartnäckigen Widerstand. Jemand, der es als persönliche Kritik auffasst, wenn Sie ein Bedürfnis äußern, und sich mit Händen und Füßen dagegen wehrt. Es ist zum Verrücktwerden!

Wenn sich Ansätze Ihrer Wut zeigen, erklärt der Partner Ihnen, dass Sie nicht wütend sein sollen – es sei unangebracht, abwegig, störend, beunruhigend, zu gefährlich. Wut sei falsch, hören Sie. Philosophisch betrachtet sollten in dieser Beziehung ausschließlich Harmonie, Freundlichkeit und bedingungslose Liebe herrschen (und aus seiner Sicht sollten *Sie* mehr davon bereitstellen). Aber keinesfalls Wut. Brauch ich nicht. Will ich nicht. Will ich nicht geben und nicht empfangen. Vernunftbegabte Menschen sollten über solche niederen Gefühle erhaben sein. *Er* kann das. Wenn Sie es nicht können, muss mit Ihnen etwas verkehrt sein.

Das Ganze wirkt ziemlich blutleer. Genaugenommen ist es irgendwie fad. Manchmal drängen Sie regelrecht auf eine Reaktion, irgendeine Reaktion, einfach damit etwas geschieht. Wenn Sie nicht gerade miteinander schlafen oder eine unerwartete Katastrophe, wie ein Unfall oder ein Todesfall, über die Familie hereinbricht, müssen Sie immer darauf drängen, irgendeine Form von Gefühlsenergie zurückzubekommen. Sie erkennen allmählich, dass Ihre eigene Lebenskraft schwindet. Ihnen wird klar, dass es zum Teil daran liegt, dass Ihre Gefühle sich verändert haben: nicht nur die Gefühle für den Partner, auch ihre Gefühle sich selbst gegenüber. Sie stellen fest, dass es Ihnen zunehmend widerstrebt, Ihre Energie herauszulassen. Die Schätze, die Sie anzubieten haben, sind nicht willkommen. Aber noch wollen Sie diese Partnerschaft nicht aufgeben. Was können Sie tun?

Da kommt Ihnen eine Idee! Sie schlagen eine Therapie vor,

die – wenn sie gut ist – zumindest ein bisschen Training für eine bessere Gefühlswahrnehmung umfasst. Und wie reagiert er auf den Vorschlag?

- »Diese Seelenklempner haben doch alle selbst eine Schraube locker. Was soll ich da?« (Übersetzung: »Nein«).
- »Ein Therapeut? *So groß* sind unsere Probleme nun auch wieder nicht, auch wenn du vielleicht anderer Ansicht bist. Eigentlich bin ich ganz zufrieden damit, wie es läuft.« (Übersetzung: »Nein.«)
- »Zu wenig Zeit, zu wenig Geld.« (Übersetzung: »Nein.«)
- »Das ist doch alles Weibergewäsch. Du verlangst, dass ich so werde wie *du* – das nehme ich dir übel. *Eine* Frau in dieser Beziehung ist genug.« (Übersetzung: »Nein.«)
- »Ich denke darüber nach ...« (In Wahrheit ein Abwehrmanöver: eine Woche später gibt es immer noch kein Anzeichen dafür, dass ein Nachdenken stattgefunden hat. (»Nein.«)
- »Wieso muss es immer nach dir gehen?« (»Nein.«)

Und so weiter ...

Als gefühlsbetonte Person, die Emotionen braucht – die nicht ohne Leidenschaft und Energie auskommt –, denken Sie über die Äußerungen nach, die Sie im Laufe der Jahre gehört haben. Was darin anklingt, sind Widerstand, Ausflüchte, Trotz, Abwehr, ein Kind auf der Suche nach und in Erwartung einer liebevollen Mami. Ob mit beschönigenden Worten verziert oder mit rationalen Argumenten gespickt, ob behutsam erklärt oder barsch verteidigt – die Reaktionen laufen allesamt auf ein »Nein« hinaus. Sie laufen darauf hinaus, dass Sie mit einem Partner zusammen sind, der Ihnen und Ihren Bedürfnissen keinen hohen Stellenwert beimisst. Alles in allem ziemlich entmutigend – man könnte sogar sagen: jämmerlich. Sie wissen, dass sich hinter dieser ganzen Mauer aus Worten viele Gefühle verbergen, und dass er im Grunde Angst vor seinem emotionalen Wesen hat, aber nicht einmal das kann er eingestehen.

Also, wie würde es Ihnen, dem vernunftbetonten Typ, gefallen, wenn Sie in der Situation dieser gefühlsbetonten Person wären – wenn Sie um etwas bitten müssten, das lebensnotwendig für Sie wäre, und diese Antworten erhielten? Stellen Sie sich vor, Sie wären diese Gefühlsperson, deren Partner sich nicht nur weigert, seine Gefühle zu zeigen, sondern Ihnen auch noch ihre eigenen absprechen will. Obwohl – das ist nicht ganz korrekt. Was er *wirklich* will, sind Ihre »positiven« Emotionen, wenn sie ihm in den Kram passen, aber er will sehr wenig von Ihren sogenannten »negativen« Emotionen (das heißt, jenen, die ihm nicht gefallen).

Stellen Sie sich vor, Sie sind mit einem vernunftbetonten Partner zusammen, der Ihre Energie und Lebendigkeit als Gefährtin will, was offenkundig viel mit Ihren Gefühlen zu tun hat, der aber kurz darauf Ihre Gefühle ersticken oder als vernunftwidrig ablehnen wird, weil sie ihm unbequem sind. Er will sexuelle Leidenschaft von Ihnen, aber nicht Ihren Zorn (und weigert sich, ihn zu akzeptieren). Er will, dass Sie »glücklich« sind, will aber Ihre wichtigsten Bedürfnisse nicht erfüllen. Er will Ihre emotionalen »Hochs«, und versucht, Ihre »Tiefs« zu beheben (das heißt loszuwerden). Er redet davon und macht sich Sorgen darüber, von Ihnen nicht akzeptiert zu werden, aber weist Ihre Gefühle (also letztlich *Sie*) gewohnheitsmäßig zurück – und ist sich kaum darüber bewusst!

Warum weigern sich Männer, mehr über Gefühle zu lernen?

Es ist paradox. Ein Mann lernt, dass er Anerkennung bekommt, wenn er seine Gefühle unter Kontrolle hält. Er verbringt Jahre damit, diese Fähigkeit zu entwickeln. In seiner Partnerschaft macht er dann die Erfahrung, dass er gerade durch die Verhaltensweisen, mit denen er sich Respekt zu verschaffen sucht, den Respekt der einen Person *verliert*, die ihm wahrscheinlich wichtiger ist als jeder andere Mensch auf der Welt. Das erscheint – gelinde gesagt – widersinnig. Wie soll ein Mann mit diesem Dilemma umgehen?

Ein erster Schritt kann die Einsicht sein, dass das rationale Denken in einem Entweder/Oder-Erkenntnismodus gründet. Folglich akzeptiert der mentale Typus indirekt die tiefer liegende Prämisse, dass es *entweder* nach seinem Willen (vernunftorientiert) *oder* nach ihrem Willen (gefühlsorientiert) gehen muss. Nicht ein bisschen von ihrem und ein bisschen von seinem Willen, sondern *entweder* sein Weg *oder* ihr Weg. Wenn ich die Wahl zwischen beiden habe, muss ich natürlich an meiner Sichtweise festhalten, weil ich sonst der Unterlegene bin oder gedemütigt werde. Wenn ich mich für ihre Sichtweise öffne, gebe ich etwas auf, das von grundlegendem Wert für mich ist, opfere vielleicht sogar meine Männlichkeit. Wenn Gefühle sind, was sie zu sein scheinen, nämlich Schwäche, und ich für Stärke plädiere (Stärke ist etwas Gutes, Schwäche etwas Schlechtes), muss ich an meiner Position festhalten, um meine Macht und Integrität zu bewahren.

Diese Denkungsart mag für einen jüngeren Kopf in einer bestimmten Entwicklungsphase angemessen sein – für einen Menschen, der versucht, etwas Ordnung in seine ersten Eindrücke von der Welt zu bringen, indem er alles in zwei simple Kategorien einteilt: Leider ist das ein sehr eingeschränkter Ansatz, kaum tragfähig für die erste langfristige Beziehung, geschweige denn für die folgenden. Bei größerer geistiger Reife sollte man eine umfassendere Sichtweise entwickeln können und fähig sein, viele verschiedene Perspektiven gleichzeitig einzunehmen, wozu auch gehört, die Gleichwertigkeit von Verstand und Gefühl im Leben wahrzunehmen. Ein Mann mit echter Reife sollte Zugang zu beiden haben.

Die meisten Männer und Frauen wehren ihre Gefühle bis zu einem gewissen Grad ab, wenn sie erwachsen werden, weil diese Abwehr eine Anpassungs- und Bewältigungsstrategie ist. Gefühle geben unsere Verwundbarkeit preis, und in bestimmten Phasen des Heranwachsens ist es zu bedrohlich, die eigene Verletzlichkeit zu zeigen. Junge Menschen haben noch nicht die physische Stabilität entwickelt, um starke Emotionen in ihrem Körper zu halten und zu umfangen. Sich vor den Gefühlen zu drücken, war eine großartige Strategie, aber sie hatte einen Preis. Wir haben gelernt, hauptsächlich in einer einzigen Dimension unserer selbst zu operieren, der des Verstandes, obwohl uns zwei Dimensionen offenstanden. Und als wir dann unseren Verstand benutzten, um diese ausschließlich kopfgesteuerte Strategie zu rechtfertigen, haben wir uns mit vernunftbetonten Argumenten selber weisgemacht, wir wären ganz. Doch wir können zwar uns selbst täuschen, aber nicht die Partnerin, mit der wir zusammenleben, oder die Kinder, die wir großziehen und die von unserer Einseitigkeit tief beeinflusst werden. (Kinder können ihr Bedürfnis nach der Emotionalität des Vaters im Allgemeinen erst später im Leben formulieren. Obwohl auch dann noch Hilfe möglich ist, haben die fehlenden Gefühle des Vaters meistens bereits ihren Tribut gefordert.)

Es ist traurig, dass viele Männer in Opposition zu ihrer Partnerin gehen, wenn sie nach Gefühlen verlangt. Sie betrachten es als eine Art persönlichen Angriff des Weiblichen auf ihre Person und erkennen es nicht als das, was es ist: ein Appell an den Partner, sein männliches und menschliches Potenzial voll auszuschöpfen und zu mehr Ganzheit zu gelangen. Männer können nur gewinnen, wenn sie sich ihrer Gefühle bewusst werden. Dabei haben sie nichts zu verlieren – sie können sich im Gegenteil selbst bereichern.

Dougs Geschichte: Von Mann zu Mann

Das Reich der Gefühle ist ein schwieriges Terrain für die meisten Männer – sogar für Therapeuten. Wir möchten einen Moment von unserer gemeinsamen Autorenschaft abweichen und Doug die Möglichkeit geben, direkt zu den Männern zu sprechen.

Als Mann weiß ich, wie es ist, mit Gefühlen zu kämpfen. Obwohl ich mich jetzt schon zwölf Jahre lang intensiv mit dem Gebiet beschäftige, kämpfe ich *immer noch*. Ich schätze, dass sich daran wohl auch künftig nichts ändern wird. Der Knackpunkt ist nicht, ob ich Gefühle habe oder nicht. Der Knackpunkt ist eher, dass es mir oft schwerfällt, meine Gefühle zu lokalisieren und noch schwerer, sie auszudrücken.

Wenn ich ganz ehrlich bin (und es allein nach mir ginge), würde ich freiwillig nicht so viel Zeit mit der Entwicklung meiner emotionalen Fähigkeiten verbringen. Ich habe noch keinen Mann getroffen, bei dem das anders wäre. In Kontakt mit den eigenen Gefühlen zu kommen, erfordert beträchtliche und fortgesetzte Anstrengung. Ich habe mein Leben lang daran gearbeitet, meine Denkfähigkeiten zu entwickeln, und würde dem Rest der Welt viel lieber mit einer Haltung begegnen, die meine Stärke zeigt, anstatt mit einer Haltung, die etwas zum Ausdruck bringt, mit dem ich im Großen und Ganzen wenig Übung hatte. Und das ist viel leichter, wenn ich in meinem Kopf bleibe.

All das wäre ganz in Ordnung, wenn ich als Single leben wollte. Ich habe viele Männer getroffen, die versuchen, ihr früheres Junggesellenleben in der Partnerschaft fortzusetzen, aber keiner davon ist nach meiner Beobachtung zufrieden mit dem, was er von seiner Partnerin zurückbekommt. Es fehlt das Beste aus beiden Welten, oder es funktioniert nicht. (Na ja, vielleicht funktioniert es bei sanftmütigen, unterwürfigen Frauen, die gelernt haben, dass es ihre Aufgabe sei, dem Mann zu dienen, aber auch das hat seinen Preis – einen, den ich nicht zahlen möchte).

Ein Mann, der sich langfristig eine erfüllte Partnerschaft mit einer vitalen Frau wünscht, muss fähig sein, ihre wichtigsten Bedürfnisse zu erfüllen und Möglichkeiten finden, wie seine eigenen Bedürfnisse erfüllt werden. Damit eine Beziehung gelingt, müssen die wichtigsten Bedürfnisse *beider* Partner befriedigt werden. Wenn die eigenen Wünsche ständig erfüllt werden, stellt sich ganz automatisch der Wunsch ein, dasselbe für den Partner zu tun. Dazu muss man sich selbst nicht aufgeben.

Männer sollten etwas Wichtiges begreifen: *Für eine Frau sind Gefühle in Beziehungen ein Grundbedürfnis.* Dieses Bedürfnis ist nicht »richtig« oder »falsch«. Es ist einfach da. Für Frauen sind Gefühle etwas so Elementares wie Nahrung, und ohne Emotionen in ihrer Partnerschaft verhungern sie am Ende regelrecht. Für eine Frau ist zudem, ob sie sich dessen bewusst ist oder nicht, der lebendige Fluss von Emotionen gleichbedeutend mit dem Fluss von Lebensenergie: Sie braucht Bewegung in ihrem Gefühlsleben (und einen Menschen, der ebenfalls zu dieser Bewegung in der Lage ist), andernfalls läuft es darauf hinaus, dass der Kreislauf dieser Lebensenergie in ihr ins Stocken gerät. Wenn es zu einer Verlangsamung dieses Energieflusses kommt, wird die Frau mehr und mehr von ihrer Lebendigkeit verlieren, und bei einer dauerhaften Verlangsamung wird sie innerlich abstumpfen ... gegenüber dem Partner und dem Leben selbst.

Kürzlich erhielten wir einen Brief von einem Mann, der vor einiger Zeit an einem unserer Emotionstrainings teilgenommen hatte. Er ist Mediziner und sehr geübt im rationalen Denken, aber er hatte Schwierigkeiten in seiner Ehe. Er schrieb: »Das Wichtigste in einer Ehe ist, die Beziehung lebendig zu halten. Jetzt weiß ich, dass das nur geht, wenn ich mich selbst lebendig halte.« Dieser einfache Kommentar fängt die elementare Erkenntnis ein, zu der ein Mann gelangte, der bereit war, mehr Verantwortung zu übernehmen. Er empfing schließlich die Botschaft, die seine Partnerin ihm seit mehreren Jahren vergeblich gesendet hatte.

Zurückgehen, um voranzukommen

Wenn es Ihnen ernst damit ist, ihre Fähigkeit zum Gefühlserleben weiterzuentwickeln, ist es notwendig, dorthin zurückzugehen, wo das Wachstum auf diesem Gebiet stockte. Da der Kontakt zu Ihrem emotionalen Selbst wahrscheinlich vor vielen Jahren abgerissen ist, müssen Sie, um sich für diesen Bereich wieder zu öffnen, anerkennen, dass Sie etwas nachzuholen haben und in emotionaler Hinsicht jünger sind (und in einigen Hinsichten möglicherweise *erheblich* jünger), als ihr tatsächliches Alter vermuten lässt.

Wenn Männer Probleme im Gefühlsbereich haben, so ist das keineswegs die Folge eines eingebauten Defekts oder einer unüberwindlichen Konditionierung. Es hängt vielmehr damit zusammen, dass Männer ihre Aufmerksamkeit gewohnheitsmäßig von ihrem Inneren abgewendet haben – wahrscheinlich ihr Leben lang. Und zur Lösung gehört einfach ein Umlernen, eine aufmerksamere Wahrnehmung und die Bereitschaft, sich anzustrengen, um eine ganz neue Fertigkeit zu erlernen. Als Erstes muss man sich aufraffen, um überhaupt anzufangen. Wenn diese Hürde genommen ist, kommt es darauf an, dass man den Willen aufbringt, die Anstrengung lange genug durchzuhalten, um die Belohnungen zu ernten.

Mit der Ausdauer der Männer ist es mitunter nicht weit her, wenn es um das Gefühlstraining geht. Nach einem anfänglichen Erfolg neigen sie dazu, in ihren Bemühungen nachzulassen. Wir erleben das immer wieder in unseren Gruppen. Die Vorstellung, an einer Gruppe teilzunehmen, jagt den Männern eine Heidenangst ein. Doch mit ein bisschen Anleitung und Ermutigung gelingt es ihnen dann zunächst ganz gut, Gefühle zu lokalisieren, auszudrücken und zu empfangen. Erstaunt entdecken sie, wie es ist, in ihrem Körper präsent zu sein. (Außerdem machen Sie die tröstende Entdeckung, dass auch ihre Partnerinnen noch viel darüber lernen müssen, wie man Gefühle äußert und aufnimmt.) Verblüfft stellen sie fest, wie schnell ihre Frauen sich erholen und wie lebendig die Beziehung in relativ kurzer Zeit wird. Wenn die Männer ein paar Gefühle geäußert und entdeckt haben, dass die Beziehung wieder an Saft und Kraft gewinnt, verlassen sie zufrieden die Gruppe und halten das Problem für »gelöst«. Großartig! Sie ziehen ihre Aufmerksamkeit wieder von ihren Gefühlen ab, fallen in alte Gewohnheiten zurück und wundern sich dann, wieso ihre Beziehung wieder auszutrocknen droht.

Den Facettenreichtum der eigenen Persönlichkeit herauszuarbeiten, nachdem man Jahrzehnte damit verbracht hat, an einer einzigen Facette zu arbeiten, ist eine Aufgabe, die man nicht über Nacht bewerkstelligen kann. Tiefsitzende Verhaltensmuster in

Beziehungen lassen sich nicht mir nichts, dir nichts verändern. Nach den ersten Durchbrüchen müssen die Partner oft feststellen, dass mindestens sechs Monate fortgesetzte Anstrengungen erforderlich sind, um grundlegende Gefühlsfähigkeiten anzuwenden. Und auch danach ist eine fortgesetzte Anstrengung erforderlich. Wenn einer oder beide Partner vergessen, was sie gelernt haben (was unter Stress häufig geschieht), besteht immer die Gefahr, dass man wieder auf Altbekanntes und Bewährtes zurückfällt – und kopfgesteuert handelt. Es gibt hier keine schnellen Lösungen, was wahrscheinlich erklärt, warum so wenige Menschen sich dieser Herausforderung ernsthaft und dauerhaft stellen.

Wir hören oft (insbesondere von Männern, die diese Art von Training nicht durchlaufen haben), dass dieser Gefühlskram etwas für Weicheier oder »Softies« sei und dass eine gewisse Härte nun mal ein Zeichen echter Männlichkeit sei. Das stimmt – man muss stark und mutig sein, um in der äußeren Welt zu bestehen, doch ein Mann, der nicht auch den Mut aufbringt, seine innere Welt zu erforschen, ist trotzdem nur ein halber Mann.

Jeder Mann, der ein gewisses Emotionstraining durchlaufen hat, wird bestätigen, dass diese Arbeit alles andere als »soft« ist. Tatsächlich haben viele Männer noch nie in ihrem Leben so viel geschwitzt! Und keiner hat bei diesem Prozess auch nur das Geringste von seiner Männlichkeit eingebüßt.

Bilanz

Männer können nicht erwarten, den ganzen Reichtum ihrer Partnerschaft auszuschöpfen, wenn sie nicht bereit sind, den fühlenden Teil ihrer selbst vollständiger zu entwickeln. Wenn sie Leidenschaft von ihrer Partnerin wollen, müssen sie bereit sein, Gefühle zu investieren – sie können nicht erwarten, dass die Frauen diese ganze Arbeit allein erledigen. Wenn Männer wollen, dass ihre wichtigsten Bedürfnisse erfüllt werden, müssen sie im Gegenzug die wichtigsten Bedürfnisse ihrer Partnerin erfüllen. Wenn Männer möchten, dass ihre Kinder zu ausgeglichenen, seelisch gesunden Menschen heranwachsen, müssen sie fähig sein, eine ausgewogene, authentische Männlichkeit zu leben – *und dazu gehören Gefühle.* (Ich wünschte, jeder Mann würde gewahr, wie sehr sich Kinder, deren Väter zumindest bis zu einem gewissen Grad in Kontakt mit ihren Gefühlen waren, in ihrer seelischen Gesundheit von Kindern unterscheiden, deren Väter es nicht waren.)

Männer entwickeln häufig die Einstellung, Gefühle zu haben und sie zu äußern sei gleichbedeutend mit Schwäche. In einem Vertrauensverhältnis ist genau das Gegenteil zutreffend. Ein Mann, der seine Wut in der Partnerschaft nicht auf klare und verständliche Weise äußern kann, ist im Grunde nur ein kleiner Junge, der so tut, als wäre er erwachsen. Dasselbe gilt für einen Mann, der die Wut seiner Frau nicht annehmen kann. Ein Mann, der darauf angewiesen ist, dass seine Partnerin den emotionalen Ton in der Beziehung vorgibt, weil er seine eigenen emotionalen Fähigkeiten nicht ausreichend erforscht hat, ist schwach. Er kann sein inneres Potenzial nicht voll ausschöpfen, was seine Partnerin schließlich als Form von seelischer Verkrüppelung betrachten wird. Ein Mann, der früh stirbt, weil er seine Gefühle auf Eis gelegt hat, ist kein Held, sondern ein Opfer. Die Forderung nach Emotionalität ist nicht irgendeine gegen die Männer gerichtete Verschwörung; sie ist ein flehentlicher Appell an die Männer, das Beste in sich selbst zu entdecken und hervorzubringen.

7 ___ *Die dunkle Seite des Bemutterns*

Wenn Partner sich von ihren Gefühlen entfernen, neigen sie dazu, bestimmte Rollen oder gewohnheitsmäßige Haltungen zueinander einzunehmen. Jede dieser Rollen automatisiert sich und verbindet sich mit einem begrenzten, einengenden Verhaltensmuster. Wie wir gesehen haben, neigen Männer dazu, die Sache zu verpatzen, indem sie sich auf ihren Kopf beschränken und ihre Beziehungen hauptsächlich über den rationalen, analytischen und abstrahierenden Teil ihrer selbst laufen lassen. Frauen entscheiden sich ihrem Partner gegenüber häufig für die Rolle der »Mutter«. Das hat weitreichende Auswirkungen. Wenn Frauen mehr und mehr Zeit in dieser Rolle verbringen, werden sie emotional genauso unzugänglich für ihren Partner wie Männer, die sich in ihren Kopf flüchten.

Macht Mutter alles besser?

Frauen sind durch jahrhundertelange biologische und psychologische Evolution ebenso wie durch lebenslange kulturelle, soziale und familiäre Einflüsse darauf vorbereitet worden, sich um die Betreuung und Erziehung heranwachsender Menschen vom Säuglingsalter bis zur Schwelle des Erwachsenenseins zu kümmern. Doch wenn sich dieses Verhalten auf einen anderen Erwachsenen konzentriert – insbesondere auf den Liebespartner – ist Ärger vorprogrammiert.

Die Mutter möchte beschützen und Sicherheit schaffen. Sie will, dass alle miteinander harmonieren und jeder genügend Nahrung erhält – in körperlicher wie in seelischer Hinsicht. Die Mutter bringt uns auch bei, was wir über das Leben wissen müssen – sie wacht über ihre Schutzbefohlenen, kommentiert ihre

Entwicklung und kann sich als scharfe Kritikerin erweisen (vor allem gegenüber ihrem wichtigsten erwachsenen Schutzbefohlenem: ihrem Partner). Um all diesen Aufgaben gerecht zu werden (und obwohl sie vielleicht das Gegenteil behauptet), *muss sie die Kontrolle übernehmen.*

In vielen anderen Kulturen ist das Mutterbild nicht auf die nährende, fürsorgliche Seite beschränkt, sondern umfasst viele weitere Facetten (zum Beispiel die Göttinnen Kali und Durga in Indien und Asien). Diese archetypische Mutter kann zerstörerisch, voll rechtschaffenen Zorns und rasender Wut sein – sie bildet damit ein Gegengewicht zur männlichen Energie. Sie zerreißt den Schleier der Illusion und stößt direkt zur Wahrheit vor. Sie ist weit entfernt von unserem eindimensionalen Mutterbild, einem verklärten, idealisierten Inbegriff von Harmonie und Güte.

Wer neues Wachstum fördern will, muss nicht nur die Saat wässern, sondern auch abgestorbenes Holz entfernen: Um sich Zugang zu ihrer wahren, authentischen Macht zu verschaffen, müssen Frauen sich der Herausforderung stellen, diese andere Seiten des weiblichen Prinzips zu entfalten.

Frauen neigen aus gutem Grund zur Mutterrolle: In unserer heterogenen Gesellschaft mit ihren widersprüchlichen Vorstellungen von Weiblichkeit ist die Mutter der einzige Aspekt des Frauseins, der allgemein als macht- und wertvoll, tugendhaft und über jeden Tadel erhaben gilt. So erscheint vielen jungen Frauen die Mutterrolle als gleichbedeutend mit einer erwachsenen, reifen, voll entfalteten Weiblichkeit. Wenn Frauen eine feste Beziehung eingehen und sich von ihrer stärksten Seite zeigen wollen, ist die Versuchung groß, sich voller Elan in diese Rolle zu stürzen. Wenn sich im weiteren Verlauf der Partnerschaft ein Gefühl der Machtlosigkeit dem Partner gegenüber einstellt, betonen viele Frauen ihre Mutterrolle sogar noch, um diesem Problem auszuweichen.

Wenn die Mutter im Wechsel mit allen anderen Anteilen des Weiblichen auftreten würde, gäbe es keine Probleme. Doch leider ist das in vielen Erstbeziehungen nicht der Fall. Die Mutter hat die Neigung, die gesamte Bühne für sich einzunehmen und sich zu weigern, sie wieder zu verlassen! Das führt dazu, dass die Frau keine Chance erhält, andere Anteile ihrer Weiblichkeit auszuspielen und zu entwickeln – und die ungezügelte Mutter eine fatale Wirkung auf die Paarbeziehung ausübt.

Genaugenommen erzeugen Frauen, die in der Mutterrolle feststecken, genauso viele Probleme in ihrer Beziehung wie Männer, die von ihren Gefühlen abgeschnitten sind. Nach unserer Erfahrung kostet es eine Frau etwa die gleiche Anstrengung, ihre Mutterrolle zu verlassen, wie einen Mann, etwas über Gefühle zu lernen. Frauen, die in der Mutterrolle feststecken, sind für ihren eigenen Beitrag am Scheitern ihrer Beziehung genauso blind wie gefühllose Männer.

Gefangen in der Mutterrolle

Schauen wir einmal in eine Beziehung hinein, in der die Partner sich vor einiger Zeit entschieden haben, auf Dauer zusammenzubleiben. Die Umwerbungsphase ist vorüber, und für beide Partner ist der Zeitpunkt gekommen, um mit dem Aufbau eines gemeinsamen Lebens zu beginnen. Weil sie als Menschen in einer komplexen Welt leben, haben sie mit Unsicherheiten, Ängsten und Teilen ihrer selbst zu kämpfen, die sie lieber nicht wahrnehmen möchten. Wie wir gesehen haben, besteht die Bewältigungsstrategie vieler Männer darin, die Rolle des vernunftbetonten Vordenkers zu übernehmen. Frauen, die bestrebt sind, das Gleichgewicht der Macht wiederherzustellen, schlüpfen in die Mutterrolle.

Anfangs fühlt sich diese Rolle gut an – sie ist verantwortungsvoll, feminin und entspricht offenbar dem, was eine Frau tun und sein sollte. Während der Mann seinen Intellekt ausspielt und damit sein Selbstbild als starke männliche Persönlichkeit verbessert, fühlt die Frau sich durch die Mutterrolle als starke weibliche Persönlichkeit bestätigt. Doch diese Rolle fordert einen Preis von ihr – als Einzelperson und als Partnerin.

Beginnen wir mit den Kosten für die eigene Persönlichkeit: Die perfekte Mutter ist die Superfrau, die sich um alles und jeden kümmert und möglicherweise auch noch berufstätig ist. Sie opfert ihre eigenen Bedürfnisse für das Wohl anderer und verfügt über grenzenlose Energien. Das Problem ist, dass früher oder später die echte Frau aufwacht und sehr unglücklich über dieses selbstauferlegte Opfer ist. Sie wird verständlicherweise wütend; aber da »gute Mütter nicht wütend werden«, unterdrückt sie ihren Unmut. Sie steht kurz vor der Explosion, aber gute Mütter gehen auch nicht in die Luft. Gute Mütter beklagen sich nicht: Also schluckt sie viele Gefühle herunter. So eine wütende, unglückliche, unbefriedigte und frustrierte Frau gibt keine gute Partnerin ab!

Eine Frau, die in ihrer Mutterrolle gefangen ist, *glaubt*, sie sei für sich selbst und andere voll präsent – aber das ist ein Irrglaube. Dasselbe gilt für jeden Menschen, der das Wohlergehen anderer zu seiner obersten Priorität macht: Helfer, Heiler und Retter stärken ihre Identität und ihr Selbstwertgefühl, indem sie sich um andere kümmern. Daran ist nichts auszusetzen, doch wer diese Seite früh im Leben zu stark ausbildet und den Großteil seines Lebens damit verbringt, anderen zu helfen und für sie da zu sein, erhält häufig nicht die Chance zu erkennen, wer *er selbst* in seinem tiefsten Innern ist. Nach vielen Jahren, wenn sich die Mutter einmal die Zeit nimmt, um innezuhalten und ihre Gefühle zu spüren (was nicht sehr häufig vorkommt), empfindet sie oft eine überwältigende Leere. Sie weiß nicht, wer sie hinter ihrer schützenden Fassade eigentlich ist.

Die Frau, die sich vor allem als Mutter versteht, muss Kontrolle erlangen. Wenn wir diesen Selbstanteil genauer unter die Lupe nehmen, entdecken wir eine Person, die niemanden für fähig hält, sich um sie zu kümmern, wenn sie die Kontrolle, d. h. ihre Mutterrolle, je aufgeben würde. Sie ist überzeugt, dass sie sehr hart arbeiten und die ganze Last alleine tragen muss. Sie *muss die Kontrolle übernehmen*, weil sie überzeugt ist, dass kein anderer die Arbeit so gewissenhaft erledigt wie sie – und kein anderer so kompetent ist. Die Erschöpfung ist vorprogrammiert.

Von der Mutter wird erwartet, dass sie gibt – und das tut sie. Das Problem ist, dass sie den Mutterposten in blinder Hast übernommen und nicht innegehalten hat, um sich selbst eine wichtige Frage zu stellen: Wie kann jemand, der nicht gelernt hat, etwas von anderen anzunehmen, selbst etwas Echtes geben? Um es anders auszudrücken: Wie können Partner, die nur eine Rolle spielen und in ihrem Innern nicht wirklich zu Hause sind, dem anderen etwas wirklich Wertvolles von sich schenken? Leere, unglückliche, erschöpfte Menschen können nur den rein mechanischen Akt des Gebens vollziehen. Sie sind nicht fähig, etwas aus ihrem tiefsten Innern, aus der vollen Präsenz ihres wahren Selbst zu geben.

Eine Frau in der Mutterrolle vollzieht den Akt des Gebens und bemüht sich nach Kräften, das Richtige zu tun. Aber weil sie in der Eindimensionalität ihrer Rolle gefangen ist und nur tut, was eine »gute Mutter tun sollte«, kommt es den Menschen, die ihr am nächsten stehen, so vor, als handle sie rein mechanisch und ohne Herz. Die Bemühungen der Mutter werden zu einem Großteil überhaupt nicht anerkannt, was das Gefühl der Leere im Lauf der Jahre noch verstärkt.

Am Ende ist die Mutter eine erschöpfte Frau, die sich völlig ausgelaugt hat und keine Wertschätzung dafür erhält. Das Leben ihrer Schutzbefohlenen hat sie so in Anspruch genommen, dass sie die Verbindung zu sich selbst verloren hat. Sie war so damit beschäftigt, die Maske der Mutter zu tragen, dass sie nicht weiß, wer sie eigentlich ist.

In gewisser Weise bietet die Mutterrolle große Sicherheiten. Sie erfordert kein hohes Maß an persönlicher Verletzlichkeit und gibt der Frau das Gefühl von Macht und Tüchtigkeit (bis sie sich erschöpft hat). Ihre Rolle weckt auch ein Gefühl von Rechtschaffenheit; und auch wenn deren Belohnungen auf lange Sicht nicht sehr befriedigend sind, verleiht diese Rechtschaffenheit doch ein Gefühl von Überlegenheit und vermeintlicher Autorität. Die Mutter hält sich für diejenige, die alles am besten weiß. Aus der Mutterposition ist es leicht, mit dem Finger auf den Partner zu zeigen und ihm die Schuld für alle Probleme in der Partnerschaft zuzuweisen. Und das führt uns zu dem Problem der Mutter als Partnerin.

Die Mutter als Partnerin

Eine Mutter sieht ihren Partner per definitionem nicht als Mann, sondern als Sohn. In den frühen Stadien der Ehe hat sie ihn nicht so gesehen. Doch wenn sie vollständig in die Mutterrolle hineinwächst, scheint er mehr und mehr auf ihre Fürsorge angewiesen zu sein. Schließlich ist die Mutter die Quelle und der Ursprung allen Lebens. Aus dieser verborgenen Einstellung ergibt sich, dass sie ihrem Ehemann-Sohn jetzt alles über das Leben beibringen muss. Indem sie an dieser Meinung festhält, gelingt es ihr, ihm gegenüber eine überlegene Position einzunehmen. Wenn ihr Partner kein Mann, sondern ein »Junge« ist, dann ist sie immer auf der sicheren Seite, wenn sie ihn insgeheim für viele der Probleme, die zwischen ihnen entstehen, verantwortlich macht. Sie ist die erwachsene Person, die Opfer bringt, und diejenige, die über jeden Tadel erhaben ist. Mutter trifft keine Schuld.

Die Abwehrstruktur, die sie um diese Rolle errichtet, ist genauso undurchdringlich wie die Abwehrstruktur des Mannes, der sich hinter seiner Rationalität, seinem Verstand, verschanzt. Hinter ihrer Rollenfassade ist sie nahezu unantastbar. Ihr fällt auf, dass ihr Sohn-Partner keine Verbindung zu seinen Gefühlen hat, ist aber zu sehr in ihrer eigenen Rolle gefangen, um zu erkennen, dass sie selbst genauso unzugänglich ist wie er. Sie erkennt, dass er sein inneres Selbst vor ihr beschützt – und sie weiß, wie es sich anfühlt, gegen diese Mauer zu rennen –, aber sie ist blind dafür, dass auch sie ihr Inneres vor ihm abschirmt. Der Widerstand ihres Partners steht ihr klar vor Augen, aber sie erkennt nicht, dass sie genauso entschlossen ist, an ihrer sicheren Position festzuhalten.

Die Mutter sagt sich, dass sie keinen kleinen Jungen, sondern einen Mann will (für den sie sich aber aus irgendeinem Grund nie entscheidet). Nach einigen Jahren des Zusammenlebens ist sie von ihrem Partner, der sie unweigerlich immer wieder enttäuscht, ziemlich angewidert. Es ist ihr nahezu unmöglich, Ursache und Wirkung zu erkennen; nämlich dass sie so fest darauf eingestellt ist, ihn als kleinen Jungen zu sehen und zu behandeln, dass sie genau dieses Verhalten bekommt. Je mehr »Mutter« die Frau auslebt, desto mehr »Sohn« erhält sie zurück. Natürlich zieht sie es vor, dieses kindliche Verhalten ausschließlich dem Partner und seiner Unzulänglichkeit anzulasten – als hätte er sich während ihres Zusammenlebens zurückentwickelt, während sie immer reifer wurde. Da sie sich ihrer eigenen eingeschränkten Sichtweise nicht bewusst ist, erkennt sie nicht, dass sie Verantwortung für dieses Problem trägt. Genauso wie ihr Partner, der sich seinen Gefühlen verweigert und sich seines mangelnden Beitrags zur Leidenschaft nicht bewusst ist, ist auch sie sich ihres Beitrags zur emotionalen Abstumpfung in ihrer Beziehung nicht bewusst.

Wie der Mann die Mutter-Frau sieht

Versetzen wir uns einmal in die Lage des Mannes, dessen Liebespartnerin die Mutterrolle übernommen hat. Am Anfang der Beziehung war alles großartig. Sie war aufgeschlossen und sexuell interessiert; sie sah den starken Mann in ihm und war bereit, sich diesem hinzugeben, jedenfalls hin und wieder. Der Mutterpart ihrerseits, den sie gelegentlich einnahm, war willkommen (es bewies ihr Interesse), so wie auch ein bisschen Väterlichkeit seinerseits willkommen war (das bewies sein Interesse). Doch als sie sich auf eine feste Beziehung einlassen, verändert sich alles: Die Partnerin wird viel ernster. Langsam, aber sicher wird sie immer kontrollierender. Und dann ist da noch ihre heimliche Haltung: Alle Männer sind kleine Jungen; oder genauer gesagt: *Er* ist ein kleiner Junge. Vielleicht gesteht sie diese Einstellung offen ein, vielleicht auch nicht. Doch entwickelt *er* allmählich das Gefühl, dass sie ihn auf grundlegende Weise für inkompetent und nicht vertrauenswürdig hält. Vielleicht kann er diese Geringschätzung nicht in Worte fassen, aber er spürt sie deutlich. »Mutter« beobachtet jeden seiner Schritte. »Mutter« will ständig – und mit einem gewissen Misstrauen – ergründen, was in ihm vorgeht. »Mutter« steckt die Nase in seine Angelegenheiten und mischt sich in alles ein. »Mutter« hat ein unheimliches Talent dafür, ihm zu sagen, was er zu tun hat ... und zwar genau in dem Moment, in dem er es sowieso gerade tun wollte.

In den ersten Jahren hat sie sich vielleicht noch auf die Zunge gebissen, aber mit der Zeit übt sie immer offener Kritik. Die Dinge, die er für sie tut, werden kaum registriert und stoßen für gewöhnlich auf wenig Anerkennung, weil der Mutterpart nicht gut darin ist, etwas anzunehmen. Doch alles, was er *nicht* für sie tut oder nicht so, wie es ihren Wünschen entspricht, wird sehr wohl registriert und haarklein auseinandergepflückt. Er hat seine eigene Art, die Dinge zu tun, doch irgendwie wird immer deutlich, dass *ihre* Art die einzig richtige ist – und damit basta (für sie). Außerdem sagt ihre Haltung, dass sie ihm nicht wirklich zutraut, irgendetwas erfolgreich auf die Reihe zu bekommen, oder höchstens, wenn sie ihn ständig dazu antreibt. Das Ganze zermürbt ihn und nimmt ihm die Lust, sich weiterhin Mühe zu geben.

Wenn man einer Frau, die in ihrer Mutterrolle aufgeht, eines seiner Gefühle darbietet, wird sie sich wahrscheinlich mit Feuereifer darauf stürzen und so lange nachbohren, bis sie alles darüber erfahren hat. Mutter ist häufig in Eile. Mutter will dies und jenes wissen, fragt, was los ist, wie man die Sache in Ordnung bringen kann und Ähnliches mehr. Manchmal schnappt sie sich ein Gefühl, stürmt damit wie ein Außenverteidiger übers gesamte Spielfeld und steuert unterwegs alle möglichen Positionen an, die ihm nie in den Sinn gekommen wären. Das bringt ihn auf den Gedanken, es sich zweimal zu überlegen, bevor er ihr wieder ein Gefühl offenbart!

Da »Mutter« einem ständig im Nacken sitzt, entsteht ganz automatisch der Wunsch nach gelegentlichen Freiräumen, nach

Möglichkeiten, hin und wieder nach eigenem Gutdünken, in eigenem Tempo zu handeln, ohne Fragen beantworten oder Kritik ertragen zu müssen (die Sehnsucht nach der »Höhle«, wie man heute zu sagen pflegt). Eine Frau in der Mutterrolle neigt allerdings dazu, dieses Bedürfnis als persönlichen Affront aufzufassen. Sie bringt diese ganzen Opfer für *dich* und du willst nicht mit *ihr* zusammen sein? (In Wahrheit hat der Mutteranteil der Frau schreckliche Angst davor, allein zu sein, weil ihre gesamte Existenz davon abhängt, dass sie für andere wirkt und lebt.)

Sie redet sehr viel über Gefühle, aber einen Großteil der Zeit ist sie selbst emotional abgestumpft. Sie ist für gewöhnlich stark auf den Partner konzentriert, gibt aber wenig von ihrer eigenen Verletzlichkeit preis. Meistens sieht man nur die kontrollierte und kontrollierende Mutter – bis aus heiterem Himmel irgendwo ein Damm bricht und die Mutter von Gefühlen überschwemmt wird, die sie mit sich fortreißen. Nun kann man vielleicht ein einzelnes Gefühl oder auch ein paar Gefühle auffangen, aber wenn eine riesige Flutwelle von Emotionen heranrollt, bleibt einem im Grunde keine andere Wahl, als sich schnellstmöglich in Sicherheit zu bringen.

Mit irgendeinem dieser Themen zu Mutter durchzudringen, ist schwierig, weil sie als Mutter die Rechtschaffenheit in Person ist und daher selbst eine starke Abwehrhaltung einnimmt. Oberflächlich betrachtet erscheint sie relativ offen, und als Frau ist sie vielleicht tatsächlich ein bisschen zugänglicher als der Mann, aber im Grunde ist es mit ihrer Zugänglichkeit nicht weit her (vor allem nicht dem Mann gegenüber). Sie glaubt, sie sei wesentlich präsenter als er, aber er entbehrt ihre leidenschaftliche Präsenz ganz genauso, wie sie nach seiner emotionalen Präsenz hungert. Ganz gleich, von welcher Seite man die Sache betrachtet: Es ist keine sehr aufregende Beziehung. Und weil der Mann nicht weiß, wie er das ändern soll, zieht er sich meistens zurück.

Und dann kommt ein Kind

Am Anfang einer Beziehung bleibt die Mutterrolle vielleicht noch relativ unbemerkt, doch sobald das erste Kind da ist, gibt es oft kein Halten mehr. Bevor die Frau das Baby hatte, verließ Mutter vielleicht noch hin und wieder die Bühne, sodass andere Anteile ihres Frauseins herauskommen und ein bisschen Spaß haben konnten. Jetzt ist sie *wirklich* Mutter und die Mutter-Frau in ihr verlässt die Bühne praktisch überhaupt nicht mehr. Alles, was zur Mutterrolle gehört, nimmt jetzt überdimensionale Ausmaße an.

Mutter im Schlafzimmer

Mit Sex hat Mutter im Grunde nicht viel am Hut. Es dauert lange, bis sie zum Orgasmus kommt. Andere Anteile ihrer weiblichen Natur haben weit mehr Interesse an Sex, aber wenn Mutter die ganze Zeit die Bühne für sich beansprucht, haben sie kaum eine Chance, sich zu zeigen. Und das gilt insbesondere, wenn der Mutterpart so sehr damit beschäftigt ist, sich um tatsächliche Kinder zu kümmern, dass die eigene körperliche Energie nahezu erschöpft ist. Der sexuelle Bereich der Partnerschaft erhält unweigerlich einen geringeren Stellenwert.

Mütter haben Sex nicht zum eigenen Vergnügen. Wenn sie sich trotzdem darauf einlassen, tun sie es für ihren Partner. Eine Frau, die nicht aus eigenem Verlangen mit ihrem Partner schläft, sondern um ihm eine Freude zu machen, entwickelt schließlich Ressentiments und fühlt sich ausgenutzt. Zur sexuellen Intimität einer Partnerschaft gehören zwei Menschen, die sich in ihrem Körper zu Hause fühlen. Und Mutter ist nicht wirklich zu Hause.

Für den Ehemann stellt es ein Problem dar, mit Mutter zu schlafen. Ein Sohn sollte keinen Sex mit seiner Mutter haben. Seine Psyche signalisiert ihm, den Sex gänzlich zu vermeiden oder ihn so schnell wie möglich hinter sich zu bringen.

Sie flüchtet zu Mutter, er in seinen Intellekt

Es gibt viele Parallelen zwischen einer Frau, die sich in ihre Mutterrolle flüchtet, und der Flucht des Mannes in die Rolle des reinen Verstandesmenschen. Auch wenn beide Partner überzeugt sind, sie seien voll präsent, trifft das in Wahrheit auf keinen von beiden zu. Beide sind oberflächlich betrachtet präsent, aber beide verschließen ihr Inneres voreinander und machen ihr fühlendes Selbst unzugänglich für den anderen. Der Mann flüchtet sich in seine Rationalität und die Frau sucht Zuflucht in ihrer Rolle; dort sind beide weitgehend geschützt vor der Erfahrung ihrer Verwundbarkeit. Der Mann hat bestimmte Selbstanteile abgespalten und sich einen Ort gesucht, der ihm mehr Sicherheit bietet, und die Frau tut es ihm gleich. Beide haben die starke Neigung, sich darüber zu definieren, was sie *tun*, und nicht darüber, wer sie innerlich, hinter der Fassade ihrer äußerlichen Darstellung, eigentlich sind.

Wir dürfen nicht vergessen, dass die Position oder Rolle, die der Einzelne übernimmt, anfangs einem durchaus sinnvollen Zweck dient. Die Rollen helfen beiden Partnern, eine Identität innerhalb der Beziehung zu finden und zu besetzen, was am Anfang eine wichtige Aufgabe ist. Die wenigsten Menschen bringen alle Voraussetzungen mit, um auf Anhieb damit zurechtzukommen, dass sie eine dauerhafte Bindung eingegangen sind (nicht einmal beim zweiten Versuch). Eine Identität, die unsere legitimen Bedürfnisse nach Macht und Wirksamkeit unterstützt, trägt dazu bei, dass wir uns angesichts der ungeheuren Größe dieser Erfahrung nicht selbst verlieren oder überwältigt fühlen. Doch ein langfristiges Verharren in diesen Rollen verursacht ernsthafte Beziehungsprobleme. Ein Mann, der in seinem Kopf eingeschlossen ist, und eine Frau, die ganz in ihrer Mutterrolle aufgeht, werden sich in ihrer Beziehung sehr schnell festfahren.

Der Weg nach innen führt ins Freie

Wenn die Mutterrolle oder eine ausschließlich rationale, vernunftbetonte Einstellung in Ihrer Partnerschaft zu viel Raum einnehmen, sollten Sie sich daran erinnern, dass Rollen und Einstellungen, ganz gleich wie tief verankert, nur Gewohnheiten sind – und Gewohnheiten kann man ändern. Der Weg ins Freie, heraus aus den starren Mustern, beginnt damit, dass man den Willen aufbringt, nach innen zu schauen.

Beide Partner müssen zunächst ihre Neigungen, sich selbst auf bestimmte Rollen einzuengen, kritisch hinterfragen. Das ist ein schwieriger Schritt. Auch wenn der Einzelne seine gewählte Rolle oder Einstellung gerade einnimmt, behauptet er möglicherweise trotzdem, alles zu erkennen, was erkannt werden muss. Die Partner können einander Hinweise geben, aber wenn wir in einer Rolle feststecken, ist es schwierig, die Botschaften anderer Menschen (geschweige denn die des Partners) zu hören. Wenn man schon ein oder zwei langfristige Partnerschaften hinter sich hat, muss man nicht erst in eine tiefe Krise hineinschlittern, bevor man die Bereitschaft entwickelt, das eigene Repertoire zu erweitern.

Der schnellste Weg, aus starren Rollen herauszukommen, besteht darin, dass die Partner sich genau in dem Moment, in dem diese Rollen die Kontrolle übernehmen, auf ihre Gefühle einlassen. Sobald Mutter zum Ausdruck bringt, was sie wirklich empfindet, ist sie nicht länger Mutter. Sie hat Zugang zu der Frau gefunden, die sich hinter der Rolle verbirgt. Sobald der Mann seine Gefühle offenbart, ist er nicht mehr in seinen Einstellungen gefangen. So einfach diese Lösung klingt, so schwer ist sie in der Praxis umzusetzen.

Beide – die in der Mutterrolle gefangene Frau und der in seinem Verstand gefangene Mann – haben alle erdenklichen wertvollen, weitreichenden und aufregenden Gefühle unter ihren Schutzschichten. Durchdringt man diese Schichten, stößt man zu dem Ort vor, an dem die Leidenschaft liegt. Darüber zu reden, wie man zu dieser Leidenschaft vorstößt, ist wesentlich leichter, als tatsächlich zu tun, was dazu erforderlich ist – und man muss sich entscheiden, ob man bereit ist, diese Herausforderung anzunehmen.

Teil 3

Der Einfluss
früherer Beziehungen:
Expartner, Kinder und Geld

8 _Unsichtbare Fesseln:_
Leben mit Expartnern

Wenn es im Leben nett und ordentlich zuginge, würde eine rechtskräftige Scheidung alle Bindungen zwischen Expartnern durchtrennen und die Sache wäre ein für allemal ausgestanden. Beide Partner hätten die Möglichkeit, einen neuen Anfang zu machen, ohne Altlasten aus der Vergangenheit. Doch wie wir alle wissen, funktioniert es so leider nicht. Mit der Scheidung löst sich die Verbindung zwischen den Expartnern, die jahrelang zusammengelebt haben, nicht einfach durch einen Federstrich für immer auf. Unsichtbare Fäden der Verbundenheit bleiben häufig weiterhin intakt. Wenn die Partner keine bedeutsame, bewusste Anstrengung unternommen haben, um die Ehe zu beenden (wozu mehr gehört, als die Anwälte den Scheidungskampf ausfechten zu lassen), können unverarbeitete Gefühle noch jahrelang weiterwirken. Es spielt nicht einmal eine Rolle, was das für Gefühle sind: Eine Bindung kann sowohl durch unverarbeitete Feindseligkeit und Wut als auch durch Liebe und Zuneigung aufrechterhalten werden.

In Folgebeziehungen können weiterbestehende Bindungen an den Expartner oder die Expartnerin die neue Partnerschaft zerstören. Warum? Weil es für Mann und Frau unmöglich ist, ihr volles Potenzial zu entfalten, wenn es in einer Ehe oder Beziehung drei oder mehr Akteure gibt. Die übriggebliebenen Bindungen verhindern, dass die Grundlage für eine neue Beziehung gelegt wird. Da diese Bindungen zudem nicht konkret fassbar sind, sind sich Menschen nicht bewusst, wie stark sie immer noch an ihre Expartner gefesselt sind – und wollen es für gewöhnlich auch gar nicht so genau wissen.

Der Partner mit der fortbestehenden Bindung ist sich im Allgemeinen nicht darüber im klaren, dass er sich nicht voll auf die neue Beziehung einlässt. *Doch der neue Partner spürt es immer.* Der neue Partner, der sich hochmotiviert für den Erfolg der neuen Beziehung einsetzt und alles, was geschieht, sehr aufmerksam beobachtet, merkt schnell, ob immer noch ein ungelöstes Band besteht. Früher oder später stellt er den anderen zur Rede und fragt nach den übriggebliebenen Bindungen. Der zur Rede gestellte Partner streitet fast ausnahmslos alles ab, und damit beginnen die Reibereien.

Wenn nichts geschieht, um die Intensität der übriggebliebenen Bindung zu verringern, kommt es immer häufiger zu Auseinandersetzungen in der Folgebeziehung. Im Grunde fängt der neue Partner an, auf eine Lösung zu drängen, verlangt also für gewöhnlich vom anderen, den Kontakt zum Expartner einzuschränken. Dieser weigert sich, das Problem anzuerkennen und etwas an der Situation zu ändern. Die Spannungen nehmen zu: Der Partner, der immer noch an der alten Beziehung hängt, stempelt den anderen als kontrollbesessen und unsicher ab; und der neue Partner wirft dem anderen vor, blind für die bestehenden Verhältnisse zu sein. Dann folgen möglicherweise Machtkämpfe über die Frage, wessen Auffassung »richtig« sei. Die Einzelheiten können variieren, aber eines lässt sich nicht bestreiten – mit einem unsichtbaren Dritten in seiner Mitte kann kein Paar sein Potenzial für echte Intimität ausschöpfen.

Ann und Mike: Festhalten

Ann und Mike sind seit etwa eineinhalb Jahren verheiratet. Im Großen und Ganzen läuft es gut zwischen den beiden, aber es gibt ein hartnäckiges Problem, für das sie keine Lösung finden: Anns fortbestehende Beziehung zu ihrem Exmann Daniel.

Ann und Daniel waren zehn Jahre zusammen. Während dieser Zeit durchliefen sie die üblichen Höhen und Tiefen, aber ihrer Partnerschaft fehlte trotzdem die Leidenschaft, die sich beide ersehnten. Sie fassten es folgendermaßen zusammen: »Eigentlich hatte keiner von uns schuld daran: Die Dinge nahmen einfach ihren Lauf, und irgendwann war es zu Ende.« Die Trennung kündigte sich schon lange vorher an, verlief aber relativ schmerzlos. Beide waren stolz, dass es ihnen gelungen war, nach der Scheidung gute Freunde zu bleiben.

Als Ann von ihrer Absicht sprach, die Freundschaft mit Daniel aufrechtzuerhalten, fand Mike das zwar ein bisschen ungewöhnlich (mit seiner Ex lief es jedenfalls nicht so), aber nicht als besonders bedrohlich für sich. Er nahm an, die Freundschaft würde sich mit der Zeit in Wohlgefallen auflösen. Mike wusste, dass Daniel vom Typ her der »nette Kumpel« war, der gern mit vielen Frauen befreundet blieb; und Mike ging davon aus, dass Daniel mit der Zeit seinen eigenen Weg finden würde.

Es kam anders. Nach einigen Monaten empfand Mike den häufigen Kontakt zwischen Ann und Daniel als störend. »Ich bin ihr neuer Partner«, dachte er, »und bereit, mich voll und ganz auf die Beziehung einzulassen, aber ein Teil von ihr ist immer noch bei ihrem Ex. Wie soll ich mich stärker in diese Ehe einbringen, wenn sie für ihren Teil nicht dazu bereit ist?« Mike forderte Ann immer nachdrücklicher auf, den Kontakt mit Daniel einzuschränken.

Sie weigerte sich. Nach ihrer Meinung beruhte Mikes Einstellung auf einem vorsintflutlichen Platzhirsch-Instinkt, und sie verübelte ihm den Versuch, ihre Freundschaften zu kontrollieren. In einem aufgeklärten Zeitalter, verkündete sie, müsse eine Freundschaft zwischen einer verheirateten Frau und einem alleinstehenden Mann möglich sein. Sie war mit Daniel schon befreundet gewesen, bevor sie Mike kennengelernt hatte, und konnte nicht verstehen, warum sie diese Freundschaft jetzt nicht weiterführen sollte.

Ann und Mike scheinen beide eine vertretbare Position einzunehmen, doch das Problem treibt einen Keil zwischen sie: Für Mike ist sonnenklar, dass Ann immer noch an ihren Ex gebunden ist und nicht loslassen will. Mike hat das Gefühl, dass sie sich nicht rückhaltlos auf ihre neue Beziehung einlässt, und das bereitet ihm Unbehagen.

Ann und Mike haben eine Patt-Situation erreicht. Gibt es etwas, das ihnen nicht bewusst ist, und das ihnen doch helfen könnte, klarer zu sehen? Oder anders ausgedrückt: Was geschieht außerhalb ihrer bewussten Wahrnehmung?

Einfach gute Freunde?

Ein freundschaftliches Verhältnis mit dem Expartner ist ein hehres Ideal. Auf lange Sicht, nachdem man die neue Partnerschaft auf eine solide Basis gestellt hat, kann sich die alte Beziehung tatsächlich in diese Richtung bewegen. Doch der Wunsch, in Freundschaft mit einem Ex verbunden zu bleiben, kann dazu führen, dass die Folgebeziehung nicht ihr volles Potenzial entfaltet. Werfen wir einmal einen kurzen Blick auf die Schattenseiten geschiedener Partner, die nach dem Scheitern ihrer Ehe gute Freunde bleiben wollen.

In unserer Arbeit mit Paaren haben wir oft beobachtet, dass Partner, die nach einer schmerzlichen Scheidung das Bedürfnis haben, sich von nun an als Freunde zu verstehen, häufig eher wie Bruder und Schwester, und nicht wie Mann und Frau zusammengelebt haben. In den Anfangsphasen kann eine Bruder-Schwester-Beziehung durchaus leidenschaftlich sein, doch sie wird relativ schnell schal. Die Partner kommen auf einer geistigen und manchmal auch emotionalen Ebene gut miteinander aus, doch beide scheuen das Risiko tieferer, kraftvollerer Emotionen. Beide Partner betrachten den anderen mit der Zeit in erster Linie als fürsorglichen Geschwisterteil und weniger als Geliebte oder Geliebten.

Das heißt nicht, dass zwischen den beiden keine Liebe besteht, aber es ist eher eine familiäre Art von Liebe als eine Liebe zwischen Mann und Frau. Partner in dieser Art von Beziehung fühlen sich schließlich erstickt; keiner von beiden sieht sich in der Lage, eine reifere männliche oder weibliche Persönlichkeit innerhalb der Partnerschaft zu entwickeln. Sie beklagen vielleicht die mangelnde Leidenschaft zwischen sich (wobei jeder natürlich mit dem Finger auf den anderen deutet, der zu »unreif« ist), aber es fällt ihnen schwer, sich zu trennen, weil die Beziehung grundlegende Sicherheitsbedürfnisse erfüllt, so wie die Ursprungsfamilie in der Kindheit. Innerlich wissen *beide* Partner, dass das, was sie zusammenhält, weniger brennende Leidenschaft als vielmehr der Wunsch nach Sicherheit ist, aber keiner will es zugeben. Anstatt sich selbst eines dieser Gefühle einzugestehen, sind beide am Ende frustriert.

Wenn man einen Menschen gefunden hat, der dieses starke Sicherheitsbedürfnis über Jahre erfüllt, ist es sehr schwer, ihn wieder loszulassen. Tatsächlich wollen sich Bruder und Schwester nicht vollständig voneinander lösen. Wenn sie schließlich erkennen, dass sie an die Grenze dessen gestoßen sind, was sie als Paar erreichen können, mildern sie den Verlust der Trennung ab, indem sie sich vornehmen, Freunde zu bleiben. Auf diese Weise vermeiden beide Partner den vollen Schmerz der Scheidungserfahrung, den vollen Schmerz der Trennung von einem Menschen, der in tiefgreifender Weise einen Familienersatz darstellte.

Indem die Partner die Ehe als Freunde beenden, gehen sie ein geheimes Einverständnis ein: »Keiner trägt Schuld«. Wenn keiner der Partner Schuld trägt, muss keiner die Verantwortung für das Scheitern ihrer gemeinsamen Erfahrung oder für die Schwierigkeiten, die dazu führten, übernehmen. Sie können sich bei der endgültigen Trennung lächelnd zuwinken und sich sagen, dass es so am besten ist. So, wie sie sich in ihrem Zusammenleben vor ihren tieferen Gefühlen versteckt haben, verstecken sie sich auch bei der Trennung davor.

Man kann nicht alles haben

Genau das geschah bei Ann und ihrem Exmann Daniel. Sie führten eine Bruder-Schwester-Ehe. In ihrer Entschlossenheit, als Freunde auseinanderzugehen (wobei sie in geheimem Einverständnis handelten, um Schmerz und Versagensgefühle zu vermeiden), hat keiner das energetische Band zum anderen wirklich gekappt. Für Ann bedeutet dies, dass Daniel immer noch einen gewissen Raum in ihrem Herzen einnimmt; Raum, der für Mike nicht zur Verfügung steht. Für Daniel bedeutet es, dass er noch nicht fähig ist, eine tiefe Bindung zu einer anderen Frau einzugehen.

Was bringt es Ann, an ihrer Verbindung zu Daniel festzuhalten? Wir alle haben Angst davor, Hals über Kopf in die tiefe Vertrautheit mit einem anderen Menschen einzutauchen, und das Festhalten an Bindungen aus der Vergangenheit ist eine Methode, um mit diesen Ängsten umzugehen. Es bietet ein gewisses Maß an Sicherheit. Wenn Ann einen Fuß (oder auch nur einen Zeh) in der alten Beziehung behält, muss sie sich nicht voll und ganz in die neue Partnerschaft einbringen. Das Band zu Daniel lebendig zu halten, bedeutet auch, dass Ann keine volle Verantwortung für ihre Bemühungen in der neuen Ehe übernehmen muss – sie hat immer noch jemanden, auf den sie zurückgreifen kann, wenn es hart auf hart kommt.

Das Problem ist nur, dass Ann mit Daniel als Partner nicht zufrieden war und instinktiv spürte, dass sie einen anderen Mann brauchte, um ihre reifere weibliche Natur zu entwickeln. Sie hat sich für ein Leben mit Mike entschieden, aber jetzt weigert sie sich, sich voll und ganz in diese feste Beziehung einzubringen. Sie will sich nicht vor und nicht zurück bewegen – sie ist entschlossen, das eine zu tun und das andere nicht zu lassen. Doch Mike ist nicht bereit, dieses Spiel länger mitzumachen – und kein Partner, der etwas auf sich hält, würde sich anders verhalten.

Ann will keine Grenzen akzeptieren. Sie weigert sich, eine Wahrheit anzuerkennen, die für alle Menschen gilt, nämlich dass wir in Anbetracht der ganzen Anforderungen, die an unsere Zeit und Aufmerksamkeit gestellt werden, nur eine begrenzte Menge an Energie für andere Menschen aufbringen können. Wenn immer noch Bindungen an Exgeliebte oder -partner bestehen, steht uns *weniger* Energie für einen neuen Partner (und eine neue Familie) zur Verfügung. Wenn weniger Energie für den neuen Partner verfügbar ist, wird es schwieriger, Vertrautheit mit ihm herzustellen. Viele Menschen möchten das nicht wahrhaben und lieber an der Überzeugung festhalten, dass sie alles – das Alte und das Neue – haben können. Im wirklichen Leben stellen diese Leute jedoch für gewöhnlich fest, dass sie zu wenig von der ersehnten Nähe und Vertrautheit bekommen.

Geschiedene Partner müssen beträchtliche Zeit und konzentrierte Anstrengungen darauf verwenden, alle übriggebliebenen Gefühle aus ihrer geschiedenen Ehe zu verarbeiten, bevor sie den Sprung erneut wagen. Finden Sie heraus, wer Sie in ihrer alten Ehe waren, und untersuchen Sie die Rollen, die Sie gespielt haben. Wenn Sie sich zu schnell in eine neue Beziehung stürzen, wie Ann es offensichtlich getan hat, suchen Sie vielleicht insgeheim nach der einfachsten Lösung. Doch für gewöhnlich hat man dafür auf lange Sicht den höheren Preis zu zahlen.

Auch wenn Ann vielleicht lieber glauben möchte, dass sie alles haben kann, wird sie letzten Endes eine Entscheidung treffen müssen. Wenn sie darauf besteht, an Daniel festzuhalten, lässt sie sich nicht voll und ganz auf die Beziehung zu Mike ein. Wenn Sie sich nicht voll und ganz auf diese Partnerschaft einlässt, wird sie am Ende eine Ehe führen, die nichts Halbes und nichts Ganzes ist. Die Wahrheit ist, dass eine Partnerschaft auch ohne solche Probleme kompliziert genug ist. Wenn Ann schon von Anfang an die Verbundenheit zwischen sich und ihrem Ehemann schwächt (um den Kontakt zu einem Expartner aufrechtzuerhalten), so verheißt das nichts Gutes für die neue Beziehung. Früher oder später wird sie eine Wahl treffen müssen.

Kevin und Joy: Aufmerksamkeit schenken

Kevin und Joy sind beide Mitte Dreißig und seit zwei Jahren verheiratet. Sie haben keine Kinder. Kevin ist Mitbegründer eines Start-up-Unternehmens und macht jeden Tag Überstunden. Joy hat das Gefühl, zu wenig Aufmerksamkeit von ihm zu erhalten, was ihre Beziehung belastet. Sie versucht, Verständnis für ihn aufzubringen, aber es gibt ein zusätzliches Problem, das die Situation verschlimmert: Immer wenn Kevins Exfrau, Sally, anruft, lässt Kevin alles stehen und liegen, um mit ihr zu sprechen. Meistens hört er nur zu, aber manchmal bietet er auch seine Hilfe an.

Joy, die nicht als herrschsüchtige Hexe erscheinen will, sieht anfangs darüber hinweg, dass Kevin den Kontakt zu Sally weiterpflegt. Doch als ihr allmählich bewusst wird, wie wenig Aufmerksamkeit sie von ihm erhält, fängt die Sache an, sie zu ärgern. Sie streitet mit Kevin so lange über dieses Thema, bis Sally schließlich seltener anzurufen scheint. Eine Zeitlang entspannte sich die Situation – bis Joy entdeckt, dass Sally Kevin bei der Arbeit statt zu Hause anruft. Joy explodiert und verlangt, dass sie zu einer Paarberatung gehen, um sich mit dem Problem auseinanderzusetzen.

Kevin erklärt, dass es zwar ein Fehler gewesen sei, am Arbeitsplatz mit Sally zu telefonieren, dass er aber Joys ewiges Genörgel über eine Sache, die er selbst relativ unbedeutend findet, leid gewesen sei. Schließlich sei Sally ihm nicht gleichgültig, nur weil sie nicht mehr miteinander verheiratet wären. Sie hätten viele gemeinsame Jahre verbracht, und es gebe eben einige spezielle Angelegenheiten, mit denen nur sie beide vertraut wären. Ihr von Zeit zu Zeit zu helfen, komme ihm völlig natürlich vor.

Aus Kevins Sicht ist Joy unglaublich unsicher geworden. Sie macht eine Mücke zum Elefanten. Er hat ihr lang und breit erläutert, dass die Liebesbeziehung zwischen ihm und Sally endgültig vorbei ist. Er komme jeden Tag erschöpft von der Arbeit, könne aber wegen des dauernden Streits über Sally die wenigen kostbaren Augenblicke der Ruhe und Entspannung nicht genießen.

Joy sagt, wenn Kevin so besorgt wegen seiner knappen Freizeit sei, solle er doch mal darüber nachdenken, Sally weniger Zeit zu widmen. Sie ist überzeugt, dass Sally Hintergedanken hat. Nach außen hin spiele sie zwar die Schüchterne, aber insgeheim genieße sie es, die neue Ehe zu sabotieren und zu beweisen, wie viel Macht sie immer noch über Kevin habe. Und die Tatsache, dass Kevin den fortgesetzten Kontakt zu ihr verheimlichen wollte, zeige, dass die Situation für ihn keineswegs so klar und eindeutig sei, wie er glaube. Sally, behauptet Joy, versuche, ihre Ehe zu untergraben – und habe Erfolg damit. Kevin müsse den Kontakt zu ihr abbrechen.

Kevin empfindet diese Forderungen als völlig überzogenen Angriff auf seine männliche Unabhängigkeit. Joy bringt ihn in eine unmögliche Situation, und wenn er ihr in dieser Frage nachgibt, gibt er etwas von sich selbst auf. Aus seiner Sicht sieht die wahre Lösung des Problems ganz anders aus: Joy muss einfach mehr Selbstbewusstsein entwickeln, damit sie sich nicht länger von einer Frau bedroht fühlt, die keinerlei Bedrohung darstellt.

Was geschieht hier?
Kevin und Joy haben beide ein Stückchen Wahrheit auf ihrer Seite. Kevin hat immer noch alte Bindungen, derer er sich nicht voll bewusst ist. Wenn es anders wäre, würde Sally nicht so regelmäßig anrufen. Wahr ist auch, dass Joy nicht so stark unter dem Problem leiden würde, wenn sie selbstbewusster und nicht so unsicher wäre. Wahrscheinlich wäre die Situation für beide leichter zu ertragen, wenn Kevins berufliche Belastung geringer wäre und beide Partner sich mehr Zeit und Aufmerksamkeit schenken könnten. Doch da das im Moment nicht möglich ist, stellt sich die Frage, was sie in ihrer derzeitigen Situation tun können.

Von welcher Seite man es auch betrachtet, Sally nimmt einen zentralen Platz in der Beziehung von Kevin und Joy ein. Vielleicht gelingt es Kevin letztendlich, ein freundschaftliches Verhältnis zu ihr herzustellen – irgendwann in der Zukunft, wenn er *diese* Ehe mit Joy auf eine solide Grundlage gestellt hat. Doch im Moment hat er zu wenig Zeit, um alles auf einmal zu tun. Er muss eine Wahl treffen – und das bedeutet, dass er etwas opfern muss. Will er mit Joy zusammen sein und das Beste aus dieser Beziehung machen? Oder will er unbedingt an der Verbindung mit seiner Exfrau festhalten und dafür die Möglichkeit, das Beste aus seinem Zusammenleben mit Joy zu machen, opfern (und letztlich vielleicht sogar die Beziehung selbst, wenn die Sache zu weit geht). Er hat bereits festgestellt, dass es nicht funktioniert, wenn er der Frage ausweicht.

Wenn Kevin keine verborgenen Bindungen zu Sally hat, dürfte es nicht allzu schwer sein, den Kontakt abzubrechen. Schließlich war er an dem Entschluss beteiligt, ihre gemeinsame Ehe zu beenden. Wenn er den Kontakt abbricht, wird er sich natürlich Sorgen um Sallys Wohlergehen machen, aber die Wahrheit ist, dass Sally erwachsen ist und ihren eigenen Weg finden wird – vielleicht sogar ein bisschen schneller, wenn sie nicht so stark an Kevin gebunden bleibt. (Wenn sie diese Reife nicht hat, ist dies ihre Chance, es herauszufinden und erwachsen zu werden!) Wenn Kevin doch noch insgeheim an Sally gebunden ist, werden ihm vielleicht einige Dinge klarer, wenn er den Kontakt eine Zeitlang vollständig abbricht. Vielleicht wird ihm zum Beispiel klar, dass es ihm ein Gefühl von Macht gibt, wenn Sally seine Hilfe braucht. Vielleicht erkennt er, dass der Kontakt zu seiner Exfrau ihn davor schützt, sich voll und ganz in seine derzeitige Partnerschaft einbringen zu müssen, was ihn wiederum davor bewahrt, die Verletzlichkeit, die mit einem rückhaltlosen Engagement einhergeht, zu erleben.

Druck von allen Seiten

Die Optionen scheinen klar, doch wie immer im wirklichen Leben gibt es einige Komplikationen. Ein Grund, weshalb Kevin die Verbindung zu Sally nicht einfach abbrechen kann, ist, dass sie gemeinsame Kinder haben. Außerdem muss er Unterhaltszahlungen für Sally und die Kinder leisten. Und ein Jahr später, als das Problem noch immer nicht gelöst ist, kommt das erste gemeinsame Kind von Joy und Kevin zur Welt.

Kevin, Joy und ihr neugeborenes Baby brechen zu einer der großen Lebensreisen auf – zur Elternschaft und einem stärkeren Engagement fürs Familienleben. Wie alle frischgebackenen Eltern stellen sie fest, dass es ungeheuer schwierig ist, all die Zeit und Energie aufzubringen, die sie für sich selbst und ihre neue Familie brauchen. Kevin hatte eigentlich gehofft, seine Arbeitsbelastung mit der Zeit verringern zu können, doch als Vater fühlt er sich jetzt noch wesentlich mehr unter Erfolgsdruck mit seinem neuen Unternehmen. Je mehr Zeit und Energie er in die Arbeit steckt, desto angespannter wird die Situation zu Hause. Zu allem Überfluss versucht er auch noch, seinen Kindern aus erster Ehe ein guter Vater zu sein.

Die Situation, in der Joy und Kevin stecken, erleben wir bei unserer Arbeit häufig: Joy möchte verständnisvoll sein und Kevins Kontakt zu seinen Kindern aus erster Ehe unterstützen. Andererseits hat sie aber auch den Eindruck, dass er sich mehr um seine neue Familie kümmern sollte. Weil sie weiß, dass es unvernünftig ist, zu hohe Forderungen zu stellen, verbirgt sie ihre wahren Gefühle. Doch Gefühle ändern sich nicht, wenn man sie unterdrückt: Sie stauen sich nur unter der Oberfläche an (und führen später zu Problemen).

Zusätzlich zu dem Groll, den Joy empfindet, weil Sally und die Kinder so viel Aufmerksamkeit erhalten, macht ihr auch noch das heikle Thema Geld zu schaffen. Wie alle Frauen, die mit einem geschiedenen Mann zusammenleben und keine engelsgleichen Wesen sind (sondern Menschen aus Fleisch und Blut), ärgert sich Joy darüber, dass Geld aus ihrem Haushalt abgezweigt wird und in den Unterhalt von Exfrau und Kindern fließt. Theoretisch ist ihr klar, dass sie eigentlich von Anfang an wissen musste, auf was sie sich einließ; aber das ändert nichts daran, dass sie sich ärgert. Auch diesen Groll stopft sie in sich hinein.

Kevin fühlt sich unterdessen völlig überfordert: Der Versuch, Vater und Ernährer zweier Familien, aufmerksamer Ehemann und dazu noch erfolgreicher Geschäftsmann zu sein, bringt ihn an die Grenzen seiner Belastbarkeit. Er hat Schuldgefühle gegenüber seinen Kindern aus erster Ehe, weil ihre Familie zerbrochen ist. Er konnte die Augen nicht davor verschließen, dass seine Kinder durch die Scheidung verletzt wurden, und er hat sich geschworen, ihnen der allerbeste Vater zu sein, der er unter diesen Umständen sein kann. Das bedeutete, dass er sich über die Aktivitäten der Kinder auf dem Laufenden halten muss und sich an allen wichtigen Entscheidungen beteiligen will. All das macht einen regelmäßigen Kontakt mit seiner Exfrau notwendig. Joys Forderung, den Kontakt zu Sally einzuschränken, ist ungeheuer frustrierend für ihn, weil das nicht einmal möglich wäre, wenn er wollte.

Anstatt Joy diese ganzen Gefühle zu offenbaren – während sie den Druck verstärkt und ihn (direkt oder indirekt) drängt, den Kontakt zu Sally einzuschränken –, schließt Kevin seine Wagenburg, um sich zu schützen. Joy wusste, in was sie hineingeheiratet hat, und sollte deshalb besser darauf vorbereitet sein, dass er Zeit mit Sally und den Kindern verbringen muss. Sie sollte ihm mehr Verständnis und Akzeptanz entgegenbringen. Ihm ist das alles zu viel. Er möchte einfach, dass Joy endlich Ruhe gibt und den Druck nicht noch zusätzlich verstärkt. Innerlich ist er ziemlich wütend über die Situation und außerdem frustriert, weil er sich machtlos fühlt (er kann einfach nicht alle Forderungen erfüllen).

Obwohl Joy nicht viel über die Sache spricht, weiß Kevin, dass sie sich darüber ärgert, dass so viel Geld an seine erste Familie geht. Wenn er ehrlich wäre, würde er sich eingestehen, dass es ihn auch wütend macht. Er ist wütend über die ganzen Anforderungen, die an ihn gestellt werden. Er ist wütend, weil er nicht weiß, was das »richtige« Verhalten in seiner Situation ist. Er ist wütend, weil er für seine ganzen Bemühungen genauso wenig Anerkennung erhält wie für seine Anstrengungen, ein guter Vater zu sein. Ihn kümmert nicht, was er fühlt – er möchte einfach nur, dass alles einfacher wird. Also stopft er all diese Gefühle in sich hinein – und seine Art des Hineinstopfens besteht darin, sich noch weiter zurückzuziehen. Anstatt mehr über diese Dinge zu erzählen, erzählt er weniger.

Da Kevin sich zurückzieht, bekommt Joy sogar noch weniger Aufmerksamkeit. Sie hat das Gefühl, ganz unten auf der Liste seiner Prioritäten zu stehen. Das verletzt sie und macht sie wütend, aber auch sie neigt dazu, ihre Gefühle in sich hineinzustopfen. Für sie ist ihr Baby das Wichtigste, und sie konzentriert sich in wachsendem Maße auf das Kind, um Erfüllung zu finden. Bald stellt sie fest, dass sie kaum noch sexuelle Gefühle für Kevin aufbringt. Sie zieht sich ebenfalls zurück und verschließt sich ihm gegenüber. Das kränkt ihn, aber auch diese Gefühle stopft er in sich hinein. Bei so vielen unterdrückten Gefühlen geraten die Partner in viele kleine, pingelige Auseinandersetzungen, die sich immer im Kreis zu drehen scheinen. Beide fühlen sich schließlich unzufrieden, und jeder fragt sich, wie der andere so wenig Verständnis aufbringen kann.

Wir haben noch nicht viel über die Sally und die ganzen ambivalenten (und weggestopften) Gefühle auf ihrer Seite gesagt. Aber auch Sally ist wütend – wütend, weil sie als alleinerziehende Mutter lebt, wütend über ihre finanzielle Abhängigkeit und über viele andere Dinge. Ein Teil von Sally hätte tatsächlich nicht übel Lust, Kevins Ehe mit Joy zu sabotieren.

Die Situation von Kevin und Joy ist eindeutig ziemlich festgefahren. Der eine ist überfordert, und die andere fühlt sich emotional ausgehungert. Keiner von beiden erhält genügend Aufmerksamkeit vom anderen. Sie befinden sich in einem Loyalitätskonflikt. Die Nerven liegen blank. Beide sitzen auf einem Pulverfass an Gefühlen, weichen sich aber gegenseitig aus. Viele Akteure sind beteiligt, alle mit unterschiedlichen Motiven und Bedürfnissen. Es könnte leicht passieren, dass sie in Anbetracht der Kompliziertheit des Problems einfach resigniert mit den Achseln zucken oder den Kopf in den Sand stecken. Doch Resignation löst keines der Probleme, und einfach darauf zu hoffen, dass sich alles von allein regelt, *wird nicht funktionieren*. Was sollen sie also tun?

Eine Lösung finden

Paare wie Kevin und Joy befinden sich in einer schwierigen Lage, aber sie können eine Lösung finden, *wenn sie bereit sind, das Notwendige zu tun und Schritt für Schritt vorzugehen*. Erstens brauchen sie mehr Klarheit darüber, wo sie jeweils stehen. Das wird erheblich leichter, wenn sie einen Teil ihrer Gefühle auf die Weise zum Ausdruck bringen, die wir in den vorangehenden Kapiteln beschrieben haben. Nachdem die Gefühle mitgeteilt und angenommen wurden, sieht man immer klarer. (Denken Sie daran: Wenn man zulässt, dass *alle* Gefühle – die positiven *und* die negativen – fließen, führt das zu mehr Energie, Lebendigkeit und letztlich dem Auftauchen positiver Gefühle.) Als Nächstes muss jeder Partner seine wichtigsten Bedürfnisse lokalisieren und äußern. Dann kommt die wichtigste Aufgabe von allen: Die Partner müssen darüber verhandeln, wie möglichst viele Bedürfnisse beider erfüllt werden können. Danach geht es hauptsächlich darum, sich über Vereinbarungen auf dem laufenden zu halten und sich strikt daran zu halten. Werfen wir einen genaueren Blick auf die einzelnen Schritte.

Aufgestaute Gefühle herauslassen

In Situationen wie der von Joy und Kevin stecken die Partner häufig zu viel Energie in den Versuch, herauszufinden, wer »Recht« und wer »Unrecht« hat. Anstatt zu kooperieren, um das Beste aus ihrer Beziehung zu machen, lassen sie sich auf verbale Gefechte über oberflächliche Streitfragen ein oder konkurrieren darum, den anderen auszuschließen. Je angespannter die Beziehung wird, desto empfindlicher reagieren die Partner auf alles, was nur ansatzweise nach Kritik klingt und gehen schon in die Defensive, sobald der andere auch nur den Tonfall verändert oder die Stirn runzelt.

Es ist ungeheuer wichtig, dass die Partner noch in diesem Stadium, bevor die echte Erstarrung einsetzt, Gefühle äußern und aufnehmen. Wir als Therapeuten würden uns in diesem Stadium am liebsten in die Partnerschaften stürzen und beide Partner kräftig schütteln. »Holt euch gefälligst Hilfe!«, möchten wir rufen. »Bleibt nicht zu lange in diesem Zustand!« – »Auch wenn ihr sehr beschäftigt seid – räumt eurer Beziehung Priorität ein!« – »Es wird nur immer schwerer, je länger ihr Euren Gefühlen ausweicht.« – »Niemand hat in dieser Situation Recht oder Unrecht;

ihr habt beide starke Gefühle, und ihr habt beide ein Recht darauf. Wenn dieses Problem ein Minenfeld für euch ist, und ihr Angst habt, es selbst zu bearbeiten, probiert es mit einem Therapeuten (und zwar lieber früher als später, solange man die Sache noch relativ leicht in Ordnung bringen kann).« Oder: »Verschwendet eure kostbare gemeinsame Zeit nicht damit, gegeneinander zu kämpfen anstatt zu kooperieren!«

Wenn Kevin und Joy ihre aufgestauten Gefühle jetzt nicht herauslassen, stellen sie die Weichen dafür, dass es mit ihrer Ehe weiter bergab geht. Zum Beispiel: Wir wissen, dass Menschen, die ihre Gefühle hinunterschlucken, schließlich abstumpfen. Joy als frischgebackene Mutter mit abgestumpften Gefühlen, vergrabenen Ressentiments und keiner Möglichkeit, sie herauszulassen, verschließt sich vor ihrem Ehemann. Wenn sie sich vor ihm verschließt, entwickelt sie eine zu enge Beziehung zu ihrem Kind – und auf lange Sicht wird so auch das Kind unter den Folgen der Situation leiden. Auch Kevin muss auf Joy zugehen, anstatt sich weiterhin hinter einer Mauer zu verstecken, wie es so viele Männer tun. Nur ein Mann, der mutig zu sich selbst steht und mit seinem Denken und Fühlen wirklich präsent ist, kann verhindern, dass er von den scheinbar unersättlichen Forderungen zweier Frauen und Familien verschlungen wird.

Wer zu seinen Gefühlen vorstoßen und lernen will, sie auszudrücken und anzunehmen, muss entweder ein hohes Maß an Entschlossenheit und Engagement aufbringen, um eine neue Sprache zu lernen, oder bereit sein (insbesondere am Anfang), professionelle Hilfe in Anspruch zu nehmen. Wir wissen, dass Paare sich im Allgemeinen gegen professionelle Hilfe sträuben, aber in Situationen wie dieser steht so viel auf dem Spiel, dass es sich lohnt, derlei Widerstände zu überwinden.

Kevin und Joy haben sich glücklicherweise Hilfe gesucht. Nachdem sie einige ihrer wichtigsten Gefühle zum Ausdruck gebracht hatten, wurden beide erheblich ruhiger: Joy hörte mit Erleichterung, dass Kevin wütend über den Druck, die Zahlungen und Verpflichtungen war. Als er seine Gefühle (im Gegensatz zu verbalen Rechtfertigungen) äußerte, fing Joy an, seine Position besser zu verstehen. Als Joy ihre Gefühle (im Gegensatz zu verbalen Angriffen) äußerte, empfing Kevin etwas von der Dringlichkeit ihres Bedürfnisses, eine sichere Grundlage für die neue Familie zu schaffen. Er konnte ihren Schmerz darüber, dass sie sich ausgeschlossen und zurückgesetzt fühlte, aufnehmen und verstehen. Wenn ehrliche Gefühle offengelegt werden, wird die Abwehr schwächer.

Aufgestaute Gefühle herauszulassen ist ein sehr wichtiger Schritt. Die Partner müssen ihr inneres Erleben offenlegen, um zu einem umfassenderen Verständnis davon zu gelangen, wo sie im Verhältnis zueinander stehen. Wenn Gefühle auf beiden Seiten empfangen wurden, entsteht automatisch eine größere Bereitschaft zu verhandeln. *Daraus* ergibt sich die Notwendigkeit, eine Lösung zu finden, was bedeutet, dass man herausfindet, wie die wichtigsten Bedürfnisse erfüllt werden können.

Bedürfnisse lokalisieren und zum Ausdruck bringen

Es ist ein Jammer, dass es nicht leichter ist, tiefere Bedürfnisse zu lokalisieren und auszudrücken – viele Trennungen ließen sich vermeiden, wenn es anders wäre. Genau wie Gefühle müssen auch Bedürfnisse zunächst ausfindig gemacht werden, und das ist eine größere Herausforderung, als den meisten Menschen bewusst ist. Außerdem gibt es das Problem, Bedürfnisse so klar und verständlich auszudrücken, dass man entsprechend handeln kann. Die Partner müssen sich klarmachen, dass es unmöglich ist, alle Bedürfnisse in einer Beziehung zu erfüllen, dass jedoch bei *unausgesprochenen* Bedürfnissen eine hohe Wahrscheinlichkeit – wenn nicht Gewissheit – besteht, dass sie unerfüllt bleiben.

Für Joy ist klar, dass sie mehr Aufmerksamkeit braucht. Sie muss wissen, dass sie Vorrang vor Sally hat und in Entscheidungen über Kevins Kinder miteinbezogen wird. Außerdem liegt es ihr sehr am Herzen, dass Kevin auf lange Sicht sein starkes berufliches Engagement einschränkt.

Kevin dagegen braucht mehr Anerkennung für seine Bemühungen. Er braucht mehr Ruhe vor den familiären Spannungen. Außerdem ist es ihm wichtig, Joys Forderungen bezüglich seines Umgangs mit Sally in gewisser Weise zu begrenzen, weil er fürchtet, dass sie den Druck verstärken und mehr verlangen wird, als er geben kann. Und er hat ein weiteres wichtiges Bedürfnis: Auch er braucht mehr Aufmerksamkeit. Das zu sagen, fällt ihm schwer, aber er schafft es.

Diese Bedürfnisse zu offenbaren, war ein hartes Stück Arbeit und nicht annähernd so einfach, wie es klingt, wenn man sie hier in schriftlicher Form auflistet. Den meisten Menschen fällt es genauso schwer, ihre Bedürfnisse zu äußern, wie ihre Gefühle. Irgendwie denken wir, dass wir nicht »bedürftig« sein sollten, weil Bedürfnisse häufig mit Schwäche oder übertriebener Egozentrik gleichgesetzt werden. Doch in einer Beziehung hat jeder von uns Bedürfnisse – und (leider) jede Menge Erwartungen an irgendwelche unsichtbaren Zauberkräfte, die dazu führen, dass der Partner uns diese Bedürfnisse von den Augen abliest, ohne dass wir sie in Worte fassen müssten.

Wenn die Bedürfnisse einmal aufgedeckt sind, müssen die Partner sich mit den Einzelheiten befassen (was ebenfalls schwieriger ist, als es klingt). Sie müssen sich selbst einige grundlegende Fragen stellen: Was müsste ganz konkret geschehen, damit ihre Bedürfnisse erfüllt werden? Was sind sie bereit aufzugeben, damit dieses Ziel erreicht wird? Anstatt über die Expartnerin zu streiten, müssen sie sich fragen, was sie *miteinander* tun können, damit ihre Ehe besser läuft. Das führt uns zu der Aufgabe, Grenzen festzulegen und Vereinbarungen zu treffen.

Grenzen festlegen und Vereinbarungen treffen
Die Bedürfnisse nach Aufmerksamkeit, Anerkennung und Konfliktfreiheit sind sehr groß und praktisch grenzenlos. Niemand kann sie vollständig erfüllen. Man muss ihnen also offensichtlich gewisse Grenzen setzen. Um das zu erreichen, müssen Joy und Kevin ein bisschen tiefer forschen.

Joy möchte am liebsten, dass Kevin jeglichen Kontakt zu Sally abbricht und diese Zeit stattdessen ihr widmet, aber diese Forderung ist unerfüllbar. Wir drängen sie, ihre Bedürfnisse konkreter einzugrenzen. Was sie im Moment am meisten stört, ist, dass sie aus den Entscheidungen, die Kevin und Sally regelmäßig treffen, ausgeschlossen wird – insbesondere wenn es um Entscheidungen über Kevins Kinder geht. Wenn die Kinder auf Besuch kommen, soll sie sich um die Kinder kümmern und Mutterpflichten übernehmen, wird aber wie eine Außenseiterin behandelt.

Außerdem ärgert es sie, dass sie nicht weiß, wann Kevin Kontakt zu Sally aufnimmt. Darüber möchte sie informiert werden. Genaugenommen möchte sie sogar jedes Mal informiert werden, wenn er Kontakt zu Sally aufnimmt. In diesem Bereich ihres Lebens will sie keine Überraschungen erleben. Sie weiß, dass Kevin diesen Wunsch wahrscheinlich als übertriebene Kontrolle auffassen wird, aber wenn er diese Grenze respektieren würde, wäre sie um vieles glücklicher – egal, welchen Eindruck es macht.

Joys Bedürfnisse sind ganz typisch für Partnerinnen geschiedener Männer. Wenn sich der Kontakt mit der ersten Frau nicht vermeiden lässt, will die zweite Frau wissen, was geschieht, und vorzugsweise im Vorfeld informiert werden. Auch die meisten männlichen Partner möchten über die Kontakte zwischen ihrer Frau und deren erstem Ehemann Bescheid wissen. Das ist weniger eine Frage der Kontrolle als der Höflichkeit. Ob es uns gefällt oder nicht, der neue Partner neigt oft dazu, sich seiner Stellung unsicher zu sein (obwohl der andere seinem ersten Partner den Laufpass gegeben hat). Solche Abmachungen tragen dazu bei, Vertrauen aufzubauen. Wenn es dem Paar gelingt, die Anfangsphasen der Beziehung erfolgreich durchzustehen, tritt diese Art von Konflikten mit der Zeit immer mehr in den Hintergrund.

Bisher hat Joy noch keinen Wunsch geäußert, dem Kevin nicht zustimmen könnte. Jetzt wenden wir uns Kevins Bedürfnissen zu. Er hätte gern völlige Handlungsfreiheit und keinerlei Auseinandersetzungen über seine Kontakte zu Sally – aber das ist nicht möglich. Was ihn am meisten stört, sind die häufigen Streitigkeiten über Sally, die immer dann auszubrechen scheinen, wenn er am wenigsten darauf vorbereitet ist. Er braucht mehr Zeichen der Anerkennung für seine ganzen Bemühungen. Außerdem wünscht er sich mehr Kooperation im Hinblick auf die monatlichen Unterhaltszahlungen.

Als Kevin seine Bedürfnisse etwas klarer zum Ausdruck bringt, taucht nichts auf, dem Joy nicht im Prinzip zustimmen könnte. Doch was soll sie ganz konkret tun? Nie wieder über ihre Gefühle gegenüber Sally sprechen? Das ist unmöglich. Soll sie Kevin einmal pro Stunde loben? Nicht sehr wahrscheinlich. Nie wieder verärgert wegen der Unterhaltszahlungen sein? Auch das nicht. Um zu einer Einigung zu gelangen, müssen die Partner konkrete Bedingungen, das heißt konkrete Grenzen ausarbeiten.

Im Folgenden eine kurze Zusammenfassung der Vereinbarungen, die Joy und Kevin schließlich treffen:

- Kevin wird keinen Kontakt zu Sally aufnehmen, ohne Joy davon zu erzählen; und wenn Sally ihn anruft, wird er die Telefonate anschließend mit Joy besprechen. Bei Entscheidungen hinsichtlich seiner Kinder wird er sich mit Joy beraten.
- Wenn Joy beunruhigt ist und etwas auf dem Herzen hat, das Sally betrifft und das sie gern besprechen möchte, wird sie Kevin rechtzeitig darauf aufmerksam machen und gemeinsam mit ihm einen Termin für ein Gespräch ansetzen, vorzugsweise am Wochenende, wenn mehr Zeit zur Verfügung steht.
- Kevin wird die Initiative ergreifen und sich etwas einfallen lassen, um Joy auf ganz besondere Weise seine Aufmerksamkeit zu schenken, und zwar mindestens alle zwei Wochen.
- Joy wird sich anstrengen, um ihre Anerkennung auf eine Weise auszudrücken, die Kevin wirklich verstehen kann, und zwar mindestens alle vierzehn Tage.
- Als Paar werden sie sich täglich eine Viertelstunde Zeit nehmen, und zwar mindestens fünf Tage in der Woche, um sich mitzuteilen, welche Gefühle sie tagsüber bewegt haben, und um sich ehrlich zu sagen, was sie im Moment füreinander empfinden.

Die Abmachungen lassen sich knapp und bündig zusammenfassen: Er *wird sich ein Stück auf sie zubewegen und* sie *wird ihn dabei unterstützen.* Keine der Vereinbarungen verlangt ein schreckliches Opfer. Beide Partner müssen ein bisschen geben. Beide bekommen mehr von dem, was sie brauchen. Beide fühlen sich stärker, weil sie Grenzen setzen. Beim Geben und Nehmen des Verhandlungsprozesses sind beide zu der Einsicht gelangt, dass jeder Partner, wenn er das Recht haben will, Grenzen in der Ehe zu *setzen*, auch bereit sein muss, Grenzen zu *akzeptieren*. Beide willigen ein, diese Vereinbarung drei Monate lang auszuprobieren und abzuwarten, was geschieht, um dann nötigenfalls erneut zu verhandeln. Bis dahin kehrt etwas Ruhe in ihre Partnerschaft ein, und sie haben die Möglichkeit, mehr Vertrauen und Lebendigkeit in ihre Beziehung zu bringen.

Diese Vereinbarung ist nicht das glückliche Ende all ihrer Probleme, aber sie ist ein Anfang – die Möglichkeit, eine positive Entwicklung in Gang zu setzen, anstatt einen Teufelskreis zu verstärken. Manch einem kommt es vielleicht kalt und unromantisch vor, solche Abmachungen zu treffen. Doch Kevin und Joy sind da ganz anderer Ansicht. Sie sind ungeheuer erleichtert, weil sie jetzt wissen, was von ihnen erwartet wird. Verluste auf beiden Seiten werden durch die Gewinne mehr als aufgewogen.

Die konsequente Umsetzung

Ob man sich an getroffene Vereinbarungen hält, entscheidet über das Gelingen oder Scheitern einer Partnerschaft. Im Anschluss an einen einschneidenden Konflikt – wenn beide Partner noch sehr empfindlich sind – kann ein Verstoß gegen die Abmachungen großen Schaden anrichten, sodass es beim nächsten Mal wesentlich schwieriger wird, das Vertrauen wieder aufzubauen. Das Reizthema kann beide noch für lange Zeit sehr leicht auf die Palme bringen. Wenn die Bedürfnisse beider Partner nicht über einen bedeutungsvollen Zeitraum erfüllt werden, wird sich die seelische Unterernährung fortsetzen. Partner, deren emotionale Bedürfnisse nicht gestillt werden, neigen zu Rückfällen. *Wir können gar nicht genug betonen, wie wichtig es ist, sich gewissenhaft an getroffene Vereinbarungen zu halten.* Grenzverletzungen und gebrochene Abmachungen sind der Treibstoff für Trennungen.

Glücklicherweise besteht bei Problemen mit Expartnern die Tendenz, dass sich die Situation nach einigen Jahren entspannt. Die Anspannungsphase geht viel schneller vorüber, wenn Partner mit »Altbindungen« sich einige Dinge merken. Machen Sie kein Geheimnis aus Ihrem Expartner/Ihrer Expartnerin. Reden Sie offen über alles, was damit zusammenhängt. Vor allem sollten Sie immer daran denken, dass der neue Partner *mehr*, nicht weniger Aufmerksamkeit braucht, ganz gleich wie sich die Situation nach außen darstellt. Auch wenn es Ihnen mitunter gegen den Strich gehen mag, Ihrem neuen Partner die Aufmerksamkeit zu geben, die er oder sie braucht – es ist der schnellste Weg durch die Krise.

9 Stiefelternschaft: Der härteste Job der Welt

Die Bindung zwischen Eltern und Kind ist eine der stärksten überhaupt – stärker, könnte man argumentieren, als das Band zwischen Elternteil und neuem Partner. Wie könnte es auch anders sein? Das Kind ist unser eigen Fleisch und Blut, eine Erweiterung des eigenen Selbst. Dieses Band ist über viele Jahre gewachsen, und jeder angeborene Instinkt begünstigt seine Entwicklung. Die Eltern-Kind-Beziehung hat über Jahre hinweg viele komplexe Bedürfnisse erfüllt – und dann kommt auf einmal dieser Fremde daher: der neue Partner.

Viele Menschen gehen eine neue Partnerschaft ein, ohne auf die kolossale Herausforderung vorbereitet zu sein, Kinder aus einer früheren Ehe in die neue Beziehung zu integrieren. Wenn die Beziehung zwischen dem künftigen Stiefelternteil und dem Kind (oder den Kindern) die ersten Verträglichkeitstests überstanden hat, gehen alle davon aus, dass es auch weiterhin gut laufen wird. Doch nachdem dann etwas Zeit ins Land gegangen ist, tauchen unweigerlich Probleme auf, für deren Bewältigung die neuen Partner schlecht gerüstet sind.

Die Herausforderungen sind klar: Anstatt dass zwei Leute herausfinden müssen, wie sie am besten miteinander auskommen (was schwierig genug sein kann), haben sich hier drei oder mehr Personen zu einigen. Wirft man drei oder mehr Menschen, von denen mindestens einer kein echtes Mitspracherecht hat, zusammen in den großen Kessel des Lebens, kann man sicher sein, dass jede Menge komplizierter Szenarien dabei herauskommen.

Rick und Patricia:
»Ich weiß, was das Beste für meine Tochter ist«

Rick und Patricia sind seit drei Jahren verheiratet. Rick brachte seine fünfjährige Tochter April mit in die Ehe. Patricia war zwar auch schon einmal verheiratet, hat aber keine eigenen Kinder. Rick und seine erste Frau haben sich nach relativer kurzer Zeit getrennt. Damals war April zwei Jahre alt, und seitdem hat Rick das alleinige Sorgerecht für sie. Ein Teil der Geschichte klingt sehr vertraut. Rick ist beruflich sehr stark eingespannt und verbringt zu wenig Zeit mit der Familie. Patricia, die ebenfalls berufstätig ist, hat eine Teilzeitstelle und übernimmt zudem einen Großteil der familiären Pflichten. Die Beziehung leidet unter fehlender Zeit, zu wenig gegenseitiger Aufmerksamkeit, zu wenig Gefühl – und beiderseitiger Erschöpfung. Trotz eines großartigen Starts haben sie angefangen, den anderen für selbstverständlich zu halten. Kurz, es herrschen ideale Voraussetzungen, um Probleme mit der Stiefelternrolle (und praktisch jede andere Art von Eheproblem) auszubrüten. In letzter Zeit streiten Rick und Patricia darüber, wie man am besten mit einem Problem umgehen sollte, das Ricks Tochter betrifft. April, inzwischen acht Jahre alt, hat Schwierigkeiten, nachts durchzuschlafen, und ruft fast jede Nacht aus ihrem Zimmer. Rick geht hinüber und setzt sich zu ihr, bis sie einschläft. Er hat das Gefühl, dass es seine Aufgabe ist, seine Tochter zu trösten, und hält Patricia davon ab, ihrerseits aufzustehen oder sich überhaupt in irgendeiner Form zu beteiligen. Anfangs war Patricia darüber erfreut, dass ihr Mann ein so hingebungsvoller und fürsorglicher Vater ist. Doch in letzter Zeit nimmt sie ihm sein Verhalten übel: Sie wird als Mutter ausgebootet; ihre Meinung ist nicht gefragt. Patricia ist überzeugt, dass April alt genug ist, um die Nacht durchzuschlafen, ohne dass ihr Vater jedes Mal kommt und sich zu ihr setzt, wenn sie ruft. Ihre gemeinsamen Nächte werden gestört, und Patricia ist sich sicher, dass April nur die Aufmerksamkeit ihres Vaters gewinnen will. Rick kontert, dass er seinen Kinderarzt, der ihn seit vielen Jahren in Erziehungsfragen berät, konsultiert habe. Der Arzt hat ihm versichert, dass Aprils Verhalten eine normale, vorübergehende Phase sei und dass es das Beste sei, sich deswegen nicht allzu viele Gedanken zu machen. Patricia erklärt, sie würde gern selbst zu April gehen und versuchen, das Problem auf ihre Weise zu lösen. Rick lehnt das ab. Sie können zu keiner Einigung gelangen, sodass sich die ganze Sache zu einem Riesenproblem entwickelt hat.

Rick ist entschlossen, an seiner Position festzuhalten; April ist seine Tochter, und er weiß, was das Beste für sie ist. Außerdem hat er Bedenken, weil Patricia seiner Ansicht nach dazu neigt, zu streng mit April zu sein. Patricia ist der Meinung, dass sie ein sehr gutes Verhältnis zu April hat. Es kränkt sie, dass ihre Kenntnisse und Ansichten nicht berücksichtigt werden. Anders als Rick hat sie selbst einmal die Tochterrolle eingenommen und weiß einiges, was er und sein Kinderarzt nicht wissen. Rick und Patricia neigen dazu, sich in Streitereien über ihre Erziehungsphilosophien zu verstricken und dabei die eigentlichen Probleme aus den Augen zu verlieren. Wir als Therapeuten versuchen, sie von dem Streit über die »richtige« Lösung dieser Situation (die niemand wirklich kennt) abzulenken und ihre Aufmerksamkeit auf das zu richten, was wirklich zwischen ihnen geschieht.

Wir weisen darauf hin, dass Rick der Familie zu wenig Zeit widmet und dass er, wenn er einmal da ist, seiner Tochter Priorität einzuräumen scheint. Vielleicht ist Patricia eifersüchtig auf die Aufmerksamkeit, die er April schenkt. Anfangs streitet Patricia diese Möglichkeit ab, aber als wir ein wenig an dem Thema arbeiten, räumt sie schließlich ein, dass sie schon etwas eifersüchtig sei. Genaugenommen ärgere sie sich darüber, dass Rick seiner Tochter ein so großes Maß an Aufmerksamkeit und Zuneigung schenke.

Das ist eine typische Abfolge von Reaktionen. Zuerst wollen Stiefeltern nicht offen eingestehen, dass sie sich aus den Zärtlichkeiten zwischen leiblichem Elternteil und Kind ausgeschlossen fühlen. Sie denken, dass sie – als Erwachsene – bereitwillig verzichten können und über kleinliches Konkurrenzdenken erhaben sein müssten. Das Kind ist schließlich nur ein Kind, um dessen Bedürfnisse man sich kümmern muss. Stiefeltern sollten über solchen Eifersuchtsgefühlen stehen. Sie wollen sich diese Gefühle nicht eingestehen, aber das bedeutet nicht, dass sie es nicht als kränkend empfinden, wenn das Kind mehr Aufmerksamkeit bekommt als sie.

Was ist mit Rick? Er spürt Patricias Eifersucht, und er weiß, dass er ihr mehr Aufmerksamkeit schenken sollte. Aber die Anforderungen der Vaterrolle sind schon groß genug, und es ärgert ihn, dass seine Frau noch zusätzliche Ansprüche an ihn stellt. Seiner Ansicht nach sollte sie reifer sein und nicht so bedürftig. Außerdem nimmt er ihr übel, dass er April gegen sie verteidigen muss. Ricks Reaktion ist typisch für einen leiblichen Elternteil. Wenn es zu Auseinandersetzungen über sein Kind kommt, geht er in die Defensive. Er spürt das Bedürfnis seiner Partnerin nach mehr Aufmerksamkeit, will dieses Bedürfnis aber nicht offen angehen. Nach seiner Auffassung sollte seine Frau nicht einmal ansatzweise in Frage stellen, dass er seiner Tochter so viel Aufmerksamkeit wie möglich schenkt. Er fühlt sich gespalten, und das muss irgendwie Patricias Schuld sein, weil sie so anspruchsvoll ist.

Objektiv betrachtet haben beide Partner »Recht«. Der Stiefelternteil muss bereit sein, gelegentlich die zweite Geige zu spielen, und der leibliche Elternteil muss den neuen Partner stärker miteinbeziehen. Doch so, wie die Dinge im Moment liegen, entgeht beiden Partnern das Wesentliche. Anstatt nach innen zu schauen und zu erforschen, wie er sich selbst als Partner in einer Beziehung weiterentwickeln muss, konzentrieren beide ihre Aufmerksamkeit auf April und deren Einschlafproblem. Doch das ist nur der oberflächliche Streitpunkt, die eigentlichen Ursachen des Problems liegen viel tiefer. Nach Ricks Verhalten zu urteilen, hat er seiner Tochter einen viel größeren Platz in seinem Herzen eingeräumt als seiner zweiten Frau – und weiß es nicht.

Welche Konsequenzen das hat, werden wir später noch ausführlich erörtern, doch zunächst wollen wir zum Vergleich den Fall von Joe und Stephanie betrachten.

Joe und Stephanie: »Dein Sohn braucht mehr Disziplin«

Als Joe und Stephanie sich kennenlernten, war Stephanies Sohn Chris dreizehn. Bis auf einige Sommer, die er bei seinem Vater verbracht hatte, lebte Chris neun Jahre lang bei seiner Mutter, die ihn allein erzog. Vor zwei Jahren heiratete Stephanie erneut, und jetzt tauchen in der neuen Ehe Probleme auf, die zu einem nicht unerheblichen Teil mit Chris zu tun haben. Chris, inzwischen fünfzehn, tut sich schwer mit der Schule, was nicht daran liegt, dass es ihm an der nötigen Intelligenz mangelt. Was immer die Gründe sind, er lässt sich einfach treiben, hat kein Ziel und keine Richtung in seinem Leben und hängt mit Leuten herum, die nach Ansicht von Stephanie und Joe keinen guten Einfluss auf ihn haben. So weit sind sie sich einig, aber das ist auch schon das Ende der Gemeinsamkeiten.

Joe möchte, dass Chris zu mehr Ordnung und Disziplin angehalten wird. Chris scheint eine sehr niedrige Toleranzschwelle für Frustrationen zu haben und nach Joes Meinung hängt dies zum Teil damit zusammen, dass Chris nie dazu gezwungen wurde, sich anzustrengen, um eine Aufgabe zu bewältigen. Und er wurde auch nie dazu angehalten, eine einmal angefangene Aufgabe zu Ende zu bringen. Darüber hinaus schreckt Chris vor jeder Situation zurück, die irgendeine Form von offenem Wettbewerb umfasst. Deshalb möchte Joe, dass Chris einen Mannschaftssport betreibt oder zumindest irgendeine Aktivität ausübt, die ihn fordert.

Stephanie hält nichts davon, dass Kinder sich partout auf Wettbewerbssituationen einlassen müssen. Sie möchte, dass Chris sich nach seinen eigenen Maßstäben erfolgreich fühlt, und ist sich sicher, dass er ein Gewinner ist. Sie weiß, dass Chris ein guter, begabter Junge ist, und hat keinen Zweifel daran, dass er aus der Phase, die er jetzt gerade durchläuft, intakt und psychisch stabil hervorgehen wird. Ihrer Ansicht nach neigt Joe eindeutig dazu, Chris gegenüber eine zu harte Linie zu verfolgen. Joes eigener Vater war sehr streng mit ihm, und Stephanie ist ehrlich gesagt nicht der Meinung, dass dieser Erziehungsansatz Joe besonders gut getan hat. Sie hält Joe für ein bisschen verbohrt – jedenfalls was seine antiquierten pädagogischen Ansichten betrifft.

Die Art, wie Stephanie in Bezug auf Chris mit Geld umgeht, ist ein weiteres heißes Eisen. Nach Joes Meinung sollte Chris im Gegenzug für das Geld, das er bekommt, Verantwortung für einige häusliche Pflichten übernehmen. Wenn er mehr ausgeben will, als er bekommt, muss er sich einen Job suchen und lernen, was es bedeutet, für sein Geld zu arbeiten. Auch in diesem Punkt ist Joe der Ansicht, dass Stephanie zu nachgiebig ist. Joe tut das Seine, indem er versucht, konsequent ein festes Taschengeld zu geben, aber hat den Eindruck, dass seine Bemühungen immer wieder zunichte gemacht werden, weil es Chris fast immer gelingt, seine Mutter von seinem eigenen Standpunkt zu überzeugen.

Stephanie räumt ein, dass sie vielleicht ein bisschen zu leicht nachgibt, aber Nein zu sagen fällt ihr schwer. Außerdem ginge es ja nicht um Riesensummen. Sie arbeitet hart, und zwar auch, damit sie ihrem Sohn einige Extras spendieren kann – Extras, die sie selbst von ihren Eltern nicht erhalten hat. Sie möchte es anders machen als ihre Eltern. Wenn sie ganz ehrlich sein soll, ist Joe nicht nur in finanzieller Hinsicht zu knauserig, sondern auch in menschlicher.

Wie Rick und Patricia neigen auch Joe und Stephanie dazu, sich in Auseinandersetzungen über »Kinderfragen« zu verwickeln, anstatt ihre Aufmerksamkeit nach innen zu richten und ihre eigenen Gefühle zu spüren. Stephanie tendiert dazu, Joe als das Problem anzusehen und will nicht wahrhaben, wohin ihr Sohn tatsächlich steuert. Auch Joe konzentriert sich auf die Richtung, die Chris einschlägt (oder nicht einschlägt), anstatt zu erforschen, was in ihm selbst vorgeht (und welche Gefühle es in ihm auslöst, dass Stephanie sich eher mit Chris verbündet als mit ihm). Wir versuchen daher, sie beide von der »Chris-Frage« abzulenken und zu ermutigen, auf das zu schauen, was zwischen ihnen als Paar geschieht.

Joe fährt fort und erklärt, dass Stephanie seiner Ansicht nach zu fürsorglich mit Chris ist, viel zu weich; seine männliche Seite könne sich nicht altersgerecht entfalten. Stephanie fällt es schwer, ruhig zuzuhören – aus ihrer Sicht ist Joe einfach eifersüchtig auf ihre Zuneigung für Chris und deshalb zu streng mit ihm. Ihrer Meinung nach befindet sich Chris in einer prägenden Entwicklungsphase, und sie will sich nicht von ihm entfremden, indem sie zu streng mit ihm ist. Sie wünscht sich, dass Joe ihren Sohn besser akzeptiert, offener ist.

Nachdem Joe und Stephanie ihre Einsichten dargelegt haben, stellen wir fest, dass sie immer noch nicht in ihr eigenes Inneres schauen. Joe will nicht zugeben, dass er sich ausgeschlossen fühlt; er will die Gefühle, die in ihm ausgelöst werden, wenn sein Beitrag vermeintlich untergraben wird, nicht wahrhaben. Stephanie richtet den Großteil ihrer Aufmerksamkeit weiterhin auf Joe, »das Problem«, und ist nicht bereit, genauer zu betrachten, was in ihr selbst vorgeht. Leibliche Eltern haben zum Beispiel häufig starke Schuldgefühle wegen des Schmerzes, den sie dem Kind in der Vergangenheit zugefügt haben, weil durch die Scheidung seine ursprüngliche Familie zerstört wurde. Sie haben das Gefühl, in ihrer Elternrolle versagt zu haben. Anstatt diese Gefühle zuzulassen und sich damit auseinanderzusetzen, schirmen sie sich ab und reagieren überempfindlich bis defensiv, wenn es darum geht, wie sie ihre Kinder erziehen. Sie neigen auch häufig zur Überkompensation, indem sie Verhaltensweisen an den Tag legen, von denen sie insgeheim hoffen, dass sie das Kind für seine Enttäuschung entschädigen. In diesem ungeklärten Gefühlswirrwarr neigen sie dazu, Nachgiebigkeit mit Liebe und Akzeptanz zu verwechseln.

Wenn Partner sich weigern, den Blick nach innen zu richten und die Ursache ihrer Schwierigkeiten zu erforschen, investieren sie fast immer viel Zeit und Energie in den Versuch, sich gegenseitig die Verantwortung für das Problem zuzuschieben. Jeder objektive Beobachter erkennt, dass die ganze Familie davon profitieren würde, wenn sie das Beste, was Joe zu bieten hat, mit dem Besten, was Stephanie zu bieten hat, kombinieren würde. Wenn sie einen Weg fänden, um Joes Forderung nach Grenzen, Disziplin und Verantwortungsbewusstsein mit Stephanies Rezept der Akzeptanz, Großzügigkeit und Unterstützung zu verbinden, könnten Stiefvater und leibliche Mutter am Ende Erziehungsmethoden anwenden, die gute Aussicht auf Erfolg hätten. Doch wenn sie weiterhin ihre Energien gegeneinander einsetzen, besteht wenig Hoffnung auf Veränderung. Außerdem sollte man eine weitere Überlegung berücksichtigen: Wenn es bei den Eltern verborgene Konflikte gibt, neigen Kinder dazu, diese Konflikte in sich selbst zu empfinden und sie in beunruhigender Art und Weise auszuagieren – das sollte ein starkes Motiv für Eltern sein, ihre Probleme so schnell wie möglich aufzuarbeiten.

Ed und Rosemary

Bevor wir zu unserer Analyse kommen, wollen wir kurz ein weiteres Paar betrachten, das Probleme mit der Stiefelternschaft hat: Rosemary und Ed. Rosemary hatte jung geheiratet und zwei Kinder bekommen. Nach der Scheidung lebte sie zehn Jahre lang als alleinerziehende Mutter. Während dieser Zeit hoffte sie immer, die Liebe ihres Lebens zu finden, einen Mann, der auch ihren Kindern ein verantwortungsbewusster und liebevoller Vater sein würde. Schließlich lernte sie Ed kennen, der ebenfalls eine Ehe hinter sich hatte, aber kinderlos war. Ihr Traum schien in Erfüllung zu gehen: Er *war* die Liebe ihres Lebens – und er schien gut mit den Kindern auszukommen. Rosemary war sich sicher, dass ihre Gebete erhört worden waren: Sie hatte einen guten Mann *und* Vater gefunden, der gerade noch rechtzeitig des Weges gekommen war, um ihr bei der Erziehung ihrer pubertierenden Kinder zu helfen. Sie hatte das große Los gezogen!

Sie behielt diese Vorstellung allerdings für sich und teilte sie nicht mit Ed. Nach der Heirat und noch Monate später wartete sie darauf, dass Ed die ersehnte Rolle übernahm und ihr bei der Erziehung der Kinder half. Stattdessen passierte das Gegenteil: Je mehr Zeit verging, desto weniger schien Ed sich für die Kinder zu interessieren. Genaugenommen hielt er sich vollständig aus der Kindererziehung heraus.

Ed hatte keine Einwände gegen Rosemarys Erziehungsstil. Gelegentlich spielte er zur Entspannung mit den Kindern, aber wenn es an die schwierigen Aufgaben ging, wenn Grenzen gesetzt oder eigene Zeit geopfert werden musste, war ihm nicht klar, welchen Beitrag er dazu leisten konnte – oder ob er es überhaupt sollte. Aus seiner Sicht waren es Rosemarys Kinder, und er wollte sich nicht einmischen.

Im Laufe der Zeit wurde Rosemarys Enttäuschung über Eds Weigerung, sich der Familie anzuschließen und die elterliche Verantwortung mit ihr zu teilen, immer größer. Sie brauchte und wünschte sich Hilfe, und das sagte sie Ed. Doch je mehr sie ihn mit ihren Forderungen bedrängte, desto mehr zog Ed sich zurück. Je mehr er sich zurückzog, desto deutlicher traten Rosemarys Wut und Enttäuschung hervor. So begann ein verhängnisvoller Kreislauf, der ihre Ehe in Gefahr brachte.

Wir wollen einen Moment Abstand nehmen und genauer betrachten, was in dieser Situation geschieht: Rosemary hatte eindeutig unrealistische Erwartungen. Ohne Zweifel wäre es ein großes Geschenk gewesen, einen Mann zu finden, der sich mit Engagement, Geschick und ohne Vorbehalte in die Rolle des Ersatzvaters stürzt. In Wahrheit hat Rosemary einen Mann gewählt, der noch nie eigene Kinder hatte. Er hat keine Erfahrung mit der Elternrolle und wahrscheinlich Angst, sie zu übernehmen. Bestenfalls hätte Ed langsame Fortschritte in diesem Bereich gemacht.

Im Moment liegt das größere Problem eindeutig bei Ed. Obwohl er sich jetzt um seine Ehefrau und zwei Kinder kümmern sollte, will er offenbar sein Junggesellenleben in der Familie fortsetzen. Aus Rosemarys Warte übernimmt er die Rolle eines dritten Kindes, und nicht die des Ehemanns und Vaters. Bevor er und Rosemary heirateten, hatte er lange Zeit in seiner Höhle gelebt; ein behaglicherer Ort als das Leben mit zwei Teenagern. Um Fortschritte zu machen und die Rolle des entgegenkommenden Ehemanns und Vaters zu übernehmen, muss er seine Unsicherheit in Bezug auf die Elternrolle wahrnehmen und sich gründlich damit auseinandersetzen. Wenn er sich weigert, seinen Platz als Vater einzunehmen, wird er weiterhin wie der Sohn behandelt werden, den er spielt. Und seine Ehe wird wahrscheinlich nicht von Dauer sein.

Was geschieht in solchen Patchwork-Familien?

Jedes Elternpaar hat verschiedene Meinungen über die Kindererziehung. Jedes Elternpaar muss Methoden erarbeiten, um Kompromisse zum Wohl der Gesamtfamilie zu schließen. Ein Stiefelternteil steht offenkundig vor einer zusätzlichen Hürde: Wenn er auf der Bildfläche erscheint, besteht bereits ein starkes Band zwischen leiblichem Elternteil und Kind. Der leibliche Elternteil hat bereits relativ feste Überzeugungen hinsichtlich der Erziehung des Kindes entwickelt. Die leibliche Mutter oder der leibliche Vater nimmt zudem automatisch eine beschützende oder sogar verteidigende Haltung ein, wenn es um das Verhalten des Kindes geht. Aufgrund des starken, bereits bestehenden Bandes zwischen dem leiblichen Elternteil und dem Kind sind die erwachsenen Partner wesentlich anfälliger dafür, sich in Fragen der Kindererziehung zu entzweien. Wenn Eltern sich uneins sind, arbeiten sie schließlich gegeneinander. Wenn sie gegeneinander arbeiten, leidet nicht nur ihre Paarbeziehung, sondern auch das Kind – aber für das Kind bedeutet dies auch, dass es keine optimalen Bedingungen für eine gesunde Entwicklung und Reifung erhält.

Das Ideal: Ein starkes Band zwischen den Partnern

In den stabilsten Familien besteht die primäre Bindung zwischen den Partnern. Die Stärke der elterlichen Bindung bietet Geborgenheit und einen schützenden Rahmen für die Familie als Ganzes. Für eine bestmögliche Erziehung schließen sich die Partner zusammen, um das Beste, was jeder anzubieten hat, zu kombinieren, und sie sind bereit, Kompromisse einzugehen, um dafür zu sorgen, dass der schützende Rahmen der Erziehung auf einer soliden Grundlage steht. So erhält das Kind die Chance, sich in einer ausgewogenen Umgebung zu entwickeln.

Um diese ideale Umgebung zu schaffen, muss außerdem jeder Partner fähig sein, sich seine Schwächen einzugestehen, und zurücktreten, wenn der andere eine Stärke in diesem Bereich anzubieten hat. Nicht »zurücktreten« im Sinne von abdanken, sondern dahingehend, das Wissen des anderen zuzulassen, wenn es angemessen erscheint. Dieses Ideal zu beschreiben ist eindeutig leichter, als es umzusetzen. Menschen machen Fehler. Doch wenn beide Elternteile bereit sind, sich weiterzuentwickeln und sich bei allen Entscheidungen gegenseitig zu unterstützen, wird schließlich eine stabile Familienumwelt entstehen. Wenn Eltern bereit sind, konsequent und diszipliniert daran zu arbeiten, ihre Verbundenheit zu stärken, indem sie sich selbst voll in die Paarbeziehung einbringen, aufmerksam die Gefühle des anderen erforschen, ihre gegenseitigen Bedürfnisse erfüllen, zur Hingabe an den anderen bereit sind und sich viel Zeit und Aufmerksamkeit schenken, bestehen gute Aussichten, dass in der Familie stabile Verhältnisse entstehen. Doch das ist normalerweise nicht die Ausgangssituation, wenn sich eine Patchwork-Familie bildet.

Die Realität: Ein starkes Band zwischen Elternteil und Kind

Wenn sich eine Patchwork-Familie bildet, ist das Band zwischen leiblichem Elternteil und Kind am Anfang stärker als das Band zwischen den Partnern. Der leibliche Elternteil hat die Tendenz, sich mit seinem Kind zu verbünden, sobald Konflikte auftauchen – was bedeutet, dass die Partnerschaft dazu tendiert, aus dem Gleichgewicht zu geraten. Da der leibliche Elternteil bereits einmal einen Partner verloren hat (häufig unter schmerzlichen Umständen), zögert er möglicherweise, dem neuen Partner (oder überhaupt jemandem) die volle elterliche Verantwortung anzuvertrauen. Nachdem der leibliche Elternteil mehrere Jahre in unmittelbarer Nähe zu dem Kind verbracht hat, wird es ihm mit an Sicherheit grenzender Wahrscheinlichkeit sehr schwer fallen, nicht mehr allein darüber zu bestimmen, was als das Beste für das Kind *angesehen wird*.

Diese Konstellation birgt Probleme, die der leibliche Elternteil für gewöhnlich nicht wahrhaben will. Unter der Oberfläche einer starken Eltern-Kind-Bindung erwartet die Mutter/der Vater häufig unbewusst vom Kind, dass es ein Bedürfnis nach Nähe stillt, eine innere Leere ausfüllt. Solche Eltern überzeugen sich selbst davon, dass das Kind die bedürftigere Person in der Beziehung ist – doch in Wahrheit brauchen sie das Kind sogar noch mehr als umgekehrt. Wenn der Elternteil sein Nähebedürfnis auf das Kind richtet, schafft er damit Distanz zum Partner. Der leibliche Elternteil ist deshalb *umso mehr* darauf angewiesen, dass das Kind sein Bedürfnis nach Nähe erfüllt. Dadurch vergrößert sich die Distanz zum Partner noch weiter.

Wenn wir diesen Prozess weiter verfolgen, wird allmählich klar, wie es um die Aussicht auf eine langfristige Vertrautheit der Partner bestellt ist. Wir erkennen auch, wohin die Familie als Einheit steuert – nämlich in Richtung eines erheblichen Ungleichgewichts.

Bei einem sehr engen Band ist möglicherweise gar kein Raum für *irgendein* Stiefelternteil vorhanden. Wenn dann doch ein neuer Partner auf der Bildfläche erscheint, wird er sich schnell bewusst, dass sich in der Beziehung ein Mangel an Balance anbahnt. Das ist eine sehr heikle Situation. Einerseits ist die Bindung zwischen leiblichem Elternteil und Kind etwas Wunderbares, andererseits lässt die Bindung, wenn sie zu stark ist, nicht genügend Raum für den neuen Partner. Das Ganze wird weiter kompliziert, weil der leibliche Elternteil den Konflikt gar nicht wahrnimmt und keinen Bedarf sieht, etwas an der besonderen Bindung zu seinem Kind zu ändern. Hinzu kommt eine Vielzahl weiterer Probleme: mangelndes Vertrauen, dass der Stiefelternteil sich als Vater/Mutter für das Kind bewähren wird; Schuldgefühle wegen der Verletzungen, die das Kind durch die letzte Trennung erlitten hat, und das Bedürfnis, es für den Schmerz zu entschädigen; ein defensives Verhalten in Bezug darauf, wie der leibliche Elternteil sein Kind erzogen hat; die Erkenntnis, wie langsam sich echtes Vertrauen entwickelt; das Widerstreben, Macht und Kontrolle abzugeben. All das führt dazu, dass der leibliche Elternteil extrem ablehnend – oder vielleicht sollten wir sagen »extrem empfindlich« – auf jeden Versuch des neuen Partners reagiert, sich in die Beziehung zum leiblichen Kind einzumischen.

Diese Dynamik entzieht sich für gewöhnlich der bewussten Wahrnehmung. Doch sogar wenn es gelingt, solche verborgenen Aspekte ans Licht zu bringen, bleibt für den neuen Partner, der sich engagiert in die Elternrolle einbringen will, ein großes Dilemma: Er kann entweder den Status quo akzeptieren; das heißt, er akzeptiert, die zweite Geige zu spielen und in einer Beziehung zu leben, in der sein Partner eine stärkere Bindung an das Kind hat, und trägt die Konsequenzen; oder er protestiert dagegen und zieht den Partner (der sich wahrscheinlich wehren wird) tiefer in eine echte Paarbeziehung hinein und widmet sich der Aufgabe, das partnerschaftliche Band zu stärken. Das bedeutet, ein fest begründetes System herauszufordern und die vielen starken Gefühle zu riskieren, die unweigerlich auftauchen werden, bis sich ein neues Gleichgewicht eingestellt hat – das Gleichgewicht zweier gleichberechtigter Elternteile mit einem Kind. Eine schwierige Situation: wenn der Stiefelternteil die Eltern-Kind-Beziehung in irgendeiner Form in Frage stellt, kann das als egozentrische Einmischung gedeutet werden. Wenn er die Bindung nicht in Frage stellt, kann das letztlich zu einer untragbaren Situation für den neuen Partner (und zu einer gestörten Familie) führen. Zusätzlich sind noch weitere Gratwanderungen zu bewältigen: Am Anfang der Paarbeziehung hat der Stiefelternteil im Grunde nicht das Recht, die Eltern-Kind-Bindung in Frage zu stellen. Dieses Recht muss er sich erst verdienen, indem er beweist, dass er fähig und willens ist, die Elternrolle langfristig zu übernehmen. Doch wenn er damit zu lange wartet, wird keine Paarbeziehung übrigbleiben, die es wert ist, aufrechterhalten zu werden. Wie kann man diese Situation erfolgreich bewältigen und eine Beziehung auf lange Sicht so gestalten, dass sie für alle Beteiligten erfüllend und gewinnbringend ist?

Der entscheidende Schritt beim Vertrauensaufbau

Eine erfolgreiche Bewältigung dieser Situation erfordert, die in der Familie bestehenden Bündnisse neu auszurichten. Die Partner müssen sich auf die Stärkung der Paarbindung konzentrieren und eine Umgebung schaffen, in der das Kind von zwei liebevollen, ausgeglichenen Erwachsenen betreut wird, die im Einklang miteinander stehen, ihre gegenseitigen Bedürfnisse erfüllen und sich nicht an das Kind wenden müssen, um eigene Sehnsüchte zu stillen – die dem Kind damit die Freiheit geben, Kind zu sein. Wie stellen wir das an?

Engagiertes Bemühen und langfristiges Denken
In der neuen Familie sind sehr komplexe Kräfte am Werk, zwischen denen man allzu leicht die Orientierung verliert. Wenn die Partner sich darin verirren, fühlen sie sich am Ende festgefahren und frustriert, ohne genau zu wissen, was eigentlich geschieht. Anstatt zueinander zu finden um sich gemeinsam durch die Probleme zu arbeiten, sind sie am Ende häufig auf Konfrontation ausgerichtet, so wie in unseren Fallbeispielen. Der erste Schritt, mit dieser Situation umzugehen, besteht darin, eine Richtschnur für das erforderliche Vorgehen zu entwickeln. Fassen Sie früh und in gegenseitigem Einverständnis den festen Entschluss, *dass sie gemeinsam daran arbeiten werden, das Band zwischen sich zu stärken.* Bei jedem Konflikt, der wegen der Kinder auftritt, müssen die Partner regelmäßig innehalten, den Blick nach innen

richten und sich selbst kritisch fragen, ob sie aufrichtig an dieser Absicht festhalten. Das ist auch für die Kinder sehr wichtig. Die Verhaltensweisen des Kindes deuten vielleicht nicht immer darauf hin, aber es braucht zwei Elternteile, *die ihre gegenseitigen Nähebedürfnisse erfüllen.* Mehr als alles, was die Eltern sagen, wird ihr Verhalten die Kinder beeinflussen und zum Modell werden, das sie nachahmen, wenn sie später im Leben ihr eigenes Beziehungsverhalten entwickeln. Nach den Beobachtungen, die wir im Laufe der Jahre gemacht haben, leiden Kinder, die mit einer zu starken Bindung an ein einzelnes Elternteil aufwachsen, fast immer unter schwerwiegenden Beziehungsproblemen, wenn sie selbst erwachsen sind. Während der prägenden Jahre der Kindheit ist dieses Problempotenzial vielleicht nicht erkennbar, zeigt sich aber später umso deutlicher und schmerzlicher.

Und noch eines: die konsequente Verfolgung dieser Absichten schafft eine starke Paarbindung für die Zukunft. Eines Tages werden die Kinder aus dem Haus sein, und die Partner werden sich allein gegenüberstehen. Wenn sie ihre Energie darauf verwendet haben, sich mit ihren Kindern gegen den anderen zu verbünden, wird dann nichts mehr übrig sein. Wir wünschten, wir könnten hier eine schnelle und einfache Lösung anbieten, aber die erfolgreiche Veränderung primärer Bindungsausrichtungen (also den Zusammenhalt der Eltern zu stärken und die eigene Partnerschaft zur *primären* Beziehung zu machen) nimmt Jahre in Anspruch. Auf dem Weg dorthin wird es viele kleinere Zusammenstöße, Verletzungen und Ausrutscher und vielleicht sogar ein oder zwei Riesenkräche geben. Die Partner müssen zu einem langfristigen Engagement bereit sein und es sich immer wieder *beweisen.* Diese anstrengende Unternehmung ist nichts für Amateure oder Menschen, die kein Herzblut riskieren wollen.

Gefühle lokalisieren, ausdrücken und empfangen

Nachdem die Partner diesen klaren Vorsatz gefasst haben, müssen sie ihre Gefühle zu allem, was geschieht, immer wieder zum Ausdruck bringen. Wie wir in den vorangehenden Kapiteln dargelegt haben, gelangt man über das Aufspüren von Gefühlen zu Wahrheit und schließlich zu Klarheit. Wenn es zu Konflikten über die Stiefelternschaft kommt, neigen leider beide Partner dazu, sich vor ihren Gefühlen zu verstecken oder sie einfach zu ignorieren. Die daraus entstehende Unzufriedenheit reagieren sie dann in Streitereien über das Kind ab – was bedeutet, dass sie das Kind *benutzen*, weil sie mit sich selbst nicht ins Reine kommen, geschweige denn miteinander.

Leibliche Eltern wollen häufig nicht wahrhaben, wie sehr sie ihr Kind brauchen. Sie möchten sich vor der Wut verbergen, die es in ihnen auslöst, wenn die Bindung zu ihrem Kind bedroht wird. Das Gleiche gilt für die Ressentiments, die sie empfinden, weil sie den Eindruck haben, in zwei Richtungen gezerrt zu werden. Sie haben Angst davor, als Eltern zu versagen, und möchten die Augen vor dieser Angst verschließen. Sie wollen nicht wahrhaben, dass sie befürchten, ihrem Partner könne das Wohl der Kinder nie so sehr am Herzen liegen wie ihnen selbst. Sie wollen sich nicht eingestehen, dass sie generell zu einem abwehrenden Verhalten neigen (und wir alle verteidigen uns, wenn wir befürchten, so gesehen zu werden, wie wir wirklich sind.)

Stiefeltern möchten ihre Gefühle der Bedürftigkeit verbergen. Sie wollen nicht zeigen, welche Gefühle es in ihnen auslöst, wenn sie von ihrem Partner als zweitrangig behandelt werden, oder verleugnen diese Emotionen ganz und gar. Sie wollen nicht wahrhaben, dass sie in Konkurrenz zu diesem viel jüngeren Menschen stehen. Ihnen wird nicht bewusst, dass sie voller Groll sind, weil sie sich ausgeschlossen fühlen. Sie möchten sich vor dem Gefühl der Machtlosigkeit verbergen, das sich einstellt, wenn ihr Wissen oder ihre Kenntnisse über Kindererziehung als unbedeutend oder irrelevant abgetan werden.

Wenn die Partner sich vor dieser Fülle an Gefühlen verbergen, sind sie ausschließlich mit oberflächlichen Problemen beschäftigt und treten auf der Stelle. Die Absicht, ein neues und festes Band zu knüpfen, geht verloren, weil die Partner ihre Energien schließlich gegeneinander einsetzen. Wenn sie vor diesen Gefühlen flüchten, flüchten sie am Ende voreinander, und mit der Beziehung kann es nur bergab gehen. Man braucht viel Mut, um schwierige Gefühle zu lokalisieren, mitzuteilen und zu empfangen, aber die Mühe lohnt sich. Wenn die Partner sich Schritt für Schritt auf ihrem gemeinsamen Weg über ihre Gefühle austauschen, bleiben sie miteinander verbunden.

Die Rolle der Kinder

Wir haben bislang noch nicht viel darüber gesagt, welche Rolle die Kinder in dem Ganzen spielen, und zwar weil die Eltern diejenigen sind, die diese Aufgaben bewältigen müssen. Man sollte allerdings erwähnen, dass das Kind eine gewisse Macht gewinnt, wenn Eltern ihre Energien gegeneinander richten. Dem leiblichen Elternteil fällt es für gewöhnlich schwerer, seinem süßen, unschuldigen Nachwuchs die Fähigkeit zur Manipulation zuzuschreiben. Die Stiefmutter oder der Stiefvater hat damit verständlicherweise weniger Probleme! Die meisten Kinder versuchen nicht absichtlich, die neue Paarbeziehung zu untergraben, doch auf kurze Sicht kann dieser Versuch zu ihren Gunsten ausschlagen: Kinder möchten weiterhin ihre Sonderstellung im Herzen der Eltern behalten, und alles, was diese Stellung bedroht, ist eine Kraft, der sich das Kind widersetzen wird. Eltern, die sich uneins sind, sind zudem wesentlich leichter zu überwältigen als Eltern, die eine gemeinsame Front bilden.

Einige Eltern glauben an den Mythos, dass ihre Kinder ihnen helfen sollten, wenn sie, die Eltern, ihre Bündnisse neu ausrichten – eine Denkart, die darauf zurückgeht, dass man das Kind als Trost und Stütze betrachtet. Wir wiederholen: *Die Veränderung dieser Kräfte ist nicht Aufgabe der Kinder.* Es ist auch nicht ihre Aufgabe, den Eltern diese Arbeit zu erleichtern. Tatsächlich werden die Kinder fast mit Sicherheit ein gewisses schmerzliches Unbehagen empfinden, wenn alte Bindungen sich verändern, weil sie das Gefühl haben, an Macht und Einfluss zu verlieren, aber sie reagieren damit einfach auf ein Muster, das die Eltern eingeführt haben. Wenn die Eltern klar und eindeutig zu ihrer Absicht stehen, werden sich die Kinder in der Mehrzahl der Fälle anpassen und von der Erfahrung profitieren.

Wir wissen, dass es für Kinder sehr hart ist, eine Scheidung und Wiederverheiratung zu erleben. Trotz aller gut gemeinten Botschaften, die sie vom Gegenteil überzeugen sollen, fühlen sie sich in ihrem Innern verantwortlich für das Scheitern der elterlichen Ehe – für den viel zu frühen Einbruch einer harten Realität in ihre Welt. Auch wenn alles dafür spricht, dass die Eltern mit ihrem neuen Leben zufrieden sind (möglicherweise haben sogar beide einen neuen Partner), bleibt der sehnlichste Wunsch der Kinder noch Jahre danach, dass die Eltern sich wieder versöhnen. Einen Stiefelternteil in ihr Herz zu lassen, käme dem Eingeständnis gleich, dass ihr Traum von einer Rückkehr der alten Verhältnisse sich niemals erfüllen wird. Das ist ein Prozess, der in seinem ganz eigenen Tempo verläuft, und sich nicht erzwingen lässt.

Doug und Naomi: Unsere eigene Stiefelterngeschichte

Wir selbst haben alles, was wir hier beschreiben, einmal durchgemacht und noch vieles mehr. Als wir ein Paar wurden, waren Naomis zwei Söhne im Teenageralter. Sie hatten eine sehr starke Bindung zu ihrer Mutter, was sich besonders an der Art zeigte, wie sie in finanziellen Fragen zusammenhielten. Seit der Trennung ihrer Eltern hatten die beiden einige Männer kommen und gehen sehen, die sie mehr oder weniger stark beeinflusst hatten. Als Doug auf der Bildfläche erschien, waren sie nicht sonderlich begeistert von seiner Anwesenheit. In der Anfangsphase unseres Zusammenlebens mischte Doug sich nicht allzu sehr in die Erziehung oder die finanziellen Interaktionen ein, obwohl er seine Zweifel an einigen Dingen hatte. Tatsache ist, dass man nur einen begrenzten Beitrag leisten kann, wenn man nicht in die Familie einheiratet. Erst wenn der Partner sich entschieden hat, auf Dauer zu bleiben, hat er Anspruch darauf, dass seine Stimme ins Gewicht fällt. Es war sicherer für Doug, sich herauszuhalten.

Nachdem wir geheiratet hatten, kam es zu einigen offenen Konfrontationen über das Thema Kindererziehung. Doug hatte zum Beispiel andere finanzielle Wertvorstellungen als Naomi und ihre Söhne, und er fing an, mehr Mitspracherecht in finanziellen Angelegenheiten zu fordern. Das stieß natürlich auf heftigen Widerstand. Naomi lehnte Dougs Einmischung genauso vehement ab wie die Jungen. Anstatt uns diesen Problemen direkt zu stellen, stritten wir regelmäßig über alle möglichen nebensächlichen Themen – es kam zu denselben Konflikten wie in unseren Beispielfällen. Die Tatsache, dass wir Therapeuten sind, bedeutet nicht, dass wir nicht in die gleichen Fallen tappen wie alle anderen! Naomi zückte immer wieder dieselbe Trumpfkarte: »Du kennst meine Kinder nicht so gut wie ich.« Sie fühlte sich in ihrer elterlichen Position zusätzlich bestärkt, weil Doug keine eigenen Kinder hatte, und diese Einschätzung war zum Teil zutreffend. Doug musste vieles lernen. Doch er hatte auch Erfahrungen, die Naomi nicht hatte: Da er zum Beispiel selbst einmal ein männlicher Teenager gewesen war, hatte er einige Kenntnisse, die ihr fehlten. Manchmal wusste sie es tatsächlich am besten, doch bei anderer Gelegenheit war sie blind für das, was bei ihren eigenen Kindern vor sich ging, und Doug konnte die Situation objektiver beurteilen.

Irgendwann ist der Punkt gekommen, an dem Stiefeltern eine Entscheidung treffen müssen: Wollen sie die Aufgabe in Angriff nehmen, die Position eines Ersatzvaters oder einer Ersatzmutter mit allen damit verbundenen Konsequenzen einzunehmen? Diese Entscheidung muss eindeutig am Anfang stehen. Leibliche Eltern müssen wissen, dass der Partner sich auf die Elternrolle festlegt, damit sie allmählich loslassen können. Es dauerte seine Zeit, aber schließlich traf Doug diese Entscheidung.

Irgendwann ist der Punkt gekommen, an dem auch die leiblichen Eltern eine Entscheidung treffen müssen: Wollen sie in ihrer Ehe weiterhin als alleinerziehender Elternteil leben? Oder wollen sie sich wirklich voll und ganz auf die Beziehung einlassen, sich am Partner ausrichten und eine echte Einheit mit ihm bilden? Das würde bedeuten, die Hälfte der Kontrolle über die Kindererziehung abzugeben; und das ist eine schwierige Aufgabe. Einerseits freut sich der leibliche Elternteil über die Unterstützung, andererseits möchte er nicht, dass eine andere Person sich einmischt, wenn es darum geht, was das Richtige für sein Kind (oder seine Kinder) ist.

Nach einigen Ehejahren wurde schließlich klar, dass Naomi sich entscheiden musste, ob sie Doug erlauben wollte, die Rolle eines gleichberechtigten Elternteils zu übernehmen oder nicht. Zu dieser Entscheidung gehörte auch, ihn zu konsultieren, bevor sie ihren Söhnen größere Versprechen machte. Am Anfang bedeutete es auch, bei kleineren Versprechen vorsichtig zu sein. Das stieß bei den Kindern erwartungsgemäß zunächst auf Widerstand. Sie wollten diese Art von Grenzen nicht. Aber ihnen blieb nichts anderes übrig, als Dougs Beitrag zu akzeptieren. Naomi hatte eine Entscheidung getroffen, und ihre Söhne erkannten, dass sie auf alle Fälle dazu stehen würde. Natürlich erforderte diese Entscheidung auch, dass Doug stärker aus seiner Beobachterrolle heraustrat und sich aktiver in der Vaterrolle engagierte. Das hieß, dass er einerseits die Konsequenzen für einige Entscheidungen tragen musste, die sich als nicht optimal erwiesen, aber andererseits auch die beglückenden Seiten der Elternrolle besser ausschöpfen konnte.

Zu einem weiteren entscheidenden Wendepunkt kam es, als die Jungen Probleme mit dem Stiefelternteil auf der anderen Seite hatten – mit der neuen Frau ihres leiblichen Vaters. So wie alle Kinder, die aus ihrer Ursprungsfamilie herausgerissen werden, waren die beiden von dem unbewussten Wunsch motiviert, alle Eindringlinge wieder loszuwerden und die alte Familie wiederherzustellen. Es wurde ein Treffen aller Hauptakteure anberaumt: Vater und Mutter machten den Jungen in Gegenwart des jeweils anderen Elternteils unmissverständlich klar, dass ihre Ehe ein für allemal zu Ende war und sie nie wieder zusammenkommen würden. Es war eine Erklärung des Offensichtlichen, dennoch führte diese unmissverständliche Botschaft dazu, dass nach diesem Tag eine grundlegende Veränderung eintrat. Die Scheidung lag zwar schon lange zurück, aber die Botschaft war vorher nie so klar zum Ausdruck gebracht und empfangen worden.

Inzwischen sind zwölf Jahre vergangen, die Jungen sind erwachsen; und wir können mit ziemlicher Sicherheit davon ausgehen, dass wir die schwierigsten Passagen des Minenfelds Stiefelternschaft heil überstanden haben. Doch wir haben in dieser Zeit auch oft erlebt, dass andere Beziehungen an diesen Problemen scheiterten. Das letzte Paar vom Joe-Stephanie-Typ, das wir kennengelernt haben, hat es zum Beispiel nicht geschafft: Die Partnerin war nicht bereit, die Kontrolle über ihren Sohn aufzugeben, und entschied sich schließlich dafür, ihrem Sohn den Vorrang vor ihrem Partner zu geben. Aus unserer Sicht ein sehr trauriges Ergebnis.

Konzentrieren Sie sich auf Ihre Partnerschaft

Der Bereich Stiefelternschaft und Patchwork-Familien ist äußerst komplex, und es würde den Rahmen dieses Buches sprengen, auf die Vielzahl der damit verbundenen Themen und Probleme einzugehen, wie zum Beispiel das Zusammenspiel mit dem anderen leiblichen Elternteil; Konkurrenz versus Kooperation; Umgang mit feindseligen Stiefkindern; Kämpfe um Macht und Kontrolle; unweigerlich auftretende Konflikte über Erziehungsmethoden in Patchwork-Familien oder Rivalitäten zwischen Stiefgeschwistern. Wir würden dieses Thema auch gern mit einer schönen Schleife zusammenbinden und sechs oder sieben narrensichere Methoden für eine erfolgreiche Stiefelternschaft anbieten – doch nach unserer Erfahrung ist das leider unmöglich.

Aus der Realität der Stiefelternschaft gibt es einige gute und einige schlechte Nachrichten zu vermelden. Die schlechte Nachricht ist, dass es keine dauerhaften Lösungen gibt. Die gute Nachricht ist, dass die Probleme nicht unüberwindlich sind. Um diese

Unternehmung erfolgreich zu bewältigen, müssen die Partner entschlossen sein, nicht locker zu lassen und sich immer wieder aufs Neue zu bemühen. Sie dürfen nicht der Versuchung erliegen, den ganzen empfindlichen Themen auszuweichen, sondern müssen ehrlich bleiben und die Offenheit ihrer Kommunikation bewahren, indem sie sich über ihre gegenseitigen Gefühle ständig auf dem Laufenden halten.

Die Partner müssen sich mit aller Kraft bemühen, eine Einheit zu bilden und als solche aufzutreten. Damit das gelingt, müssen die leiblichen Eltern lernen, einen Schritt zurückzutreten, und die Stiefeltern müssen lernen, einen Schritt nach vorne zu machen. Wir können nur nochmals auf die folgende zentrale und extrem wichtige Tatsache hinweisen: *Probleme mit den Kindern werden fast immer gelöst, wenn die Eltern sich auf ihre Paarbeziehung konzentrieren und darauf achten, dass sie ehrlich, intakt und liebevoll bleibt.* Lassen Sie die Kinder Kinder sein und tun Sie alles, was in Ihrer Macht steht, um sie nicht in die Konflikte hineinzuziehen, die zwischen Ihnen als Partnern bestehen und von Ihnen gelöst werden müssen.

10 Deins, meins, unser: Geldangelegenheiten

Die Vermischung von Geld und Intimität stellt uns immer vor Herausforderungen – und diese Herausforderungen können für beziehungserprobte Partner sogar noch komplizierter sein als für Anfänger. Manche Partner, die sich zum wiederholten Mal binden, machen sich mehr Sorgen als beim ersten Mal, weil sie mehr zu verlieren haben. Andere sorgen sich, weil sie nicht mehr die Jüngsten sind, und Angst haben, im Alter nicht genug zum Leben zu haben. Nicht selten wird die Sache noch komplizierter, weil finanzielle Verpflichtungen oder Ansprüche aus früheren Ehen bestehen.

Mangelndes Vertrauen ist häufig ein Problem. Geschiedene Partner haben mindestens einmal erlebt, wie eine Ehe zerbrochen ist. Zu den umstrittensten, schmerzlichsten und möglicherweise bittersten Aspekten der Trennung gehörten mit hoher Wahrscheinlichkeit Auseinandersetzungen über finanzielle Fragen. Bei diesen Kämpfen traten Selbsterhaltungstrieb und Habgier offen zutage und starrten jedem Partner mit ihrer hässlichen Fratze ins Gesicht. Nach diesen Erfahrungen ist es mit dem blinden Vertrauen meistens nicht mehr weit her.

Dein Geld? Mein Geld? Unser Geld

Wenn sich zwei Menschen für ein gemeinsames Leben entscheiden und eine Beziehung anstreben, in der sich zwei ebenbürtige Individuen gleichberechtigt beteiligen und entfalten können, so können sie es sich nach unserer Erfahrung nicht leisten, ihr Geld getrennt zu halten. Bedeutende Vermögenswerte müssen sich im gemeinsamen Besitz des Paares befinden, und die Partner müssen sich die Verantwortung für alle größeren finanziellen Entscheidungen teilen. Wie soll es realistisch möglich sein, dass sie einander aufrichtig und rückhaltlos vertrauen, wenn sie im Grunde keine gemeinsame Geschichte haben? Die kurze Antwort lautet: Sie müssen sehr hart daran arbeiten!

Uns selbst fiel es am Anfang unserer Ehe jedenfalls alles andere als leicht, diesen Sprung ins kalte Wasser zu wagen und einfach rückhaltlos zu vertrauen. Durch die Beobachtung vieler anderer Partnerschaften bei unserer Arbeit haben wir festgestellt, dass viele Menschen, die diesen Sprung gleich zu Anfang mühelos zu wagen scheinen, einfach ihre wahren Gefühle verbergen. Wir werden später noch ausführlicher auf dieses Thema eingehen.

Es wäre wunderbar, wenn wir eine genaue Landkarte ausbreiten könnten, die Partnern den Weg zur immerwährenden Harmonie in finanziellen Fragen zeigt. Insbesondere, wenn sie schon eine gescheiterte Ehe hinter sich haben. Sicherlich könnten wir eine Reihe von allgemeinen abstrakten Vorschlägen unterbreiten wie: »Haben Sie Vertrauen in Hülle und Fülle, und alles kommt in Ordnung«. Wir könnten auch versuchen, einige Einzelheiten in Bezug auf Budgets und Bilanzen zu behandeln. Doch nach unserer Erfahrung entstehen die schlimmsten Konflikte zum Thema Geld, wenn die Partner nicht offen darüber kommunizieren, was finanziell zwischen ihnen läuft. Sie wollen nicht wahrhaben, dass eine Ehe auch ein Geschäft zwischen zwei Partnern ist, die sich aktiv für einen lebenslangen Verhandlungsprozess über gerechte und hoffentlich profitable gemeinsame Unternehmungen einsetzen müssen.

Um diesen Prozess erfolgreich zu bewältigen, müssen Partner sich – regelmäßig und offen – mit ihren finanziellen Angelegenheiten auseinandersetzen. Das heißt, dass sie bereit sein müssen, ihre Masken fallen zu lassen und ihre wahren Gefühle zum Thema Geld zu offenbaren. Wenn sie ihre Gedanken und Gefühle zum Ausdruck gebracht haben, müssen sie finanzielle Vereinbarungen treffen und so mutig sein, diese Vereinbarungen in

Frage zu stellen, wenn sie nicht mehr nützlich sind. Dazu gehört auch, dass sie klug genug sind, um zu erkennen, dass ein Konflikt über eine finanzielle Frage, der sich hartnäckig hält, immer auf unausgedrückte Gefühle verweist.

All das ist natürlich leichter gesagt als getan. Paare neigen dazu, den Prozess abzubrechen, weil fast jeder die Neigung hat, seine wahren Gefühle zum Thema Geld zu verbergen und offenen Gesprächen darüber auszuweichen. Diese Tendenz wollen wir etwas genauer betrachten, bevor wir uns einigen Fallbeispielen zuwenden.

Das Thema Geld und warum wir unseren Gefühlen zu diesem Thema ausweichen

Worüber gibt ein Paar bereitwilliger Auskunft – über sein Sexualleben oder über sein Jahreseinkommen? Als Therapeuten hören wir für gewöhnlich wesentlich mehr über Sex als über Geld – es sei denn, wir drängen energisch auf Details. Warum ist es so schwer, über Geld zu reden? In unserer Kultur gilt Geld als quantitativer Maßstab persönlicher Macht. Ob es uns gefällt oder nicht, Geld ist damit verbunden, wie wir von anderen wahrgenommen und bewertet werden – und wie wir uns selbst wahrnehmen und bewerten. Es sagt viel darüber aus, wie und wo wir gesellschaftlich stehen.

Manche Menschen würden den Gedanken vorziehen, dass sie über solche profanen materiellen Fragen erhaben sind, doch Menschen, die versuchen, über finanzielle Belange erhaben zu sein, sind häufig auch jene, die Probleme mit Nähe und Intimität haben. Zu einer erfolgreichen, lebendigen Partnerschaft, die beständig und widerstandsfähig ist, gehören zwei Individuen, die mit beiden Beinen auf der Erde stehen und bereit sind, sich mit der Realität des Lebens, das sie führen, auseinanderzusetzen – ob im Hinblick auf Intimität oder Geld.

Geld entlarvt auch die jüngeren, unterentwickelten Anteile beider Partner. Eine Frau, die sich in der Welt erfolgreich allein behauptet, verhält sich wieder wie eine Tochter, die mit ihrem Vater spricht, wenn in ihrer Partnerschaft das Thema Geld zur Sprache kommt. Ein Mann reagiert abwehrend oder unzugänglich – verhält sich wie ein Teenagersohn gegenüber seiner Mutter und nicht wie ein Ehemann seiner Frau gegenüber. Wir haben erlebt, dass Partner sich sogar weigern, mit dem anderen über das Haushaltsbudget zu sprechen, weil sie fürchten, zur Rechenschaft gezogen oder von ihrem Partner gedemütigt zu werden. Der Sammler, der Süchtige, der Träumer, der Ängstliche, der heillose Verschwender und viele weitere selten wahrgenommene innere Persönlichkeiten schimmern durch, wenn das Thema Geld in der Partnerschaft auf den Tisch kommt.

Es ist nicht überraschend, dass Menschen, die bestimmten Anteilen von sich selbst ausweichen, auch Konflikten über Geld ausweichen. Sie wollen nicht wahrhaben, wie kindisch sie immer noch sein können. Keiner der Partner will sich den Gefühlen der Macht und Ohnmacht stellen, die im Zusammenhang mit dem Thema Geld hochkommen. Keiner möchte sich damit auseinandersetzen, dass er zur übertriebenen Kontrolle neigt, oder die Gefühle spüren, die es auslöst, wenn man selbst kontrolliert wird. Die Partner wollen nicht offen zugeben, dass sie ihr Eigeninteresse im Sinn haben und bereit sind, dafür zu kämpfen. Das Problem ist folgendes: Sich zu verstecken, in welcher Form auch immer, kann in einer Liebesbeziehung auf lange Sicht nicht funktionieren. Der Versuch, aktuellen Konflikten über Geld auszuweichen, trägt nur dazu bei, künftige Probleme zu vergrößern.

Wenden wir uns nun einigen Fallbeispielen zu und sehen wir, was wir daraus lernen können.

Mika und Lisa: Getrennte Konten

Mika und Lisa sind seit acht Jahren zusammen. Mika war schon zweimal verheiratet, Lisa einmal. Lisa besaß bei der Heirat sehr wenig Geld, Mika jede Menge. Vor der Eheschließung, als der Himmel voller Geigen hing, haben sie wie viele Frischverliebte wenig darüber gesprochen, wie sie mit dieser Ungleichheit umgehen wollten. Lisa hat zwar ein recht gutes Einkommen, verdient aber trotzdem nicht annähernd so viel wie Mika. Mika hat im Laufe der Jahre ein beträchtliches Kapital in einem Wertpapierbestand angesammelt, von dem er sagt, dass es »ihnen beiden« gehöre, das aber auf seinen Namen läuft. Das Haus, in dem sie leben, ist gemietet.

Als sie das erste Mal zu uns kommen, sehen beide sehr angespannt aus. Wir ahnen, dass sie schon lange nicht mehr miteinander geschlafen haben und möglicherweise noch unter weit schlimmeren Problemen leiden. Lisa sagt, sie habe den Punkt erreicht, an dem sie sich ein eigenes Heim wünsche. Sie sei jetzt im mittleren Alter und brauche einen Ort, an dem sie Wurzeln schlagen könne. Sie wolle sich beim Einrichten ihrer Umgebung vorstellen können, dass sie etwas Dauerhaftes schaffe, etwas, das ein Ausdruck ihrer selbst sei. Das habe sie auch Mika erklärt, und er habe der Idee zugestimmt – im Prinzip.

Lisa berichtet, dass sie sie sich auf dem örtlichen Immobilienmarkt umgesehen hätten. Das Preisniveau sei derzeit sehr hoch und sie fänden kein Haus, auf das sie sich beide einigen könnten. Dann hätten sie überlegt, selbst zu bauen, und nach Bauland gesucht. Diese Suche laufe jetzt seit fast einem Jahr. Ganz gleich, in welche Richtung sie sich wenden, irgendein Hindernis scheint ihnen immer in die Quere zu kommen. Beide fühlen sich extrem frustriert, und beide stellen fest, dass ungelöste Geldfragen die Tendenz haben, auf andere Lebensbereiche überzuspringen. (Wie wir vermutet haben, leidet zum Beispiel ihr Sexleben darunter.)

Mika und Lisa verfügen über die finanziellen Mittel, um dieses große Projekt zu starten, schaffen es aber nicht, ihren Plan in die Tat umzusetzen. Klar wird auch, dass der Grund nicht in einer Angebotsflaute auf dem Häuser- oder Grundstücksmarkt zu suchen ist. Beide Partner sprechen sich für das Projekt aus, aber wir nehmen ein gewisses Widerstreben wahr, über Geld zu reden, und sehen Ungleichheiten bei der Finanzkontrolle. Unter der Oberfläche brodeln zweifellos Gefühle, die nicht herausgelassen werden. Also fordern wir die beiden als Erstes auf, offener über ihre Befindlichkeiten zu sprechen. Warum kommen sie mit ihrem Traum vom eigenen Haus nicht voran?

Mika macht den Anfang und erklärt, Lisa habe seiner Ansicht nach unrealistische Vorstellungen davon, was sie sich leisten könnten. Die einzigen Häuser, für die sie sich wirklich begeistere, lägen zigtausend Dollar über dem Kaufpreis, der ihm vorschwebe. Lisa widerspricht. Sie sei bereit, ihre Vorstellungen anzupassen, wenn er bereit wäre, Nägel mit Köpfen zu machen und eine Wahl zu treffen – er habe so große Angst davor, die falsche Entscheidung zu treffen, dass er überhaupt keine treffen wolle.

Jetzt wird erkennbar, dass beide Partner völlig »außer sich« sind – ihre ganze Aufmerksamkeit nach außen, auf den anderen, und nicht auf sich selbst richten (ein Zustand, der fast immer zu beobachten ist, wenn die Partner in einer Sackgasse stecken). Um uns der Ursache der Schwierigkeiten anzunähern, versuchen wir, ihre Aufmerksamkeit wieder auf einige grundlegende Fragen zu lenken. Was können sie sich leisten, und woher kommt das Geld? Beide Partner fangen an, unbehaglich auf ihren Stühlen hin- und herzurutschen. Wir sind auf dem richtigen Weg.

Wer mehr Geld hat, hat die Macht

Im weiteren Verlauf des Gespräches erfahren wir, dass Lisa kaum eigene Ersparnisse hat. Mika muss die endgültige Entscheidung über das Haus treffen, weil es sein Geld ist. Mit ihren Gehaltsschecks bezahlt sie die Hälfte der Lebenshaltungskosten und deckt die Ausgaben für ihre Kleidung und andere persönliche Bedürfnisse. Mika trägt die andere Hälfte der Lebenshaltungskosten, kauft sich, was er braucht, und hat Geld übrig, das er in ihren »gemeinsamen« Wertpapierbestand steckt. In Bezug auf dieses Kapital, erklärt Lisa, tue er sehr geheimnisvoll, deute aber an, dass der Wert in etwa *vier* Häusern der Preisklasse entspreche, die sie ins Auge gefasst hätten. Sie könnten (wie Mika widerstrebend einräumt) das Anlagevermögen nutzen, um ein Haus zu kaufen; aber erst müsse er die steuerlichen Auswirkungen prüfen (neben anderen Dingen, die zu prüfen seien, und außerdem noch dieses und jenes). Ihm fällt es eindeutig schwer, die Kontrolle über das Geld aufzugeben.

Jetzt wird das Bild klarer. Welche Gefühle löst das Ganze bei Lisa aus? Zunächst erklärt Lisa, sie sei frustriert. Als sie mehr von ihren wahren Gefühlen preisgibt, stößt sie auf Wut. Auch wenn sie stolz auf ihre finanzielle Unabhängigkeit sei, sagt sie, finde sie es doch insgeheim schrecklich, darum kämpfen zu müssen, finanziell mit Mika Schritt zu halten. Sie nimmt es ihm übel, dass er das Geld auf seinen Namen anlegt – aus ihrer Sicht zeigt das einen Mangel an Vertrauen.

Mika ist ziemlich überrascht über Lisas heftige Gefühle. Er sieht sich nicht als denjenigen, der das Geld kontrolliert. Genaugenommen sieht er sich als sehr großzügigen Menschen. Um es mit seinen Worten auszudrücken: Er hat Lisa nie »etwas abgeschlagen«, was sie wirklich brauchte. Er will auch ein gemeinsames Haus – es spielen einfach nur so viele Faktoren hinein, dass er sich noch nicht über die richtige Vorgehensweise im Klaren ist. Er liebt Lisa und möchte, dass ihre Ehe funktioniert.

Halten wir einen Moment inne und werfen wir einen Blick auf das, was wir bislang wissen. Es ist ziemlich klar, dass Mika die Kontrolle hat. Er behauptet, die Wertpapiere seien für sie beide; aber da er sie auf seinen Namen laufen lässt, sprechen seine Taten eine deutlichere Sprache als seine Worte. Wenn er sich weigert, »sein« Geld auf ein gemeinsames Konto zu transferieren, sagt er damit im Grunde, dass er nicht die Absicht hat, diese Kontrolle aufzugeben. Doch erstaunlicherweise ist er sich nicht wirklich bewusst, was sein Verhalten bedeutet. (Wir erleben das relativ häufig: Obwohl für jeden außenstehenden Beobachter sonnenklar ist, was geschieht, ist sich derjenige, der die Macht und Kontrolle ausübt, dessen nicht wirklich bewusst. Doch der andere Partner versteht es immer – und reagiert auf die Botschaft.)

Es ist leicht zu erkennen, wohin Mika und Lisa steuern. Geld ist ein Symbol der Macht, eines der bedeutsamsten in unserer Kultur. Mika bringt seine Macht nicht in die Beziehung ein – was im Grunde bedeutet, dass er sich selbst nicht einbringt. Lisas Wut und Groll sind stetig gewachsen. Und nicht nur das – durch Mikas Festhalten am Geld ist sie automatisch in einer machtlosen, kindlichen Position geblieben. Das löst eine weitere Flutwelle an Gefühlen in Lisa aus, die alle damit zusammenhängen, dass sie nicht als gleichwertig behandelt wird. Kein gleichwertiger Partner in einer Ehe zu sein, ist nicht besonders erfüllend. Und das ist noch nicht alles.

Wer weniger Geld hat, fühlt sich unterschätzt
Wenn Lisa dauerhaft weniger Geld verdient als ihr Partner, der seine Einkünfte für sich behält und sie auf seinen Namen anlegt, entwickelt sie Ressentiments. Ihr Beitrag wird unterbewertet. Sie bringt vielleicht nicht genauso viel Geld in die Beziehung ein, aber sie steuert viele gute Eigenschaften bei, die sich nicht quantitativ messen lassen: ihren Humor, ihre Fürsorge, ihre Feinfühligkeit, ihre Fähigkeit zum Zuhören und vieles mehr. Außerdem kocht sie häufiger als er, kauft die Lebensmittel ein, kümmert sich ums Haus – all das zusätzlich zu der Tatsache, dass sie für die Hälfte der Kosten aufkommt, indem sie einem Beruf nachgeht und genauso hart arbeitet wie er.

Treten wir erneut einen Schritt zurück und betrachten die Situation. Mika behält die Kontrolle über das Geld, und Lisa bleibt ihm gegenüber machtlos, was die Finanzen betrifft. Mika betrachtet das nicht als Problem, weil er die Macht hat – zumindest solange, bis sie das Haus kaufen. In seinen Augen ist alles in schönster Ordnung! Lisa fühlt sich nicht nur machtlos in Geldangelegenheiten, sie hat auch das Gefühl, dass die Beiträge unterschätzt werden, die sie für die Ehe leistet. Immerhin teilt sie alles, was sie besitzt (sowohl ihren inneren als auch äußeren Reichtum) – und er nicht.

Wenn einer der Partner sich in der Beziehung machtlos und

unterschätzt fühlt, kann man sicher sein, dass irgendwo eine Menge starker Gefühle präsent sind. Lisa hat diese Emotionen zu einem Großteil vor sich selbst verborgen; und weil sie sich gegen ihre eigenen Gefühle verschanzt hat, hat sie sich emotional und dann sexuell verschlossen. Diese Reaktionsfolge ist nahezu unvermeidlich. Wenn ein Partner dem anderen Geld vorenthält, fängt der andere an, ihm auch etwas Bedeutsames vorzuenthalten. Sehr häufig handelt es sich dabei um die volle sexuelle Präsenz. Für gewöhnlich geschieht dies nicht in bewusster Absicht, weil unter dem Verlust der Sexualität offenkundig auch diejenige Person leidet, die den Sex vorenthält – was aber nichts daran ändert, dass es geschieht.

Wir erkennen hier allmählich, dass ein Ungleichgewicht der finanziellen Macht die starke Neigung hat, ein unglückseliges Nebenprodukt zu erzeugen: sexuelle Abstumpfung. Das ist für gewöhnlich ein schleichender Prozess. Zunächst schläft man immer seltener miteinander. Orgasmen machen sich rar. Das sexuelle Verlangen schwindet erst bei einem der Partner, früher oder später stumpft dann auch der andere ab, und das Ergebnis ist, dass *beide* sich in einer sexuell ausgedörrten Beziehung wiederfinden, ohne genau zu wissen, wie es dazu kommen konnte. Leider ist dies eine häufige Konsequenz, wenn die finanzielle Macht nicht gleichberechtigt geteilt wird.

Am Ende wird Mika vielleicht feststellen, dass er die finanzielle Kontrolle höher bewertet als eine erfüllte, voll ausgelebte Sexualität mit Lisa. Lachen Sie nicht. Es spricht viel dafür, dass sich viele ältere Menschen in dieser Position wiederfinden, wenn sie ganz ehrlich mit sich sind. Man kann diesem Problem kurzfristig ausweichen, indem man sich einen wesentlich jüngeren Partner sucht, der *für eine gewisse Zeit* die Position eines Minderheitsaktionärs akzeptiert. Doch diese Möglichkeit zieht Mika momentan noch nicht in Betracht.

Vertrauensfragen

Kehren wir zum Thema unausgedrückte Gefühle zurück – diesmal zu denen von Mika. Lisa und Mika haben sich die Kosten nicht immer wie die Bewohner einer WG geteilt. Vor einigen Jahren war Mika es einfach leid, das Geld auf einem gemeinsamen Konto zu verwalten. Lisa kümmerte sich nicht ernsthaft darum, ob das Konto ausgeglichen war, und bewahrte keine Belege auf. Außerdem stellte Mika mit Schrecken fest, wie weit sie die gemeinsamen Kreditkarten überzogen hatte. Sie stritten sich so häufig über die Art, wie Lisa mit Geld umging, dass er einfach aufgab. Als sie sich die Kosten teilten und getrennte Konten einführten, gerieten sie seltener in Streit.

Trotz der beträchtlichen Kapitalanlage fürchtet Mika außerdem, dass sie im Alter zu wenig Rücklagen haben, um ihren Lebensstil aufrechtzuerhalten. Er ist jetzt weit über fünfzig und wird wahrscheinlich nur noch ein paar Jahre so viel Geld verdienen können wie jetzt. Er hat gesehen, wie verschwenderisch Lisa sein kann, und das hat ihm Angst gemacht. Sie hat nie wirklich erkennen lassen, dass sie sich Gedanken über ihre finanzielle Zukunft macht, sodass er die Verantwortung allein tragen musste. Genaugenommen macht ihn das Ganze ebenfalls wütend. Doch anstatt seine tieferen Gefühle aufzudecken, hat er sich zurückgezogen – stumm, ohne zu offenbaren, was tatsächlich in ihm vorgeht. Eine getrennte Buchführung schien die einzige Lösung zu sein – sie war auf alle Fälle leichter durchzuführen, als seine wahren Gefühle hervorzuholen und sich damit auseinanderzusetzen.

Lisa erklärt, Mika sei nicht auf dem neuesten Stand. Sie gibt zu, dass sie früher verschwenderisch war, meint aber, sie habe sich geändert. Wenn sie jetzt darüber nachdenke, sei ein Teil von ihr auch damals schon sehr wütend gewesen – und eigentlich aus denselben Gründen wie heute. Ihr gemeinsames Konto zu überziehen sei ihre Methode gewesen, sich an Mika dafür zu rächen, dass er das Geld kontrollierte und Macht über sie ausübte. Genau wie heute habe sie sich gekränkt und nicht gewürdigt gefühlt, weil er die ganzen nichtfinanziellen Beiträge, die sie leistete, nicht anerkannte. Sich selbst etwas Schönes zu kaufen habe ihr Trost verschafft. Sie habe eingesehen, dass ihre Exzesse von einem unreifen Teil ihrer selbst ausgelöst wurden und vor langer Zeit beschlossen, das nicht wieder geschehen zu lassen. Doch Mika weigere sich, ihr früheres Verhalten zu vergessen und könne es dadurch bequem als Vorwand benutzen, um weiterhin die Kontrolle zu behalten.

Als objektive Beobachter erkennen wir, dass Lisa Verantwortung übernimmt, aber wir hören auch einige Ausflüchte, die sie als Opfer darstellen. Sie hat getan, was sie getan hat, doch vieles hat sie nur »wegen seines Verhaltens« getan (mit anderen Worten: er war schuld an ihrer Handlungsweise). Wir können verlässlich vorhersagen, dass Mika einige der Vorwürfe aufgreifen und sich dagegen verteidigen wird, indem er noch weitere Fehler an Lisa entdeckt – bis sie sich mit gegenseitigen Schuldzuweisungen im Kreis drehen. So dürfte es noch mindestens ein Jahr dauern, bevor sich ihr Traum von einem eigenen Haus erfüllt – falls er sich je erfüllt.

Es stimmt: Wenn jemand die Kontrolle über seine Ausgaben verliert – wie es bei Lisa zu jenem früheren Zeitpunkt der Fall gewesen ist –, kann man sicher sein, dass das Kind im Innern aktiv ist. Doch das liegt mehrere Jahre zurück und ist seitdem nie wieder vorgekommen. Also stellt sich die Frage, wann Mika die Vergangenheit loslassen und der heutigen Lisa vertrauen sollte. Was müsste dazu geschehen? Ist er überhaupt fähig, ihr unter gewissen Voraussetzungen zu vertrauen – oder wird er weiterhin versuchen, alles selbst zu kontrollieren? Aller Wahrscheinlichkeit nach hätte Lisa sogar von Rechts wegen einen Anspruch auf das Geld. Was würde es sie kosten, das herauszufinden? Eine Scheidung?

Zusammenfassend lässt sich sagen, dass diese Beziehung eindeutig feststeckt. Mika hat hinsichtlich der Finanzen eine überlegene Position eingenommen und hält daran fest, indem er das Vermögen allein auf seinen Namen laufen lässt. Er übt eine weitere, subtilere Form von Macht aus, indem er die Vorstellung nicht aufgeben will, dass Lisa nicht voll vertrauenswürdig sei. Lisa vermittelt ihm allerdings immer deutlicher, dass ein Partner, der in einem bestimmten Bereich der Beziehung eine Machtposition einnimmt, dafür in einem anderen Bereich unter den Auswirkungen zu leiden hat. Die Art, wie die beiden mit ihren finanziellen Angelegenheiten umgehen, muss sich grundlegend ändern, wenn sie ihre Beziehung wieder aus der Sackgasse herausholen wollen.

Das Hausprojekt konnte nicht verwirklicht werden, weil beide ihre Gefühle verborgen haben. Sie müssen anfangen, ihr eigenes Inneres zu erforschen, auch wenn niemand weiß, wie dieser Prozess ausgehen wird. Beide müssen damit herausrücken, wie sie den Umgang mit Geld in ihrer Ehe insgeheim empfinden, ihre Bedürfnisse äußern und mehr Klarheit gewinnen. Damit diese Beziehung sich weiterentwickeln kann, müssen beide Partner sich selbst gegenüber ehrlicher werden.

Mika muss sich bewusster werden, wie er an Macht und Kontrolle festhält. Er muss seine Selbstwahrnehmung verändern – einige Abstriche an seinem bevorzugten Selbstbild (vorsichtig, aber großzügig) machen und einige Wahrheiten erkennen (er hortet seine Macht). Dann muss er untersuchen, was sich dahinter verbirgt. Er muss seine finanziellen Ängste erforschen und sie offenbaren. Vielleicht fürchtet er, sich selbst zu verlieren, wenn er das Geld teilt (was die Frage aufwirft, wie sein wahres Selbst aussieht). Er muss sich eingestehen, dass die Art, wie Lisa mit Geld umgegangen ist, Wut und Enttäuschung in ihm ausgelöst haben. Er muss sich dazu äußern, welche konkreten Verhaltensweisen ihn dazu veranlassen könnten, seine Kontrolle zu lockern.

Lisa für ihren Teil muss stärker zum Ausdruck bringen, dass Mikas Kontrolle in finanziellen Angelegenheiten sie wütend macht und ihr das Gefühl gibt, ihm gegenüber machtlos zu sein. Sie muss sich eingestehen, wie enttäuscht sie darüber ist, mit einem derart kontrollsüchtigen Partner zusammen zu sein. Sie muss erkennen, dass sie in gewisser Weise die Position eines

Kindes eingenommen hat: Wenn sie mit fünfzig Jahren ohne eigene Ersparnisse dasteht, dann ist das nicht die Haltung einer Erwachsenen. Sie hat sich in eine Lage gebracht, in der sie immer noch eine Vaterfigur braucht, um zu bekommen, was sie sich wünscht. Sie muss ihre Gefühle der Machtlosigkeit und Unsicherheit gegenüber Männern genauer untersuchen und erforschen, warum sie es so lange vermieden hat, Mika dafür zur Rede zu stellen, dass er Vermögenswerte anhäuft und sie allein auf seinen Namen laufen lässt. Sie muss erkennen, dass er sich wahrscheinlich nicht ändern wird, wenn sie nicht den Anstoß gibt.

Welches Ziel können sie von hier aus ansteuern?
Mika und Lisa müssen sich gemeinsam bemühen, alte Ressentiments zu klären, und dann einen Plan dafür aufstellen, wie sie weiter vorgehen wollen. Was wollen sie in Bezug auf den Wertpapierbestand unternehmen? Welche Vereinbarungen können sie treffen, um das gemeinsame Einkommen gerechter zu teilen? Wenn einige dieser Themen offen auf dem Tisch liegen und die beiden sich einigen, den Traum vom eigenen Haus weiter zu verfolgen, müssen sie ernsthaft darüber zu reden beginnen, wie viel sie ausgeben können, wo die Prioritäten liegen und wo Opfer gebracht werden müssen. Dann kommen die pragmatischen Entscheidungen über steuerliche Auswirkungen, Kredite, monatliche Kosten und so weiter. All das wird ein Geben und Nehmen von beiden Seiten erfordern, aber wenn beide – aufrichtig – um den Erfolg kämpfen, wird sich irgendwann eine Lösung abzeichnen.

Wenn Mika und Lisa nicht bereit sind, sich umgehend mit ihren wahren Gefühlen rund ums Geld auseinanderzusetzen, können wir ihnen aufgrund unserer Beobachtungen versichern, dass Anwälte und Scheidungsrichter ihnen später ganz wunderbar dabei helfen werden, mit ihren wahren Gefühle im Hinblick auf finanzielle Fragen herauszurücken! (Anschließend können ihre Scheidungsanwälte dann losziehen und sich von dem Honorar ein paar Häuser kaufen.)

Im Moment stehen die Dinge so, dass Mika und Lisa sich dafür entschieden haben, dem Ganzen aus dem Weg zu gehen, indem sie weiterhin getrennte Konten behalten. Durch getrennte Konten kann man den mit Geld verbundenen Gefühlen eine Zeitlang ausweichen, doch in einer Ehe, die aus zwei gleichberechtigten Partnern bestehen sollte, ist das eher ein Kopf-in-den-Sand-Stecken. »Wir behalten jeder unser eigenes Konto. Dann können wir so tun, als würde das Geld zwischen uns keine Rolle spielen« bedeutet in Wahrheit: lass uns die Augen vor dem Problem verschließen, damit wir so tun können, als hätten wir kein Problem. Der Haken dabei ist, dass finanzielle Fragen von grundlegender Bedeutung für jede Partnerschaft sind und nicht einfach verschwinden, nur weil man sie ignoriert.

Jim und Marcy: »Das Geld ist für meinen Sohn«

Jim und Mary sind ebenfalls ein Paar in mittleren Jahren, für beide ist es die zweite Ehe. Sie sind seit einem Jahr verheiratet und genießen ihre Sexualität in vollen Zügen. Beide verdienen etwa gleich viel und sind bereit, ihr Einkommen in einen gemeinsamen Topf zu werfen. Sie teilen sich ein Haus und halten sich an einen gemeinsam verabschiedeten Haushaltsplan. Im normalen Alltag verstehen sie sich in finanzieller Hinsicht eigentlich sehr gut.

Um ihr Problem zu verstehen, müssen wir in ihre Umwerbungszeit zurückkehren, die ziemlich lange währte. Als sie sich kennenlernten, besaß Jim mehr Vermögen als Marcy. Er war von Natur aus ein großzügiger Mensch, und da Marcy auch ein bisschen auf die hohe Kante gelegt hatte, schien Geld kein größeres Problem zu sein. Das Problem war Jims Widerstand gegen die Heirat.

Er druckste lange Zeit herum, doch schließlich rückte er damit heraus, dass er gegen eine Ehe sei, weil das eine Zusammenlegung ihrer Vermögenswerte bedeuten würde. Marcy hatte vier erwachsene Kinder, und Jim fühlte sich keinem davon besonders nahe. Er selbst hatte einen Sohn. Da er das alleinige Sorgerecht für ihn gehabt hatte, fühlte er sich ihm sehr verbunden und wünschte natürlich nur das Beste für ihn. Er wollte Marcy gern heiraten, wusste aber, dass er sich damit vier neue potenzielle Erben für sein Vermögen einhandeln würde. Er hatte nichts dagegen, sein Geld mit Marcy zu teilen – aber was war, wenn er als Erster starb? Sein Sohn würde nur ein Fünftel der Erbmasse erhalten und möglicherweise noch nicht einmal das. (Wenn Familien beschließen, sich über das Erbe zu streiten, können die seltsamsten Dinge geschehen.)

Marcy reagierte gekränkt. Immerhin waren ihre Kinder eine Erweiterung ihrer selbst. Wenn Jim ihre Kinder ablehnte, war das so ähnlich, als würde er sie ablehnen. Seine Haltung verletzte sie, aber er blieb bei seiner Meinung.

Der Wunsch zu heiraten erwies sich schließlich als stärker als dieses Problem; aber bis es so weit war, gingen noch einige Jahre »Verlobungszeit« ins Land. Während dieser Zeit sprach Marcy nicht oft über das Thema Geld, obwohl sie weiterhin das Gefühl hatte, Jim nicht so wichtig zu sein wie sein Sohn. Doch da sie heiraten wollte, schob sie diese Gefühle beiseite, auch wenn sie innerlich verletzt und wütend war. Auch Jim war immer noch wütend, weil er fand, dass Marcy kein Recht hatte, auch nur in Frage zu stellen, dass er seinen Sohn so unterstützen wollte, wie er es für richtig hielt. Wenn sie sich eine bessere Absicherung für ihre Kinder wünschte, hätte sie in einer früheren Phase ihres Lebens dafür Sorge tragen müssen. Er sah nicht ein, dass er und damit sein Sohn Nachteile in Kauf nehmen sollten, weil er auf seine Weise vorgesorgt hatte.

Da bei den wenigen Gelegenheiten, bei denen sie das Thema streiften, so viele heikle Gefühle auftauchten, waren sie das tiefer liegende Problem nie offen angegangen. Deshalb lauerte es immer noch unter der Oberfläche. Jims Vermögen (einschließlich des Hauses, in dem sie lebten) blieb offiziell in seinem Besitz, und beide Partner sprachen nicht mehr über die Situation.

Dieses finanzielle Problem ist bei Partnern, die zum wiederholten Mal verheiratet sind, sehr weit verbreitet, aber auch hier gilt wieder, dass es leider kein Patentrezept für eine erfolgreiche Bewältigung gibt. Einerseits ist Jims Sorge um die Absicherung seines Sohnes eine noble Haltung, die aus dem tiefen Wunsch oder nahezu Ur-Instinkt erwächst, für die eigenen Kinder zu sorgen. Andererseits ist seine Bindung an Marcy gleichbedeutend mit dem Versprechen, sich voll und ganz in diese Beziehung einzubringen und loyal zu ihr zu stehen. Jim möchte gern glauben, dass beides geht – dass er sowohl Marcy als auch seinem Sohn gegenüber loyal sein kann. Doch in Marcys Augen sprechen Taten mehr als Worte. Solange Jim nichts an der bestehenden Situation ändert, gilt seine vorrangige Loyalität nachweislich seinem Sohn.

Wie immer diese Situation ausgehen mag, irgendeinen Preis wird sie fordern. Wenn Jim sich voll zu Marcy bekennt (das heißt, sowohl sein Herz als auch sein Geld einbringt), wird er einen Teil der Kontrolle über sein Vermögen aufgeben müssen. Wenn er die volle Kontrolle behält, kommt das im Grunde der Entscheidung gleich, der finanziellen Absicherung seines Sohnes Vorrang vor dem rückhaltlosen Bekenntnis zu Marcy einzuräumen. Ist ein Partner nicht bereit, sich voll und ganz in die Beziehung einzubringen, wird, wie wir bereits gesehen haben, der andere schließlich ebenfalls einen Teil seiner selbst zurückhalten. Wenn Jim nicht bereit ist, sich finanziell voll zu engagieren, wird Marcy irgendwann nicht mehr bereit sein, sich emotional voll zu engagieren. Verweigerung führt zu Verweigerung führt zu Distanz führt zu Zurückweichen führt zu Kälte führt zu seelischer Unterernährung führt zu Partnern, die ihre innere Lebendigkeit verlieren.

Vielleicht lässt sich ein für beide Seiten befriedigender Kompromiss finden, aber das kann nur geschehen, wenn die Partner das Problem offen zur Sprache bringen und ihm nicht länger ausweichen. Im Moment sieht es danach aus, als versuchten beide, sich davor zu drücken, irgendeinen Preis zu zahlen, indem sie das Thema totschweigen. Wir sagen voraus, dass das auf lange Sicht nicht funktionieren wird. Sie mögen zwar entschieden haben, nicht über das Problem zu reden, aber sie beobachten einander argwöhnisch.

Paare, die es vermeiden, sich offen mit Geldproblemen auseinanderzusetzen, werden unweigerlich merken, dass sich die diesbezüglichen Gefühle in anderen Bereichen ihres Lebens auswirken. Wie wir in unserem früheren Beispiel gesehen haben, ist eine Beeinträchtigung der Sexualität eine häufige Folge. Bis jetzt ist das bei Jim und Marcy noch nicht geschehen, doch wir würden ihnen raten, in dieser Hinsicht auf der Hut zu sein.

Doug und Naomi: Unsere eigene Geldgeschichte

Streit über Geldangelegenheiten war nicht der einzige Dorn in den ersten Jahren unseres Zusammenlebens, aber es war der spitzeste. Jeder, der uns damals gesehen hätte, wäre wohl in schallendes Gelächter ausgebrochen, wenn er gewusst hätte, dass wir Paartherapeuten sind. Bei der Arbeit an unseren eigenen Problemen mit dem Thema Geld haben wir allerdings viele Erkenntnisse gewonnen, die wir gern mit Ihnen teilen möchten.

Unsere Situation war folgende: Geizkragen (Doug) trifft Verschwenderin (Naomi), eine offenbar häufige Konstellation in Partnerschaften. Derjenige, der das Geld gern hortet, fühlt sich aus irgendeinem Grund magisch angezogen von einem Partner, der das Geld gern mit vollen Händen ausgibt (was eigentlich gar nicht so verwunderlich ist, wenn man bedenkt, dass es beiden Partnern die großartige Möglichkeit eröffnet, zu reifen und neue Seiten von sich zu entfalten). Naomi hat immer gut verdient und normalerweise eine entspannte Haltung zum Geld. In Dougs Einstellung zum Geld schwingen Gefühle mit, die noch aus der Zeit der Weltwirtschaftskrise stammen, und die er von seinem Vater übernommen hat. Er ist an Einzelheiten interessiert, konzentriert sich eher darauf, den Weg des Geldes zu verfolgen und Kosten zu reduzieren, als tatsächlich Geld zu verdienen. Alles in allem ist es eine interessante Mischung, die großartige Möglichkeiten für ein vollendetes Gleichgewicht eröffnet – aber nur, wenn die Partner Wege finden, um ihre Stärken zu verbinden, anstatt miteinander zu konkurrieren. Und das ist wiederum nur möglich, wenn eine gründliche Diskussion über Geldangelegenheiten stattgefunden hat.

Zu unseren angeborenen Unterschieden kam hinzu, dass Naomi mit erheblich größerem Vermögen in die Partnerschaft eintrat als Doug. Der Partner, der vermögender ist, verfügt für gewöhnlich über mehr Kontrolle, was Doug nicht gefiel. Naomi empfand die Situation als weit weniger problematisch – kein Wunder, schließlich war sie diejenige, die das Geld hatte! Als die Euphorie der romantischen Phase ein wenig nachließ, verstrickten wir uns ständig in Machtkämpfe über andere Probleme, aber irgendwie endeten unsere Auseinandersetzungen immer wieder beim Geld. Keiner von uns war glücklich über diese Entwicklung, und mehr als einmal wurde unsere Beziehung bis an die Grenze ihrer Belastbarkeit strapaziert.

Glücklicherweise hatten wir früh gelobt, ehrlich miteinander zu sein. Auch wenn wir mitten in einem dieser Konflikte steckten, konnten wir die meiste Zeit an diesem inneren Beobachter festhalten, der erkannte, dass wir uns der Wahrheit näherten. Ein Konflikt, der die Partner näher zur Wahrheit führt, kann sehr spannend und aufregend sein – und das war es! Anstatt uns aus dem Weg zu gehen, stießen wir aufeinander und fanden nach und nach heraus, dass unsere Streitigkeiten über Kontrolle tiefere Ursachen hatten. Das bedeutete, dass wir genauer erforschen mussten, was unter der Oberfläche geschah.

Als wir unseren Geldstreitigkeiten auf den Grund gingen, wurde uns schließlich bewusst, dass eine sehr verängstigte und wütende junge Person in jedem von uns lebte, und diese Person hatte große Angst davor, finanziell machtlos zu sein. Obwohl wir es beide verabscheuten, unsere Bedürftigkeit einzugestehen (sogar vor uns selbst), erkannten wir, dass wir tief in unserem Innern in Wahrheit *beide bedürftig waren* und den Wunsch hatten, dass der andere sich um uns kümmerte. Wir entdecken innere Anteile von uns selbst, die bereit waren, Liebe für Sicherheit zu opfern. Diese inneren »Kinder« hatten große Angst davor, verlassen oder ausgenutzt zu werden. Wir entdeckten auch noch weitere Kinder, sehr egozentrische Geschöpfe, die das ganze Geld und die ganze Macht für sich allein haben wollten. Diese verschiedenen Personen verbargen sich hinter den Masken unserer bevorzugten Selbstbilder, die uns als sichere, selbstbewusste Erwachsene zeigten.

Die Entdeckung dieser Kinder im Innern war eindeutig kein Prozess, der förderlich fürs Ego war, aber er half uns, die Probleme, in denen wir uns manchmal verstrickten, viel besser zu verstehen. Außerdem stellten wir fest, dass die äußeren Probleme an Bedeutung verloren, wenn es uns gelang, unsere Suche nach innen zu richten. Wenn die Gefühle schließlich herauskamen, wenn wir sie ausgedrückt und empfangen hatten, klärte sich kurz darauf auch fast immer das diskutierte Problem. Nach und nach wurde uns die Lösung klar: Wenn ein Konflikt zum Thema Geld auftrat, konnten wir entweder diese Art von innerer Arbeit leisten oder unsere Energien damit verschwenden, uns in finanzielle Streitigkeiten zu verwickeln und auf der Stelle zu treten.

Wir stellten auch fest, dass unser finanzielles Wohlergehen als Paar fast unmittelbar zu leiden begann, wenn wir uns um Macht und Kontrolle stritten. Wenn wir harmonisch zusammenarbeiten, klingelt praktisch den ganzen Tag unser Geschäftstelefon. Wenn wir nicht im Einklang sind oder um Macht und Kontrolle ringen, hört es auf zu klingeln. Die meisten Paare erhalten keine Gelegenheit, so unmittelbar zu erkennen, wie stark diese Wechselbeziehung ist, aber da wir diese Gelegenheit hatten, sind wir zu der Überzeugung gelangt, dass das finanzielle Wohlergehen der Partner direkt an ihr seelisches Wohlergehen als Paar gekoppelt ist.

Eine besonnene Zusammenlegung des Vermögens
Wenn zwei Menschen ihr gesamtes Vermögen leichtsinnig und unbesonnen zusammenlegen, entstehen genauso viele Probleme, als wenn sie auf einer strikten Gütertrennung beharren. Also

standen wir vor der Frage, wie wir unser Vermögen auf besonnene Weise zusammenlegen konnten, auf eine Weise, die dem allmählich wachsenden Vertrauen entsprach.

Es liegt auf der Hand, dass es nicht möglich und wahrscheinlich auch nicht ratsam ist, eine solche Fusion von einem Tag auf den anderen zu vollziehen. Nach unseren Beobachtungen sind die ersten drei Ehejahre eine wichtige Testphase, sowohl für die Vermischung der Finanzen als auch für fast alles andere. Wenn die Partner sich dann in den folgenden drei bis vier Jahren ernsthaft um den Aufbau des Vertrauens bemühen, sollte man es geschafft haben. Wenn nicht, muss man sich einige ernsthafte Fragen stellen.

Die Eröffnung eines gemeinsamen Girokontos: Wir mussten eine Strategie entwickeln, die uns helfen würde, diese Art von Grundlage zu schaffen. Der allererste Schritt bestand darin, ein gemeinsames Girokonto zu eröffnen und die Lebenshaltungskosten von diesem Konto zu bezahlen. Das klingt vielleicht wie eine Selbstverständlichkeit, aber wir haben überraschend viele Paare kennengelernt, die nicht einmal ein Konto für ihre gemeinsamen Ausgaben eröffnen wollen. Wir halten das aber für einen wichtigen ersten Schritt.

Wenn die Partner mit demselben Konto arbeiten, müssen sie sich in finanzieller Hinsicht abstimmen. Wer zahlt wie viel ein? Sollen beide gleichviel beisteuern oder einen bestimmten Prozentsatz des jeweiligen Einkommens? Wie hoch sind die Ausgaben des Einzelnen und des Paares? Fällt den Partnern die Zusammenarbeit in diesem Bereich leicht oder geraten sie darüber ständig in Streit? Kann ein vernünftiges Budget auf lange Sicht aufrechterhalten werden? Jeder Partner erhält ausreichend Gelegenheit, sich ein Bild vom finanziellen Verantwortungsbewusstsein des anderen zu machen. Diese Hürde haben wir ohne größere Schwierigkeiten genommen.

In einem festen Budgetrahmen bleiben: Der nächste Schritt besteht darin, dass die Partner lernen, mit einem bestimmten Budget auszukommen. Bei diesem Lernprozess kommen andere wichtige Fragen ans Licht. Man muss sich offen mit Grenzen auseinandersetzen. Häufig kommt es zu Machtkämpfen darüber, wie und wofür das Geld ausgegeben wird. Wer sich nicht erfolgreich durch Budgetkämpfe arbeiten kann, kann sich vermutlich auch nicht erfolgreich durch persönliche Machtkämpfe arbeiten. Und wer sich nicht durch persönliche Machtkämpfe arbeiten kann, wird große Schwierigkeiten haben, seine gemeinsame Macht als Paar zu entfalten.

Langsame Fortschritte

Wie an früherer Stelle erwähnt, hatte Doug etwas eigenes Geld, aber Naomi besaß erheblich mehr. Da ihr mehr Geld zur Verfügung stand, stand ihr mehr Macht zur Verfügung, auf alle Fälle mehr Entscheidungsmacht. Sie konnte zum Beispiel entscheiden, ob sie etwas Spezielles fürs Haus kaufen wollte, während Doug nur die Rolle des Beobachters oder Kommentators übernehmen konnte. Das ging etwa ein Jahr lang gut, bis er schließlich merkte, dass er wachsenden Groll verspürte. Er bat Naomi, darüber nachzudenken, ob sie nicht alle Gelder, die sie nicht mit ihm teilen wollte, absondern und in einen Extra-Topf tun könne, der von ihnen getrennt wäre. Dieser Topf sollte auf Naomis Namen laufen, aber auch für sie nicht ständig zugänglich sein.

Das führte uns zu einigen interessanten Entdeckungen: Zuerst stimmte Naomi zu, merkte aber später, dass sie eigentlich nicht auf diese Weise von ihrem Geld abgeschnitten sein wollte. In Dougs finanziellen Ängsten herumzustochern, machte viel mehr Spaß. Doch der Plan, einen Teil ihres Geldes beiseite zu legen, ohne jederzeit Zugriff darauf zu haben, zwang sie, genauer zu untersuchen, inwiefern das Geld ihr ein Gefühl von Schutz und Sicherheit gab.

Sie beschloss, Dougs Plan zuzustimmen. Diese finanzielle Strategie erwies sich in vielerlei Hinsicht als hilfreich. Was wir gemeinsam besaßen und gemeinsam verdienten, teilten wir gleichmäßig auf, was uns das Gefühl gab, dass die Macht gerecht verteilt war. Die Strategie zwang uns zu einem Lebensstil, den wir beide gemeinsam entwickeln und bestreiten mussten, ohne dass einer von uns seine finanzielle Situation durch den Zugriff auf altes Geld aufbessern oder abstützen konnte. Andererseits war Naomi nicht gezwungen, die Sicherheit, die das eigene Geld ihr gab, vollständig aufzugeben, oder ein Maß an Vertrauen aufzubringen, das sie noch nicht empfand.

Man denkt vielleicht, dass derjenige, der weniger Geld hat, leicht vorschlagen kann, es zu teilen (in Wahrheit ist es alles andere als leicht!), doch eines ist sicher: Die Entscheidung, sein Geld bedingungslos zu teilen, ist kein leichter Schritt. Und ihn zu überstürzen, nur um dem Partner ein Gefühl der Machtlosigkeit zu ersparen, ist ganz sicher auch keine tolle Idee. Wir brauchten eine Weile, um dieses System für uns zu erarbeiten, aber als wir es geschafft hatten, lief es gut – zumindest einige Zeit lang.

Nachdem wir etwa drei Jahre zusammen waren (und inzwischen geheiratet hatten), entdeckten wir ein neues Haus, das für unsere Zwecke ideal schien. Leider fiel es in die gehobene Preisklasse, war damals also eigentlich viel zu teuer für uns. Wenn wir es haben wollten, musste Naomi Geld von ihrem Fonds abheben. Dazu war sie bereit, verlangte dafür aber einen höheren Eigentumsanteil am Haus. Aber Doug wollte nicht, dass ihm von unserem gemeinsamen Haus weniger als die Hälfte gehörte. Nach langem hin und her willigte er ein, einen Schuldschein für den zusätzlichen Betrag zu unterzeichnen, den Naomi beisteuerte.

Wieder einmal lässt sich der Prozess im Nachhinein leicht zusammenfassen, doch diese Übereinkunft erforderte ein Höchstmaß an Geben und Nehmen von beiden Seiten. Jeder von uns musste seine Wertvorstellungen, Überzeugungen und sein Vertrauen abwägen und einbringen, doch diese Vereinbarung führte dazu, dass lange Zeit Frieden in finanziellen Fragen einkehrte.

(Am Ende verkauften wir das Haus mit Gewinn, und einige Jahre später zerriss Naomi den Schuldschein.)

Nach etwa sieben Jahren Ehe verwalteten wir unser »altes« Geld immer noch getrennt. Naomi wollte das Vermögen, das sie vor unserer Ehe angesammelt hatte, unbedingt ihren Söhnen hinterlassen. Wir hatten viele Auseinandersetzungen in Bezug auf die praktische Regelung dieses Wunsches, aber schließlich richteten wir einen Treuhandfonds auf Naomis Namen ein und setzten ihre Söhne als Begünstigte ein. Wir machten eine Anleihe bei unserem gemeinsamen Vermögen, damit sie einen Fonds schaffen konnte, der in etwa wertgleich mit dem Kapital war, das sie zu Beginn unserer Ehe besessen hatte. Nachdem der Fonds als eigenständige Einheit bestand, gehörte uns alles, was übrig blieb, zu gleichen Teilen (mit Ausnahme von recht kleinen, getrennten Konten, die wir nach eigenem Ermessen für persönliche Anschaffungen führen). Mit diesem Arrangement kommen wir seit mehreren Jahren sehr gut aus, auch wenn es sicher noch nicht das Ende aller finanziellen Reibereien ist.

Ein lebenslanger Prozess

Die Auseinandersetzung mit finanziellen Fragen in einer Partnerschaft ist ein lebenslanger Prozess. (Und wer meint, er hätte in dieser Hinsicht keine Probleme, sollte einmal ein bisschen tiefer forschen – es könnte sein, dass er sich etwas vormacht!) Soweit sich unsere Erfahrungen verallgemeinern lassen, können wir heute sagen, dass die frühen Kämpfe die schwersten waren. Nachdem wir eine kooperative Haltung und mehr Vertrauen entwickelt hatten, fiel es uns leichter, offen miteinander zu reden und zu verhandeln. Aber es ist noch nicht vorbei. Wir müssen ständig daran arbeiten, Vereinbarungen über die Ausgaben zu treffen, die jeder von uns getrennt vom anderen machen möchte. Wir müssen an Sparplänen arbeiten und über die Kompromisse entscheiden, die wir eingehen müssen, um sie umzusetzen. Eines Tages werden wir uns mit dem Thema Erbvermögen auseinan-

dersetzen müssen, ein weiterer Bereich, über den viele wieder-
verheiratete Partner streiten. Bei jedem neuen Konflikt werden
wir wahrscheinlich wieder von vorne anfangen müssen – also
dem anderen mitteilen, was uns wichtig ist; das Risiko eingehen,
zu viel Eigeninteresse zu offenbaren und dem anderen zuhören,
wenn er seine Ansichten darlegt.

Das Kind in uns glaubt, dass ein reibungsloses Geldmanage-
ment ein Leichtes ist, und dieses Kind würde es vorziehen, sich
solchen Problemen nicht offen zu stellen. In Wahrheit müssen
die Partner sich ungeheuer anstrengen, ständig verhandeln und
sehr kreativ sein, um eine ausgewogene Methode für den Umgang mit finanziellen Fragen zu finden. Beide müssen sich ihre
Haltung ehrlich eingestehen. Beide müssen bereit sein, die Fülle
an Gefühlen, die dieses Thema auslöst, zu lokalisieren, auszudrücken und zu empfangen. Beide Partner müssen erkennen,
dass eine Vermeidungstaktik nicht funktionieren wird. Wenn tiefer liegende Gefühle und Machtunterschiede, die mit finanziellen Konflikten zusammenhängen, nicht in Angriff genommen
werden und die Partner zu einer Vermeidungsstrategie neigen,
so bleibt das nicht ohne Folgen – und diese Folgen sind letzten
Endes häufig schmerzlicher als jedes Problem, das sich ergibt,
wenn man die Angelegenheiten in der Beziehung früh, klar und
offen angeht.

Eine kraftspendende und dauerhafte Beziehung verlangt, dass
man Geldfragen *gründlich* aufarbeitet. Wenn nicht das gesamte
Vermögen der gemeinsamen Kontrolle unterliegt (und wie oft ist
das der Fall?), wird das unangenehme und möglicherweise
schwierige Gefühle auslösen. Anstatt diese Gefühle zurückzuhalten und Ressentiments aufzubauen, sollte man tief durchatmen
und den Mut aufbringen, den auftretenden Schwierigkeiten ins
Auge zu sehen. Wenn die Partner sich dann – gemeinsam – dem
Problem stellen, können sie den Knoten langsam, Schritt für
Schritt, entwirren und sich dabei immer weiter auf das überge-
ordnete Ziel – eine gleichberechtigte Partnerschaft – zubewegen.

11 Der Ehevertrag: Chancen und Risiken

Eine Heirat in späteren Lebensjahren bedeutet oft, dass zwei Partner mit ungleichem Vermögen und komplizierten Verpflichtungen aus früheren Ehen oder Beziehungen zusammenkommen. Die erfolgreiche Zusammenlegung von Vermögenswerten ist von großer Wichtigkeit für das Gelingen der Partnerschaft. Dennoch gehen viele Menschen eine neue Ehe ein, ohne gründlich darüber nachzudenken, wie sie mit ihrem Geld verfahren wollen – finanzielle Fragen sind schließlich eine hochemotionale Angelegenheit. Und das Aufsetzen eines Ehevertrags kann emotional ganz besonders brisant sein.

Ob man sich für oder gegen einen Ehevertrag entscheidet, hängt letztlich davon ab, was für das individuelle Paar funktioniert. Das Wichtigste ist, dass die Partner offen über Vermögensfragen reden und klare Entscheidungen darüber treffen, wie sie damit umgehen wollen. Es ist leicht zu behaupten, dass jemand, der auf einem Ehevertrag besteht, quasi auf gepackten Koffern sitzt und sich bereits bewusst oder unbewusst auf das Ende der Ehe vorbereitet. Doch für denjenigen mit dem größeren Vermögen ist die Sache nicht ganz so einfach. Machen wir uns also daran, das Terrain etwas gründlicher zu erforschen.

Was ist ein Ehevertrag?

Ein Ehevertrag ist ein rechtsgültiger Vertrag, der festlegt, wie sich die Ehe auf die Verwaltung und Nutzung des Vermögens auswirkt. Ein Ehevertrag wird häufig verlangt, wenn einer der Partner erheblich größere Vermögenswerte in die Ehe einbringt als der andere. Vorrangiges Ziel ist es, diese eigenen Vermögenswerte vor Ansprüchen zu schützen, die der Partner zu einem späteren Zeitpunkt stellen könnte. Solche früh getroffenen Regelungen verringern eindeutig die Gefahr späterer Streitigkeiten. Auch wenn es sehr belastend sein kann, eine solche Vereinbarung vor der Eheschließung in Angriff zu nehmen, fühlen sich nach dem Aushandeln der Bedingungen häufig alle sehr erleichtert – vor allem, wenn tatsächlich alle Fragen gründlich durchgearbeitet wurden und beide Seiten ehrlich mit ihren Gefühlen umgegangen sind.

Wie wir im letzten Kapitel dargelegt haben, ist Geld eine Form von Macht. Wenn ein Partner ein größeres Vermögen verwaltet, hat er oder sie immer mehr Macht und Kontrolle in der Beziehung. Unter normalen Umständen wächst ein Paar mit der Absicht zusammen, ein Ganzes zu werden, eine Einheit aus zwei Individuen, die gleichberechtigt zusammenleben. Eheverträge haben die Tendenz, Ungleichgewichte und Ungerechtigkeiten festzuschreiben. Bei Abschluss eines Ehevertrages haben die Partner keinen Anreiz, am Aufbau des Vertrauens zu arbeiten, das zur Schaffung dieser Einheit erforderlich ist. Nach einigen Jahren entwickelt der Partner mit dem geringeren Vermögen allmählich das Gefühl, er würde sich mit allem, was er hat und ist, in die Beziehung einbringen, während der Begünstigte des Ehevertrages dies nicht tut. Wenn einer der Partner in einem bestimmten Bereich der Beziehung auf Dauer über weniger Macht verfügt als der andere, und der machtlosere Partner den Eindruck gewinnt, er bringe mehr in die Beziehung ein als der andere, entstehen mit Sicherheit starke Ressentiments.

Das Dilemma ist folgendes: Für die Aufsetzung eines Ehevertrages spricht der gesunde Menschenverstand, es ist ein Akt der Reife, der die Tatsachen der heutigen Beziehungswirklichkeit berücksichtigt. Dennoch ist es auch ein Dokument, das auf mangelndem Vertrauen basiert und ein eingebautes Ungleichgewicht der Macht betont, das die Beziehung noch auf etliche Jahre beeinträchtigen kann. Wenn der Partner mit dem geringeren Vermögen nicht emotional abgestumpft, völlig gefangen vom Zauber romantischer Liebe oder überwältigt von der dicken Brieftasche des Partners ist, der ihm ein sorgenfreies Leben bieten kann, dann geht der Verzicht auf bestimmte eigene Rechte mit explosiven Gefühlen einher – wie das folgende Fallbeispiel zeigt.

Anne und Hal: Das Aushandeln des Ehevertrages

Hal und Anne sind gerade dabei, einen Ehevertrag auszuhandeln. Anne bringt ein erheblich größeres Vermögen in die Beziehung ein als Hal und hält eine Regelung für notwendig, bevor sie die Ehe eingeht.

Sie waren etwa ein Jahr zusammen, als Hal ihr einen Heiratsantrag machte. Mehrere Wochen, nachdem sie seinen Antrag angenommen hatte, brachte Anne den Mut auf, ihm zu sagen, dass sie einen Ehevertrag aufsetzen wolle. Die Situation, auf die sie sich einließ, kam ihr nur allzu vertraut vor: Ihr Exmann hatte ebenfalls ein wesentlich geringeres Vermögen besessen als sie. Sie hatte nicht auf einen Ehevertrag gedrängt, mit dem Ergebnis, dass sie sich bei der Scheidung über den Tisch gezogen und sogar regelrecht geschröpft fühlte. Hal wusste bereits, dass sie sich ausgenutzt fühlte und diese Erfahrung sie sehr verletzt und erzürnt hatte. Anne war überzeugt, dass Hal sie aufrichtig liebte und deshalb Verständnis für ihren Wunsch nach einer vertraglichen Absicherung haben würde. Sie ging davon aus, dass er bestrebt sein würde, ihre Ängste zu beschwichtigen, und Verständnis dafür hätte, dass sie diesmal von vornherein eine klare finanzielle Regelung brauchte.

Als sie Hal ihren Wunsch vortrug, erklärte er sich einverstanden. Er wollte (Anne und allen anderen) beweisen, dass er sie nicht wegen ihres Geldes liebte. Er wollte deutlich machen, dass er ganz anders war als dieser Schurke von Exmann. Anne litt immer noch unter den Verletzungen, die diese Beziehung hinterlassen hatte, und er wollte gern zur Heilung beitragen, sein Bestes tun, um ihr zu versichern, dass er voll und ganz für sie da war.

Doch nach einigen Tagen wurde ihm bewusst, was die Unter-

zeichnung einer lebenslangen, rechtsverbindlichen Beziehungs-
vereinbarung bedeutete. Er wurde den Gedanken nicht los, dass
Anne ihm – im Grunde – nicht vertraute. Während er bereit war,
sich selbst und alles, was er besaß, in die Beziehung einzubringen, war seine Partnerin dazu nicht bereit. Ihr Eintritt in die Ehe
war an Bedingungen geknüpft, während sein Eintritt bedingungslos war. Diese Benachteiligung machte ihn in seiner eigenen Ehe
zu einem Bürger zweiter Klasse, der keine vollen Rechte besaß.
Seiner Ansicht nach hatte er es verdient, dass man ihm vertraute,
ihn als den ehrenhaften Menschen betrachtete, der er war. Es
sollte eigentlich selbstverständlich sein, dass er diese Frau, die er
liebte, niemals ausnutzen würde. Leider behielt er diese Gedanken für sich, bis er zusammen mit Anne in der Rechtsanwalts-
kanzlei saß, wo der Vertrag aufgesetzt werden sollte.

Durch die vielen Fragen, die der Rechtsanwalt stellte, wurden
die Probleme noch einmal unterstrichen. Obwohl die Verhandlungen freundlich verliefen, hatte Hal das Gefühl, dass Anne
und der Rechtsanwalt sich wie zwei mächtige Feinde gegen ihn
verbündet hatten, um mit vereinten Kräften die besten Bedingungen für ihre Seite herauszuschlagen. Nach dem Termin waren Anne und Hal beide furchtbar aufgewühlt. Noch Wochen danach reagierten sie gereizt, übten ständig Kritik am anderen und
stritten sich über die banalsten Anlässe. Hal fing an zu überlegen, ob er seine Interessen von einem eigenen Anwalt vertreten
lassen sollte.

Massive Meinungsverschiedenheiten

Hal ist inzwischen zu der Ansicht gelangt, dass ein Ehevertrag
entwürdigend für ihn sei. Auf einer rationalen Ebene kann er Annes Standpunkt verstehen. Aber auf der emotionalen Ebene ist er
gekränkt, weil sie so wenig Vertrauen zu ihm hat. Er denkt allmählich, dass sie vielleicht doch nicht heiraten sollten, wenn
Anne so wenig Vertrauen hat. Vor allem will er seine Selbstachtung bewahren, und einige von Annes Forderungen machen ihm
das unmöglich.

Anne ist überzeugt, dass Hal, wenn er sie *wirklich* und allein um *ihretwillen* liebt, bereit sein muss, den Vertrag zu unterzeichnen. Immerhin ist es nur ein Stück Papier. Wie ihr Anwalt ihr gesagt hat, kann jede Vereinbarung gebrochen werden. Der Vertrag ist lediglich der Versuch, ein paar Grenzen zu ziehen, die sich für den weiteren Verlauf der Beziehung als hilfreich erweisen können. Anne geht davon aus, dass sie beide für immer zusammenbleiben, und wenn Hal sie aufrichtig liebte und genauso empfände wie sie, und wenn seine Motive so aufrichtig wären, wie er behauptet, dann würde er ohne zu zögern unterschreiben. Ihre Berater haben ihr dringend empfohlen, in dieser Sache nicht nachzugeben. Und sobald sie anfängt, an der Klugheit dieser Ratschläge zu zweifeln, braucht sie nur an die letzten Auseinandersetzungen mit ihrem Ex zu denken, um in Rage zu geraten und sich in ihrem Entschluss bestärkt zu fühlen.

Partner, die einen Ehevertrag verlangen, erkennen häufig nicht, wie belastend und emotional heikel die Situation für den anderen Partner ist. Immerhin haben sie – die Partner mit dem Vermögen – die Kontrolle über diesen Vorgang. Sie bezahlen die Anwälte, und sie haben das Geld im Rücken, das sie in ihrer selbstbewussten Haltung und sicheren Stellung bestärkt. In den frühen Phasen der Beziehung sind sich sogar die weniger vermögenden Partner mitunter nicht bewusst, wie emotional belastend dieser Prozess für sie ist. Vielleicht sind sie zu sehr damit beschäftigt, ein positives Selbstbild aufrechtzuerhalten und sich von ihrer Macht und Unabhängigkeit zu überzeugen. Sie wollen über den Vertrauensmangel erhaben sein, den ihr Partner ihnen gegenüber auszudrücken scheint. Es dauert vielleicht einige Jahre, aber letzten Endes werden diese Gefühle sich Bahn brechen.

Nachdem Anne und Hal versucht hatten, den jeweils anderen mit ihren besten logischen Argumenten zu überzeugen, und trotzdem nicht weiterkamen, stieg der Frustrationspegel bei beiden stetig an. Als die Partner in ihrer wachsenden Frustration noch angestrengter versuchten, den anderen zur »Vernunft zu bringen«, aber keinerlei Fortschritte erzielten, fingen sie allmählich an, die Samthandschuhe auszuziehen. Die nächste Ebene des Streits kündigte sich an, als Hal den Vorwurf erhob, Anne wolle im Grunde nur sich selbst schützen. Ihr fehle es an Vertrauen anderen gegenüber, was (wie er anmerkte) eines der Grundprobleme ihres Lebens sei. Deshalb wolle sie auch die Kontrolle über ihn, und das ärgere ihn. Genauso wie die Tatsache, dass ihre Berater mitten in ihrer Beziehung stünden.

Anne entgegnete, er benehme sich kindisch und unreif. Nicht sie, sondern er sei der Kontrollfreak. Er habe doch nur deshalb kein Problem damit, die Finanzen in einen Topf zu werfen, weil er selbst kaum etwas beizusteuern habe. Er habe leicht reden! Er entgegnete, sie habe doch selbst nicht die geringste Ahnung, wie man Geld verdiene und nur das Glück gehabt, etwas zu erben. Anne wiederholte ihr Argument, dass er, wenn er sie wirklich liebe und nicht nur wegen ihres Geldes heiraten wolle (wie er so lauthals verkünde), den Ehevertrag ohne zu zögern unterzeichnen könne, um ihr seine Liebe zu beweisen. So ging es weiter, wobei die Argumente allmählich immer unsachlicher wurden und die Vorwürfe immer beleidigender.

Der Streit verlief jeden Tag nach dem gleichen Muster. Nachdem beide ihren Standpunkt dargestellt hatten, wiederholten sie ihre Meinung immer wieder mit verschiedenen Worten, als ob die andere Person irgendwie schwerhörig (oder ein bisschen begriffsstutzig) wäre. Jedes Mal verloren sie bald darauf die Orientierung und fragten sich, wie um alles in der Welt sie an einen Partner geraten konnten, der so defensiv und so »blöd« war. Anne und Hal waren jetzt in einer langen, komplizierten und weitreichenden Auseinandersetzung verstrickt, bei der man sich immer wieder im Kreis drehte und niemand besonders aufmerksam zuhörte. Der zentrale Streitpunkt war angeblich der Ehevertrag, doch er wurde mit allen möglichen (und zum Teil völlig belanglosen) Themen vermischt. Angriffe und Gegenangriffe schaukelten sich so lange hoch, bis einer oder beide Partner zu frustriert waren, um weiterzumachen. Es folgten ein oder zwei ruhige Momente, doch wie eine eitrige Wunde zog das Thema die Aufmerksamkeit immer wieder auf sich – und über kurz oder lang ging es wieder los: mit Volldampf in die nächste dunkle Sackgasse. Beide erklärten, sie wollten sich aus der zerstörerischen Schleife befreien, in der sie feststeckten, aber beide schienen unfähig, irgendeine Form von konstruktivem Dialog, von hilfreichem Geben und Nehmen, aufrechtzuerhalten.

Beiden schienen allmählich nur noch zwei Optionen offenzustehen, nämlich entweder dem Thema vollständig auszuweichen (in der naiven Hoffnung, es würde verschwinden) oder *irgendetwas* zu unterschreiben, um die Sache zu beenden (was viele Menschen in dieser Situation schließlich tun). Für die erste Option war es nach unserer Ansicht zu spät, und die zweite wäre sehr wahrscheinlich Gift für die Beziehung gewesen. Der einzige Weg, der jetzt noch *durch* die Krise führte, bestand darin, dass jeder tief in sich hineinschaute und seine eigene innere Wahrheit erforschte. Unter der Oberfläche lauerten weitere Gefühle – Gefühle, die ans Licht kommen mussten, wenn beide eine Chance haben wollten, einen Weg durch das Labyrinth zu finden.

Was Hal über sich selbst wissen muss
Hal steht kurz davor, mit zwei unangenehmen Aspekten von sich selbst konfrontiert zu werden. Das eine sind seine Gefühle im Hinblick auf Macht und Machtlosigkeit, das andere ist seine Gier.

Machtlosigkeit: Hal muss sich damit auseinandersetzen, dass er seine Machtlosigkeit leugnet. Er hat sich dafür entschieden, mit einer Frau zusammen zu sein, die erheblich mehr Geld besitzt, als er je in seinem Leben gesehen hat, und die an jene Macht gewöhnt ist, die auf Reichtum beruht. Hal hat sich außerdem für eine Frau entschieden, die schon einmal in einer problematischen Ehe durch den Wolf gedreht wurde, und daher doppelt entschlossen ist, zu verhindern, dass jemand Ansprüche auf ihr Vermögen erhebt. Der Ehevertrag konfrontiert ihn direkt mit seiner Machtlosigkeit, die er nicht wahrhaben will. Er möchte viel lieber über Details des Ehevertrags – oder ein beliebiges anders Thema – streiten.

Gier: Hal muss außerdem seiner Gier ins Auge sehen. Ein Teil von ihm sucht nach einem einfachen Weg zu einem angenehmen Leben und weltlicher Macht. Sich dieser Seite von sich selbst zu stellen, ist besonders schwierig für ihn, da er sehr stark auf die Rolle des verantwortungsbewussten, anständigen Kerls fixiert ist, die er über Jahre entwickelt hat. Auch hier wird er streiten, bis er schwarz wird, um der Konfrontation mit dieser Seite seines Wesens auszuweichen! Auch wenn Gier zweifellos nicht das Einzige ist, was ihn bewegt, ist sie doch vorhanden, und er wird sich diesem Anteil seiner selbst stellen müssen, bevor er sein Problem mit Anne erfolgreich bewältigen kann.

Als Doug vor einem ähnlichen Konflikt mit Naomi stand, sagte er immer wieder: »Ich will dein Geld nicht. Ich bin jahrelang ohne dich und dein Geld ausgekommen, und dasselbe kann ich wieder tun. Das Problem liegt bei dir, weil du nicht zum Teilen bereit bist.«

Naomi behauptete immer wieder, dass sie eine völlig gleichberechtigte Partnerschaft mit Doug wolle; sie sei bereit, ihre Liebe – und ihr Vermögen – zu teilen. Wenn es allein nach ihr ginge, würde sie alles teilen, aber sie müsse das Vermögen »für ihre Kinder« schützen.

Wir stritten wochenlang über dieses Thema und konnten einfach keine friedliche Einigung erzielen, die länger als ein oder zwei Tage währte. Schließlich platzte Naomi mit der Bemerkung heraus: »Gib's zu: Wenn man es auf den Punkt bringt, willst du mein Geld für dich haben – und zwar alles!« Doug, frustriert von der ganzen Streiterei, entgegnete spontan: »Stimmt! Und du willst nicht einen Pfennig mit mir teilen!« »Stimmt!«, gab Naomi zurück. Einen Moment lang funkelten wir uns schweigend an und versuchten, diese aufschlussreichen Äußerungen zu verarbeiten. Wir hatten endlich eine der Wahrheiten aufgedeckt, die sich unter unseren Auseinandersetzungen verbargen. Als wir einander schließlich auf dieser sehr elementaren Ebene begegneten und klar wurde, dass wir bereit waren, einander trotzdem zu akzeptieren, kam es zu einem tiefgreifenden Wandel. Danach war es nicht mehr so wichtig, unsere Standpunkte zu rechtfertigen – weil es keinen Grund zum Streiten gibt, wenn man weiß, wo man steht. Man muss vielmehr eine Entscheidung treffen, nämlich: Liebst du diesen Menschen genug, um ehrlich zu ihm zu sein? In unserer Situation lautete die Antwort eindeutig »ja«, sodass wir uns voranbewegen konnten.

Diese Art von direkter Kommunikation, die für das Ego nicht gerade aufbauend ist, kommt einigen Lesern vielleicht fremd und übertrieben hart vor, aber wir haben diesen Moment viele Male bei anderen Paaren erlebt, die sich mit aller Kraft dafür einsetzen, solche komplexen Probleme durchzuarbeiten. Wenn beide Partner schließlich ihre Kernpositionen erreichen, wird eine ungeheure Erleichterung spürbar, weil sie nun nicht mehr jede Menge Schall und Rauch produzieren müssen, um sie zu verbergen. Diese neue Position eröffnete die Möglichkeit zu einem tieferen Verständnis. Endlich wussten wir beide, dass wir etwas Wahrhaftiges und Wesentliches voneinander hörten, und so wenig schmeichelhaft es für uns beide war, hatten wir doch einen Ort erreicht, von dem aus wir anfangen konnten, uns gemeinsam auf eine aufrichtigere, realistischere und konstruktivere Weise durch dieses Problem zu arbeiten. Die Liebe erhielt wieder Einzug in unsere Beziehung (eine erwachsene Liebe, die auf der Wirklichkeit beruht, und keine kindliche Liebe, die auf Märchen, Wunschdenken und Verleugnung basiert).

Hal hat ein weiteres Problem, nämlich dass er immer noch in der Phase der romantischen Liebe zu Anne steckt (obwohl sich das angesichts der Streitereien, die sie in letzter Zeit wegen des Ehevertrages ausfechten, allmählich zu ändern scheint). Wer noch bis über beide Ohren verliebt ist, will sich nicht mit solch unangenehmen Themen befassen. Doch wir sind uns sicher, dass der Teufelskreis der ewig gleichen Auseinandersetzungen im selben

Moment, in dem Hal sich seine Gier und seine Wünsche nach einem leichten Zugang zur Macht eingesteht, durchbrochen wird. Dann tritt eine andere Frage in den Vordergrund, nämlich: Werden Anne und er fähig sein, mit diesem Teil der Wahrheit zu leben?

Woher wissen wir, dass Hal gierig ist? Wir wissen es, weil Gier ein Teil des menschlichen Schauspiels ist und jeder Mensch alle Elemente dieses Schauspiels in sich trägt. Die meisten Menschen versuchen, sich an den höchstmöglichen Maßstäben auszurichten und die niederen Teile der menschlichen Grundsituation zu überwinden, aber das bedeutet nicht, dass wir nicht alle unsere dunklen Seiten haben. Das Wissen um die eigene Gier und das Bestreben, sich nicht von ihr beherrschen zu lassen, gehört zum Lebenskampf. Wer seine Gier leugnet, lebt hinter einer Maske und wird es schwerer haben, zu größerer Aufrichtigkeit zu gelangen.

Und/Und Wer in der sehr einfachen Welt des Entweder/oder lebt, hat Mühe, nicht den voreiligen Schluss zu ziehen, dass Hal, wenn er gierig und machthungrig ist, Anne nicht wirklich lieben kann. Wir behaupten, dass es beim komplexen und wunderbaren menschlichen Schauspiel viel mehr um das »Und« als um das »Entweder/oder« geht. Hal liebt Anne *und* er ist gierig *und* großzügig *und* ungeduldig *und* er benutzt Anne *und* er ist integer *und so weiter* ... Einige dieser Eigenschaften sind ihm bewusst, doch über andere muss er mehr herausfinden. Einige Eigenschaften sind leicht als Teil des eigenen Inneren zu akzeptieren und andere nicht. Doch sie sind immer vorhanden, ob man sie anerkennt oder nicht.

Was Anne über sich selbst wissen muss
Um auf authentische Weise voranzukommen, muss Anne jetzt in Erfahrung bringen, wer Hal ist, *und* sie muss mehr über sich selbst wissen. Betrachten wir einmal einige der Dinge, über die sich Anne bewusster werden muss.

Finanzielle Bande: Bei einer ihrer zahlreichen, thematisch unbegrenzten Streitereien platzte Hal damit heraus, dass Annes Vater einen zentralen Platz in ihrer Beziehung einnimmt. Solange Anne sich mit ihrem Vater zusammenschließt, ob in Bezug auf ihr Erbe oder in irgendeiner anderen Weise, ist sie an ihn gebunden. Eine Frau mittleren Alters, die immer noch durch finanzielle Bande mit ihrer Familie (oder ihrem Exmann oder irgendeiner anderen Person) verknüpft ist, lebt mit Sicherheit eher in einer Tochterrolle als in der Rolle einer erwachsenen Frau. Das ist ein Bereich, den Anne genauer betrachten muss, denn solange sie auf diese Weise gebunden bleibt, ist sie nur in eingeschränktem Maße fähig, sich an einen Partner zu binden. (Wenn Anne ihr Vermögen selbst erarbeitet hätte, müsste sie trotzdem untersuchen, ob sie eine stärkere Bindung zu ihrem Geld als zu einem potenziellen Partner hat.)

Macht und Kontrolle: Anne muss außerdem ihr Bedürfnis nach Macht und Kontrolle unter die Lupe nehmen. Nun hat sie in Hal zweifellos einen Partner gefunden, der ihr in Sachen Kontrolle in nichts nachsteht (andernfalls würden die beiden nicht so erbittert streiten); dennoch muss sie sich bei der Erforschung ihrer inneren Wahrheit auch darauf konzentrieren, inwiefern das Geld ihr Selbstbild beeinflusst und ihr ein Gefühl von Macht verleiht. Alle Partner, die einen Ehevertrag verlangen, müssen ihre eigenen verleugneten Gefühle der Machtlosigkeit untersuchen und herausfinden, wie sehr sie von ihrem Vermögen abhängig sind, um ihr Selbstbild zu stützen. Wenn sie die alleinige Kontrolle über ihr Vermögen aufgeben, werden sie direkt mit diesem Selbstanteil konfrontiert – und das möchten sie nur äußerst ungern.

Gier: Außerdem muss Anne einen Blick auf ihre Selbstsucht und mangelnde Bereitschaft zum Teilen ihres Besitzes werfen – also auf ihre eigene Gier. Dass sie Kontrolle über die finanziellen Mittel verlangt, die sie in die Beziehung einbringt, mag logisch erscheinen, aber solange sie nicht bereit ist, die Macht gerecht zu teilen, wird sie die erhoffte Liebe und Intimität nicht bekommen. Kein Partner, der seine Selbstachtung bewahren will, wird auf Dauer jemanden an seiner Seite tolerieren können, der darauf besteht, die ganze Ehe hindurch die alleinige Kontrolle über die Finanzen zu behalten.

Eine Eigenschaft, zu der Anne sich selbst gratulieren kann, ist der Mut, mit dem sie ihren Wunsch nach einem Ehevertrag frühzeitig zur Sprache gebracht hat. Es soll schon vorgekommen sein, dass weniger beherzte Partner versucht haben, dem anderen direkt vor der Trauungszeremonie noch schnell einen Ehevertrag unterzuschieben.

Einen tragbaren Kompromiss finden

Nachdem Hal und Anne ihre Gefühle offengelegt hatten, mussten sie eine Lösung für ihr Problem finden. Es spricht für sie, dass ihnen das gelungen ist.

Es stand viel auf dem Spiel, und beide waren überzeugt von ihrem Standpunkt. Anne würde sich als Verliererin fühlen, wenn sie auf einen Ehevertrag verzichtete, und Hal würde sich als Verlierer fühlen, wenn er irgendein Dokument unterzeichnete, das seine persönliche Integrität verletzte. Gleichzeitig hatten beide den aufrichtigen Wunsch, dem anderen keine Niederlage zu bereiten, weil sich beide bewusst waren, dass es kein guter Auftakt für eine Ehe ist, wenn einer der Partner sich beim ersten tiefgreifenden Konflikt als Verlierer fühlt. Der einzige Ausweg war, dass beide erhebliche Zugeständnisse machen.

Wenn Paare den Mut haben, diese Art von Problemen zur Sprache zu bringen, wenn sie zu ihren Kernpositionen vorstoßen, dem anderen ihre Gefühle mitteilen, seine Gefühle empfangen und die Situation lange genug aushalten, um sich die tiefer liegenden Probleme bewusst zu machen, dann gelingt es ihnen auch, einen annehmbaren Kompromiss zu finden – wenn ihre Liebe wirklich tragfähig ist. Das Frustrierende ist, dass man nie weiß, wie dieser Kompromiss aussehen wird, bis das Problem vollständig durchgearbeitet ist. Und niemand weiß, wie lange dieser Prozess dauert. Was wir dagegen wissen, ist, dass beide Partner bereit sein müssen, sich gemeinsam durch das Problem zu kämpfen, ausdauernd und aufrecht, ohne den anderen zu drangsalieren. Beide müssen bereit sein, nach innen zu gehen und Neues zu entdecken – was normalerweise kein leichter Prozess ist, weil alle Entdeckungen, die das Ego aufbauen, bereits gemacht wurden.

Zunächst müssen beide Partner bereit sein, weit genug von ihren Positionen abzurücken, um die Erfahrung des Partners zumindest teilweise aufnehmen zu können. Dann, vor allem bei einem zähen Konflikt wie dem von Hal und Anne, müssen sie beide willens sein, etwas aufzugeben, das ihnen wichtig ist. Wenn ihnen all das gelingt, werden sie schließlich die Bereitschaft entwickeln, ihr Herz zu öffnen und mit dieser aufgeschlossenen Haltung über eine Lösung zu verhandeln. (Und wir sind überzeugt, dass Paare, die letztendlich *nicht* fähig sind, bei schwierigen Fragen wie dieser irgendwann ihr Herz zu öffnen, noch einmal über ihr Engagement nachdenken sollten.)

Hal und Anne hatten beide begründete Argumente, und keiner würde seinen Willen vollständig durchsetzen können. Hal konnte unmöglich verlangen, dass Anne die Kontrolle über ihr Vermögen bedingungslos aufgab, nachdem sie ihn gerade mal ein Jahr lang kannte. Tatsache ist, dass mindestens eine von drei Ehen nach weniger als sieben Jahren scheitert, und in Annes Situation wäre es vielleicht wirklich tollkühn gewesen, sich nicht zu schützen. Sie brauchte Zeit, um Vertrauen aufzubauen. Andererseits ist auch verständlich, dass Hal nicht alle seine Rechte – und seine Macht – an eine Partnerin abtreten wollte, die sich doch eigentlich mit ihrem ganzen seelischen, geistigen *und* materiellen Vermögen auf diese Ehe einlassen sollte.

Hal und Anne entschieden schließlich, sich Hilfe bei einem anderen, auf Mediation spezialisierten Rechtsanwalt zu suchen. Beim Umgang mit explosiven Fragen wie dieser kann man sich viel Leid und Kummer ersparen, wenn man die Dienste eines erfahrenen, neutralen Dritten in Anspruch nimmt. Zur konkreten Lösung gehörte, dass Hal den Ehevertrag unterzeichnete, der jedoch zeitlich befristet war: Wenn die Ehe nach sieben Jahren immer noch bestand und gut lief, sollte der Vertrag aufgehoben werden. Dieses Arrangement gab Anne die Sicherheit, die sie brauchte, und Hal hatte nicht das Gefühl, dass er sich mit seiner Unterschrift ein Leben lang belastete.

Im Allgemeinen zieht der Partner, der den Ehevertrag fordert, es vor, die Möglichkeit zu behalten, selbst zu entscheiden, wann (oder ob) er die Vereinbarung aufhebt. Doch dadurch behält er eine implizite Machtposition inne, was, wie bereits erwähnt, den anderen Partner schließlich verbittern wird. In diesem Fall spornte die Befristung des Vertrags beide Partner dazu an, mehr Klarheit zu gewinnen und die Ehe für die nächsten Jahre am Laufen zu halten.

Dieses Arrangement berücksichtigte die Tatsache, dass Vereinbarungen, insbesondere über wichtige Fragen wie die der Finanzen, irgendwann überholt sind. Sie müssen von Zeit zu Zeit neu ausgehandelt werden, wenn sich die Umstände verändern und eine tiefere Verbundenheit andere Regelungen erforderlich macht.

Vielleicht war es klug von Anne, ihr Vermögen in dieser Phase zu schützen, aber wenn sie nach sieben Jahren immer noch an der Kontrolle festhält, bringt sie damit zum Ausdruck, dass sie Hal nicht vertraut. Es wäre kein gutes Zeichen für die Zukunft ihrer Partnerschaft.

Obwohl der Prozess schwierig war, hatten Hal und Anne zumindest den Mut, die Sache in diesem Stadium auszukämpfen. Etwas lädiert und ernüchtert in die Ehe zu gehen, mag einerseits traurig sein, macht aber andererseits die Ehe nur umso aufregender. Wenn Anne und Hal nicht die Geduld und Ausdauer gehabt hätten, diese Sache durchzustehen, hätten sie zumindest gewusst, dass es das Beste wäre, die Beziehung frühzeitig zu beenden – und sich beim nächsten Mal einen finanziell ebenbürtigen Partner zu suchen!

Teil 4

Beziehungskompetenz

12 Die unterernährte Mehrheit: Vom Hunger nach Gesprächen und Berührungen

Eine Paarbeziehung wird erfolgreicher, wenn die Partner einander die notwendige Aufmerksamkeit schenken und ihre gegenseitigen Bedürfnisse erfüllen. Zufriedene Menschen sind großzügiger, eher zum Geben bereit, während erschöpfte Menschen dazu neigen, alles für sich zu behalten. Glückliche und erfüllte Partner sehen über die kleinen Nickligkeiten hinweg und fallen auch bei tatsächlichen Belastungen viel seltener in unreife Verhaltensweisen zurück.

Wenn das so offensichtlich ist, warum vernachlässigen dann so viele Partner einander?

Heutzutage verbringen viel zu viele Menschen einen Großteil ihrer Zeit am Rande ihrer Belastbarkeit. Warum lassen wir zu, dass dies in unserer Partnerschaft geschieht – dem einen Ort, an dem wir eigentlich darauf vertrauen sollten, Kraft zu tanken? Partner, die nicht zum ersten Mal in einer festen Beziehung stehen, haben keine Ausrede dafür, diese Regel zu unterschlagen. *Keine noch so große Anstrengung kann irgendeine dauerhafte Wirkung entfalten, wenn die Partner sich regelmäßig in einem Zustand innerer Entbehrung und Erschöpfung befinden.* Wenn es Ihnen ernst damit ist, eine erfüllte und glückliche Beziehung zu führen, in der die Partner ihren seelischen Hunger stillen und immer wieder neue Kraft schöpfen können, dann möchten wir Ihnen einige Ratschläge mitgeben.

Das Bedürfnis nach Gesprächen und Berührungen

Wir alle wissen, dass es so anfängt: Er ist beschäftigt, sie ist beschäftigt; und die Aufmerksamkeit für den anderen ist das Erste, was auf der Strecke bleibt. Wenn die Partner sich nicht bewusst anstrengen, um dieser Entwicklung entgegenzuwirken, halten sie einander mit der Zeit für selbstverständlich. Viele Menschen hängen dem Mythos an, dass eine glückliche Ehe »einfach so passiert«, ohne dass man sich dafür besonders anstrengen müsste. Solange der Partner nicht laut aufschreit, geht man davon aus, dass seine Bedürfnisse erfüllt werden.

Im nächsten Stadium entdeckt man, dass die Partner Schwierigkeiten haben, ihre Bedürfnisse in Worte zu fassen. Viele sind der stillschweigenden Überzeugung, dass der Partner ihre Bedürfnisse von allein erkennen und schnellstmöglich erfüllen sollte, ohne dass man ihn darum bitten muss. Einige haben die Botschaft empfangen, dass sie überhaupt keine Bedürfnisse haben sollten oder dass es unhöflich sei, sie zu äußern. Viele nehmen sich einfach nicht die Zeit, nach innen zu schauen und ihre eigenen Bedürfnisse überhaupt zu erkennen. Auf alle Fälle ist es problematisch, wenn Menschen entweder nicht wissen, was sie brauchen, oder es nicht aussprechen können.

Nehmen Sie sich jetzt gleich einen Moment Zeit und fragen Sie sich: Was sind meine wichtigsten Bedürfnisse in meiner Beziehung? Was sind die zwei oder drei Dinge, die ich wirklich von meinem Partner benötige, um in meiner Partnerschaft gesund und glücklich zu bleiben? Was brauche ich, um Kraft zu tanken, um mit der größtmöglichen Lebendigkeit voranzuschreiten? Wer bereits eine gescheiterte Ehe hinter sich hat, sollte sich fragen, welche tiefen Bedürfnisse in früheren Partnerschaften nicht erfüllt wurden.

Wenn wir Paaren diese Fragen stellen, hören wir für gewöhnlich Antworten wie: *Liebe, Akzeptanz, Kommunikation, Fürsorge, Harmonie, Respekt, gesehen werden, gehört werden, gebraucht werden.* Das sind alles sehr große Bedürfnisse. Genaugenommen

sind sie so groß, dass sie schwer zu messen sind, so groß, dass
man sich ein Leben lang darum kümmern muss. Während wir
uns auf den Weg machen, um mehr über diese großen Bedürfnisse zu lernen, brauchten wir unbedingt kleinere Mengen seelischer Nahrung entlang des Weges, um bei Kräften zu bleiben.
Wenn wir uns daran erinnern, dass ein Bedürfnis, das nicht klar
und deutlich geäußert wird, wahrscheinlich größtenteils unerfüllt bleibt, müssen wir fähig sein, unsere Wünsche transparent
zu machen: *Was könnte Ihr Partner ganz konkret im Alltagsleben
tun, um Ihnen zu beweisen, dass Ihre Bedürfnisse tatsächlich erfüllt
werden?*

Zwei Grundbedürfnisse, die fast immer genannt werden, sind
das *Bedürfnis nach Gesprächen* und *das Bedürfnis nach Berührungen*. Wir wollen diese beiden Bedürfnisse als Aufhänger nehmen,
um eine genaue Analyse eines typischen »unterernährten« Paares durchzuführen, das einen Punkt erreicht hat, an dem der eine
Partner sich so ausgehungert fühlt, dass er es nicht länger ertragen kann. Das Paar, das wir für unser Beispiel ausgewählt haben,
hat schon einmal professionelle Hilfe in Anspruch genommen,
aber den Partnern fällt es immer noch schwer, die notwendige
Kraft und Zuwendung aufzubringen. Die oberflächlichen Reparaturen haben bei ihnen nicht funktioniert, und jetzt möchten sie
ihren Problemen auf den Grund gehen, um besser zu verstehen,
was sie daran hindert, sich gegenseitig zu stärken und zu nähren.
Diese Partner könnten zum zweiten oder auch zum ersten Mal
verheiratet sein – ihr Problem ist so universell, dass praktisch
jede Beziehung davon betroffen sein kann.

Sam und Judy: Das Gesprächsproblem

Sam ist der schweigsame Typ, der kein Wort zu viel verliert: Was
er zu sagen hat, sagt er ein einziges Mal, und das muss reichen.
Einen einmal geäußerten Gedanken zu wiederholen, ist eine Beleidigung für den Zuhörer, weil man damit unterstellt, dass er
nicht aufmerksam zugehört und den Gedanken beim ersten Mal

verpasst hat. Ihm zweimal dasselbe mitzuteilen, ist zudem eine Beleidigung für seine Intelligenz – oder vielleicht Ausdruck eines Machtkampfes, bei dem man versucht, dem anderen seinen Standpunkt übertrieben deutlich zu machen. Sam zieht es vor, seine Gedanken bei sich zu belassen; er gibt sie nur ungern preis, solange sie nicht wirklich ausgegoren sind. Aus irgendeinem unerfindlichen Grund hat er eine Frau geheiratet, die gern und viel redet.

Judy nähert sich dem mittleren Alter und möchte mehr vom Leben. Sie liebt Sam, fühlt sich aber von ihm ausgeschlossen. Ihr kommt es vor, als lebe sie allein zu zweit. In letzter Zeit denkt sie immer öfter, dass sie, wenn sie sowieso allein ist, genauso gut *ganz* allein sein könnte. Auf diese Weise hätte sie vielleicht die Chance, neue Erfahrungen zu machen und sich ein Leben aufzubauen, das sie mehr erfüllt als die jetzige Situation. Vor einigen Jahren ist sie mit Sam zur Therapie gegangen, und obwohl einige der Entdeckungen, die sie damals gemacht haben, vielversprechend schienen, fühlt sie sich in ihrer Ehe immer noch leer und ausgehungert. Sie hat einen Punkt erreicht, an dem sie oft sehr verzweifelt ist.

Bei unserem Termin erklärt Judy, dass sie mehr Gespräche mit Sam brauche. Sie möchte mehr darüber erfahren, was er in seinem Alltag erlebt, und sie möchte mehr darüber wissen, was in seinem Innern vorgeht. Außerdem wünscht sie sich, dass er ihr häufiger zuhört, als er es jetzt tut. Im Moment hat sie das Gefühl, mit einem Stein zu leben, und diese Situation kann sie nicht länger ertragen.

Sam ist im Alarmzustand. Er erkennt, dass Judy diesmal tatsächlich kurz davorsteht, die Ehe zu verlassen, und er will sie nicht verlieren. Sie ist manchmal eine Quasselstrippe, aber er liebt sie von ganzem Herzen. Er kann verstehen, dass sie darunter leidet, dass ihre Bedürfnisse nicht erfüllt werden – schließlich geht es ihm umgekehrt genauso. Aber irgendetwas kommt ihm falsch vor. Anstatt seine Gedanken wie üblich für sich zu behalten, bringt er in der Therapiesitzung ein paar davon zur Sprache.

Ihm kommt es vor, als verlange sie von ihm, jemand zu sein, der er nicht ist. Er zeigt ihr seine Zuneigung auf seine Weise, tut viele Dinge für sie, die oft nicht anerkannt werden. Warum kann sie ihn nicht so akzeptieren, wie er ist? Warum kann sie nicht annehmen, was er anzubieten hat, anstatt zu versuchen, ihn zu ändern? Egal, was er tut, in ihren Augen ist er offenbar nie gut genug. Er arbeitet hart und muss im Beruf mehr reden, als ihm lieb ist; wenn er nach Hause kommt, wünscht er sich einfach ein bisschen Ruhe. Was ist mit *seinen* Bedürfnissen? Wieso kann sie ihr Mitteilungsbedürfnis nicht einfach bei ihren Freundinnen befriedigen?

Halten wir einen Moment inne und leisten etwas therapeutische Detektivarbeit. Bis jetzt haben wir eine Situation, die man in vielen Partnerschaften findet: Zwei Menschen, denen viel aneinander liegt, stecken in einer Sackgasse, in der keiner von beiden sein möchte. Judy fasst ein wichtiges Bedürfnis in Worte – und das ist gut so; sie hat ein Anrecht darauf, dass ihre Bedürfnisse erfüllt werden. Sam macht einige aufrichtige Aussagen darüber, wo er steht, und das ist gut so; er hat ein Anrecht darauf, dass auch seine Meinung gehört wird. Tatsächlich wäre beiden schon viel geholfen, wenn er einfach in dieser Form weiterreden würde, denn dann würden beide mit Sicherheit Wege finden, ihre Beziehung zu verbessern. Wenn er einfach nur reden würde, wäre Judys Bitte bereits erfüllt, und dieser Teil des Problems wäre gelöst. Dann könnten sie weitere Entdeckungen machen und weitere Probleme lösen. Sie würden die Blockade irgendwann durchbrechen, und die Ehe könnte sich wieder voranbewegen. Doch es ist nicht das erste Mal, dass Judy und Sam an diesem Punkt feststecken, und sobald der Druck der Therapie verschwunden ist, verfällt Sam wieder in Schweigen. Wenn das geschieht, werden die beiden mit Sicherheit erneut in genau dieselbe Sackgasse geraten wie jetzt. Da Sams Schweigen ein großer Stolperstein in dieser Beziehung zu sein scheint, müssen wir mehr darüber in Erfahrung bringen, was in ihm vorgeht.

Sam ist nicht dumm – er weiß seit Jahren, wie wichtig es für

Judy ist, mehr mit ihm zu kommunizieren. Als praktisch denkender Geschäftsmann weiß Sam, dass die wichtigsten Bedürfnisse beider Partner erfüllt werden müssen, wenn man eine stabile, gut funktionierende Beziehung (welcher Art auch immer) aufrechterhalten will. Judy bittet ihn nicht um etwas, zu dem er nicht in der Lage ist (das wissen wir, weil er unter dem Druck der Therapiesitzungen sehr wohl fähig ist, sein Schweigen zu brechen). Unter der Oberfläche muss sich noch etwas verbergen, das wir noch nicht verstehen, weil die Antwort so offenkundig scheint: *Stell fest, wie hoch ihr Gesprächsbedarf ist, und mach einen Deal.*

Wenn Judys Gesprächsbedarf rein quantitativ weit über seinen Möglichkeiten läge und sie auch nicht bereit wäre, Abstriche zu machen, könnten sie sofort das Handtuch werfen – und sich auf die Suche nach Partnern begeben, die besser zu ihnen passen. Aber Sam hat bereits gesagt, dass er das nicht will. Wenn sie einen Weg finden könnten, sich über das Gesprächsvolumen zu einigen, das Judy braucht, könnten sie im nächsten Schritt feststellen, was *er* braucht (die Tatsache, dass Judy sich zuerst geäußert hat, heißt nicht, dass ihre Bedürfnisse irgendwie wichtiger wären als seine). Wenn Judy einwilligt, ihm in seinen Bedürfnissen ebenfalls entgegenzukommen, könnten sie den toten Punkt überwinden und anfangen, sich gegenseitig zu geben, was sie brauchen. Doch auch das geschieht nicht. Tatsächlich geschieht das in Beziehungen, die unter seelischer Mangelernährung leiden, sehr selten.

Wenden wir uns zunächst Sam zu und finden heraus, wie es in ihm aussieht. Wenn wir seine früheren Äußerungen genauer betrachten, entdecken wir einen roten Faden: Er wehrt sich mit jeder Reaktion dagegen, das zu tun, was Judy will. Fast jede Äußerung ist eine aufwendige Art, »Nein« zu sagen. *Er ist sich nicht bewusst, dass er »Nein« sagt,* aber das ist die Botschaft, die er – klar und unmissverständlich – aussendet. Also atmen Sie tief durch und erforschen Sie mit uns gemeinsam ein Phänomen, das die meisten Menschen kennen, aber für gewöhnlich nicht erörtern: Die Art, wie Männer auf Forderungen von Frauen reagieren.

Der Trotz der Männer

Okay, Männer. Versuchen wir, uns Folgendes vorzustellen: Die Partnerin hat gerade zu uns gesagt:

»Mach um 18 Uhr Abendessen.«

»Räum dein Zimmer auf.«

»Bring den Müll raus.«

»Rede mehr mit mir.«

Wie reagieren wir? Was empfinden wir?

Viele Männer reagieren abwehrend, wenn eine Frau eine Forderung an sie stellt. Vielleicht liegt es daran, dass wir von Frauen geboren oder als Kinder von ihnen erzogen wurden. Was immer die Ursachen sein mögen, irgendwie betrachten Männer die Angehörigen des weiblichen Geschlechts als »Widersacherinnen, denen man gefallen muss«. Frauen zu gefallen, ist für den Mann in Ordnung, wenn es *zu seinen eigenen Bedingungen* geschieht. Aber einer direkten Forderung nachzugeben, ist für ihn gleichbedeutend mit einem Selbstverlust, dem Verlust essenzieller männlicher Macht, vielleicht sogar mit dem Verlust seiner männlichen Seele. Männer stellen sich gern dumm und tun so, als wüssten sie nicht, was Frauen wollten; doch hinter dieser scheinbaren Unkenntnis steckt häufig eine verborgene Absicht – der Wille zur Selbsterhaltung, der Wille, sich einer Frau nicht zu beugen. Das kann sich leicht zu einer gewohnheitsmäßigen Abwehrhaltung entwickeln und der Name des Gefühls, das diese Haltung begleitet, lautet *Trotz*.

Trotz verleiht ein Gefühl von Macht, aber es ist eine künstliche Macht. Eine Macht, die darauf basiert, dass man »Nein!« sagt, ist die Macht des Krabbelkindes, das gerade anfängt, seine Welt zu erforschen. Weil man die Partnerin auf diese Weise besiegt (oder zumindest ihre Absichten durchkreuzt), verleiht eine Trotzhaltung die *Illusion* von persönlicher Stärke und aufrechterhaltener Integrität. Doch der trotzige Partner nimmt in Wahrheit die Haltung eines ängstlichen, kleinen Kindes ein. (Wenn er nicht fürchten würde, von der Frau überwältigt zu werden, warum sollte ein Mann wie Sam es dann nötig haben, automatisch in Abwehrhaltung zu gehen, wenn Judy ein Bedürfnis äußert?)

Als Bewältigungsstrategie kann Trotz auf oberflächliche Weise dazu beitragen, das Gefühl eigener »Macht« zu stärken. Für die Anfänge der eigenen Persönlichkeitsentwicklung in jungen Jahren ist Trotz tatsächlich eine genauso gute Bewältigungsstrategie wie jede andere. Problematisch wird es, wenn man diese tiefsitzende Trotzstrategie in kaum oder gar nicht reflektierter Form auch noch mit über Dreißig einsetzt. Ein Mann in den Dreißigern und Vierzigern (und jenseits davon), der sich immer noch reflexartig gegen Forderungen von Frauen auflehnt, hat etwas Bemitleidenswertes. Im Innern seiner Abwehrstruktur ist er von seiner Stärke überzeugt, aber wenn man sie von außen betrachtet, sieht man einen unterentwickelten Mann hinter einer Mauer. Wer den starken Mann hinter Abwehrmauern spielt, bringt nicht seine authentische Männlichkeit zum Ausdruck, sondern ist nur ein verängstigter Mensch, der tief in seiner Seele immer noch in der Vergangenheit gefangen ist und versucht, gegen übermächtige Kräfte zu kämpfen, mit denen er in einer früheren Lebensphase nicht offen umgehen konnte.

Wenn Sam keine Abwehrhaltung einnähme, wenn er Judys Forderungen nicht als Bedrohung seiner männlichen Seele empfände, wie könnte er dann an diese Situation herangehen?

Ein Partner, der sich nicht in der Defensive befindet, erkennt, dass es ein Problem gibt. Die Partnerin hat ein Bedürfnis, das erfüllt werden muss. Ein reifer Mensch weiß, dass das Leben voll von Forderungen ist. Ein Erwachsener ist sich bewusst, dass ein Mann und eine Frau, die ihr Leben zusammen verbringen wollen, fähig sein müssen, in ständigem Austausch Forderungen zu stellen und zu erfüllen (nur das Kind im Innern verweigert dieses Geben und Nehmen). Sams Partnerin hat ein Bedürfnis geäußert, das sie als grundlegend für sich empfindet. Dem Thema auszuweichen wird nicht funktionieren. Um ihr Bedürfnis zu erfüllen, wird Sam etwas mehr Mühe investieren müssen, als er selbst als angenehm empfindet, sodass es ein bisschen unangenehm werden könnte. Wenn er nicht bereit ist, eines ihrer wichtigsten Bedürfnisse zu erfüllen (sich also weigert, mehr zu reden), wird Judy letztlich mit einer ähnlichen Verweigerung reagieren. Zwei Menschen, die sich weigern, einander zu geben, was sie dringend zum Leben brauchen, zehren sich aus. Zwei ausgezehrte Partner werden sich schließlich trennen. Wie die Geschichte weitergeht, liegt auf der Hand. Wenn Sam eine glückliche Ehe mit Judy führen möchte, muss er sich ändern und sich ein bisschen mehr anstrengen, als ihm persönlich lieb ist. Andernfalls wird die Veränderung ihn schließlich heimsuchen (etwa in Form einer gescheiterten Ehe). Partner, die sich dafür entscheiden, den Daumen des trotzigen Zweijährigen aus dem Mund zu nehmen, werden merken, dass sie ihren Partner gründlich studieren müssen. Vielleicht könnte Sam anfangen, seine Ehe mit einer Geschäftsbeziehung zu vergleichen: Wenn sie erfolgreich verlaufen soll, muss man wissen, was den anderen Beteiligten wichtig ist. Bis jetzt hat Judys Bitte um mehr Kommunikation nur einen Reflex ausgelöst, und wird von Sam als Nörgelei interpretiert. Bislang hat er sich noch nicht sehr weit für Judys Bedürfnis geöffnet, weil es kein Bedürfnis ist, das ihm selbst von Bedeutung erscheint. Vielleicht ist es an der Zeit, dass er seinen Bildungshorizont ein wenig erweitert.

Anatomie eines gesprächigen Charakters
Während der schweigsame Typ dazu neigt, Informationen visuell aufzunehmen, nimmt der gesprächige Typ sie lieber akustisch auf. Wenn er vor einem Problem steht, möchte er hören, wie es klingt, wenn man es in Worte fasst, und dazu ist es offenkundig erforderlich, über die Sache zu sprechen. Er hört die gesprochenen Worte, nimmt die Informationen auf und verarbeitet sie. Diese Verarbeitung führt zu neuen Einsichten, die ebenfalls danach drängen, in gesprochene Worte umgesetzt zu werden. Die neueren Informationen kommen wiederum über die Ohren herein und werden erneut verarbeitet. Diese Informationsschleife hilft dem gesprächigen Typ, zu mehr Klarheit zu gelangen (und letztlich die Welt besser zu verstehen). Die Klärung setzt schneller ein, wenn die Worte auch von einer anderen Person, die das

Problem ebenfalls erforscht, empfangen werden. Der ganze Entdeckungsprozess funktioniert besser, wenn jemand zugegen ist,
der die Worte des Sprechenden aufnimmt (wer möchte schon gegen eine Wand reden?).

Reden (und Zuhören) sind mehr als eine Methode für ein besseres Weltverständnis. Es ist ein Ausdruck des Interesses und
des Respekts. Es ist eine Methode, Aufmerksamkeit zu schenken
und zu erhalten. Das gründliche Durchkauen eines Problems
kann Lust bereiten (und wer das ausführliche Gespräch über-
springt, um sofort irgendwelche Lösungen zu präsentieren, ver-
dirbt diesen Spaß). Durch das regelmäßige Gespräch bleiben
die Partner auf dem Laufenden übereinander, was ihre Verbundenheit bestärkt. Gespräche, in denen auch persönliche Gefühle
zum Ausdruck gebracht werden, fördern die Vertrautheit und
Ehrlichkeit der Beziehung. Reden trägt dazu bei, aufgeschlossenen Herzens zu bleiben, was die Liebe fördert.

Kurz, Reden ist viel mehr als Reden; für jemanden wie Judy ist
es eine Art Nährstoff. Ihr Bedürfnis, mehr mit Sam zu reden,
entspringt nicht der Absicht, Sam herabzusetzen oder ihm ein
Stück von seiner Seele zu rauben. Es ist einfach Nahrung für sie,
Nahrung, die sie braucht, um in der Beziehung zu gedeihen.

Schweigsame Typen wie Sam ziehen ihre Befriedigung häufig
aus ganz anderen Unternehmungen, und auch daran ist nichts
auszusetzen. Es ist nicht so, dass Judys Art »richtig« und Sams
Art »falsch« wäre. Die Fragen, vor denen Sam steht, sind folgende: Will er mit Judy (oder einer Frau wie ihr) zusammen sein?
Wenn er das will, möchte er dann, dass sie ihm alles gibt, was sie
zu bieten hat? Würde er es vorziehen, ausschließlich auf seine
Weise zu leben, in seinem Wohlfühlbereich, und dafür eine aus-
gehungerte Beziehung in Kauf nehmen? Oder ist er bereit, Judy
zu geben, was sie braucht – wodurch er eine viel bessere Chance
hätte, zu bekommen, was *er* braucht? So wie im Moment geht
es jedenfalls nicht weiter, weil er versucht, weiterhin als Single
in einer Zweierbeziehung – einer Ehe – zu leben. Irgendetwas
muss sich bewegen.

Abwehr versus Grenzen

Einiges davon dringt allmählich zu Sam durch, aber er ist immer noch sehr vorsichtig und ängstlich. Er kann Judy schon etwas besser verstehen, aber er verspürt noch immer einen gewissen Widerstand gegen ihr Bedürfnis nach mehr Kommunikation. Bei einer etwas gründlicheren Selbsterforschung würde er erkennen, dass es ihm unterschwellig so vorkommt, als hätte Judy bereits einen Großteil seines Lebens unter ihre Kontrolle gebracht: Wenn er versuchen würde, so viel mit ihr zu reden, wie sie es will, gäbe es unter Umständen kein Halten mehr und sie würde immer mehr von ihm verlangen. Tief in sich fürchtet er, dass sie unersättlich ist. Er könnte von ihren Forderungen verschlungen werden. Wenn er ihr jetzt nachgibt und mehr redet, wird sie im nächsten Monat noch viel mehr Entgegenkommen von ihm erwarten.

Wenn Sam mit der bereits begonnenen Art der Problemlösung fortfahren würde, käme ihm allmählich eine Erkenntnis: Um auf Judy zugehen zu können, braucht er die Gewissheit, dass ihren Forderungen bestimmte Grenzen gesetzt sind. Diese Erkenntnis wäre ein großer Fortschritt. Bis jetzt reagiert er reflexartig mit Abwehr. Das Problem ist, dass Menschen, die sich automatisch (und daher unbewusst) verteidigen, nichts geben; sie verstecken sich nur hinter einer Mauer, um sich selbst zu schützen. Da Sam fürchtet, von Judys Bedürfnissen verschlungen zu werden, hat er sich nicht einen Zentimeter in ihre Richtung bewegt. Vielleicht wäre sie tatsächlich unersättlich, aber nicht einmal darüber kann er sich Klarheit verschaffen, solange er nicht wenigstens versucht, ihr Verlangen zu stillen.

Nehmen wir einmal an, Sam hätte sich zu der Anstrengung aufgerafft, sich selbst auf den neuesten Stand zu bringen. Statt seiner gewohnten Abwehr- und Trotzreaktionen möchte er kreativere und konstruktivere Verhaltensweisen entwickeln. Er will aufgeschlossener auf Judys Bedürfnisse reagieren *und* sich selbst treu bleiben. (Wir betonen das »und«, weil Sam bis jetzt eher im Sinne eines »Entweder/oder«-Prinzips auf seine Situation reagiert hat.) Doch wie soll er weitermachen? Er muss lernen, die feinen Unterschiede zwischen einem defensiven Verhalten und dem Festsetzen von *Grenzen* zu erkennen. Das ist kompliziert, weil diese beiden Unternehmungen sich von außen sehr ähnlich sehen, und tatsächlich reden sich viele Menschen ein, dass sie das eine tun, obwohl sie in Wahrheit das andere machen. Es lohnt sich, dieses Thema etwas näher zu erforschen, deshalb wollen wir unsere Aufmerksamkeit kurz in diese Richtung lenken.

Wer sich selbst kennt, seinen Gefühlen vertraut und zu der Anstrengung bereit ist, klare Grenzen zu ziehen, muss nicht fürchten, seine Seele zu verlieren. Doch da die meisten Menschen in der Kindheit nicht gelernt haben, was Grenzen sind, haben sie den leichteren Weg der Abwehr gewählt und schützende Mauern um sich errichtet. Deshalb müssen sie als Erwachsene lernen, was der Unterschied zwischen Verteidigungsmauern und Grenzen ist. Im realen Leben ist es leichter, diesen Unterschied intuitiv zu erkennen, als ihn mit Worten zu beschreiben, aber wir wollen es trotzdem einmal mit Worten versuchen.

Abwehr und Trotz entsprechen einem automatischen »Nein«. Wer reflexartig zu einer aufbrausenden Gefühlsreaktion neigt, wenn der Partner etwas an ihn heranträgt, steuert wahrscheinlich auf eine Abwehrreaktion zu. Das Festlegen einer Grenze ist dagegen nichts Automatisches. Bevor man eine Grenze zieht, nimmt man relevante Informationen auf, bewertet Gedanken *und* Gefühle und berücksichtigt die tatsächliche Situation. Gegebenenfalls unternimmt man eine Anstrengung, um dem anderen die eigenen Grenzen zu beschreiben. Abwehr dagegen ist stumm oder voller unpersönlicher Worte; ehrliche Erklärungen werden selten angeboten. Grenzen helfen uns und den Menschen in unserem Umfeld, sich sicherer und letztlich entspannter zu fühlen. Abwehr erhöht die Anspannung, fördert das Misstrauen. Alle sind am Ende verwirrt, ohne genau zu begreifen, was geschieht. Verteidigungsmauern riegeln das Selbst ab, mit dem Ergebnis, dass der Mensch unzugänglicher wird. Grenzen erfordern ein Hervorbringen des Selbst: Der Mensch wird zugänglicher. Abwehrmechanismen beruhen auf einer verdeckten Furcht, während Grenzsetzungen Mut erfordern. Menschen in Verteidigungsstellung denken vielleicht, sie wären stark und mächtig; Menschen, die Grenzen setzen, machen sich keine Gedanken darüber, ob sie als mächtig gelten. Sie strahlen Stärke aus, weil sie auf sich selbst vertrauen, so wie sie sind.

Eine Grenze atmet und ist lebendig. Obgleich klar festgelegt, bleibt sie in gewisser Weise durchlässig. Wer Grenzen setzt, ist nicht in seiner Position gefangen und bereit, neu zu verhandeln, wenn die Umstände sich verändern. Eine Abwehr dagegen ist starr und undurchdringlich. Die Person hinter der Mauer ist angespannt, in ihrer Position gefangen und nicht bereit, neue Informationen aufzunehmen. Das Gesicht eines Menschen, der Grenzen setzt, unterscheidet sich sichtbar von dem Gesicht eines Menschen, der Abwehrmauern errichtet.

Wer eine Grenze setzt, kann vielleicht nicht immer zwischen Abwehr oder Grenze unterscheiden, doch der Partner, der auf der anderen Seite steht, ist dazu fast immer in der Lage. Auf der anderen Seite einer Grenze zu stehen, mag auf kurze Sicht frustrierend sein, aber auf lange Sicht bereichert es die Beziehung. Der Grenzzieher ist immer noch zugänglich; die Zugangswege sind nur klarer festgelegt. Wenn Grenzen vorhanden sind, haben die Partner mehr Möglichkeiten, wirklich sie selbst zu sein, das Vertrauen und das Gefühl von Geborgenheit wachsen, das gemeinsame Glück weitet sich aus. Auf der anderen Seite einer Verteidigungsmauer zu stehen, ist dagegen schlichtweg frustrierend. Wer auf Abwehr (oder Trotz) stößt, empfindet einen Mangel an Verbundenheit. Der Mensch, der eine Verteidigungsstellung einnimmt, ist selten voll zugänglich. Wenn Abwehrmechanismen vorhanden sind, ist schwer zu erkennen, was eigentlich geschieht. Es kann kein Vertrauen entstehen und schließlich vergrößert sich die Distanz.

Abwehr kann viele Gesichter annehmen, aber das Ergebnis ist immer dasselbe. Sie kann zum Beispiel die Form von *Sturheit, bösen Worten, gar keinen Worten, Rückzug, Streitsucht, Ausreden, Gegenangriffen, wohlerzogenem Verhalten (»braver Junge«/»braves*

Mädchen«) oder *einem eingefrorenen Lächeln* annehmen. Diese Reaktionen haben gemeinsam, dass sie nahezu automatisch erfolgen – Menschen in Abwehrstellung tun, was sie immer getan haben, um sich selbst zu schützen. Das Problem ist, dass die Reaktionen so zur Gewohnheit geworden sind, dass die Person, die sich verteidigt, andere Möglichkeiten aus den Augen verloren hat. Mit anderen Worten, das Abwehrverhalten ist so fest verwurzelt, dass der defensive Mensch für gewöhnlich nicht erkennen kann, wie eingemauert er ist.

Menschen, die in einem so starren Abwehrsystem gefangen sind, stecken wirklich fest; sie können nur ganz langsam an Selbsterkenntnis gewinnen, weil sie Schwierigkeiten haben, irgendwelche Informationen von außen aufzunehmen (alles wird abgewehrt). Doch wenn diese Schutzmechanismen nicht in Frage gestellt werden, ist das Ergebnis immer ein geringes oder ausbleibendes persönliches Wachstum, und für eine Partnerschaft bedeutet das Stagnation. Liebespartner, die nicht über ihre Abwehrtendenzen hinausschauen können, werden letztendlich wieder und wieder dieselben schädlichen Muster wiederholen (ohne ihren eigenen Beitrag zu erkennen).

Grenzen schaffen Freiheit

Sam fängt schließlich an, den Unterschied zwischen Abwehr und Grenzen zu erkennen. Ihm wird klar, dass Abwehrreaktionen ihn nirgendwo hinführen, aber seine Ehe zerstören werden. Er wird sich bewusst, dass ein Verzicht auf seine Verteidigungsmauern nicht bedeutet, dass er sich selbst aufgeben muss – wenn er zu der Anstrengung bereit ist, Grenzen zu setzen. Er erkennt, dass auch er das Recht hat, seine Bedürfnisse zu äußern, wenn er sich auf Verhandlungen mit Judy einlässt. Er akzeptiert, dass er manchmal seine gewohnten Verhaltensweisen ändern muss, und er erkennt auch allmählich die neuen Möglichkeiten und Vorteile, die sich daraus ergeben können.

Wie findet er heraus, wie er Judys Bedürfnisse erfüllen kann, ohne »sich selbst zu verraten«? Anstatt zustimmend zu nicken, obwohl er in Wahrheit nicht die geringste Absicht hat, sich entsprechend zu verhalten, oder anstatt viele Worte zu benutzen, die alle auf ein »Nein« hinauslaufen, probiert er es diesmal mit einem neuen Ansatz. Er fragt Judy, wie viel Gesprächszeit sie sich wünscht.

Nachdem Judy ihre Überraschung überwunden hat, sagt sie, dass es großartig wäre, wenn sie täglich zwanzig Minuten ein ehrliches, offenes Gespräch von Angesicht zu Angesicht führen könnten. Insgeheim ist Sam ein bisschen schockiert, dass sie nur zwanzig Minuten verlangt. Doch anstatt sofort zuzustimmen (und ein »Ja« zu riskieren, das er nicht wirklich meint), hält er inne und erforscht sein Inneres (was immer zu empfehlen ist, wenn es um Grenzen geht). Er ist bereit, ihr diese Redezeit zuzugestehen, aber für ihn gilt, dass er direkt nach der Arbeit, wenn Judys Mitteilungsbedürfnis ganz besonders groß ist, ein besonders großes Bedürfnis nach ein bisschen Stille hat. Genaugenommen war dies ein Teil des Problems. Wenn er nach Hause kam, war er erschöpft und in Gedanken immer noch bei der Arbeit. Wenn sie dann gleich auf ihn zuging, zog er sich in sein Schneckenhaus zurück, um sich zu schützen; und dann fiel es ihm schwer, wieder herauszukommen.

Nachdem ihm dieser Mechanismus klar geworden ist, wendet er sich an Judy. Die zwanzig Minuten Gesprächszeit, die sie sich wünscht, sind für ihn akzeptabel, aber wenn er abends durch die Tür kommt, möchte er gerne eine halbe Stunde entspannen – ohne Stress, ohne den Druck, irgendetwas tun zu müssen. Er schildert sein Bedürfnis nach einer Übergangszeit von der Arbeit ins Privatleben. Judy hört zu und nimmt auf, was er zu sagen hat. Es sind interessante und zum Teil auch neue Informationen für sie. Was er sagt, erscheint ihr plausibel. Sie erklärt sich damit einverstanden, ihn eine halbe Stunde in Ruhe zu lassen, wenn er von der Arbeit nach Hause kommt.

Jetzt ist der Ball auf Sams Feld gelandet. Judy hat ihm ein Angebot gemacht, und er muss etwas entgegnen. Er sagt, er wäre bereit, sich nach dem Abendessen zu unterhalten, und setzt eine

Zeit dafür fest. Eine Zeit festzusetzen ist wichtig, weil auch das eine Grenze ist. So wissen die Partner, was von ihnen erwartet wird. Viele Menschen scheuen vor dieser Art von Reglementierung zurück, aber hier geht es um den Versuch, ein fest gefügtes System zu verändern, das im Laufe vieler Jahre durch ein tiefsitzendes Beziehungsverhalten entstanden ist. Um neue Verhaltensmuster in Gang zu setzen, ist eine große Anstrengung erforderlich, und jede Struktur, die dazu beiträgt, eine neue Verhaltensweise aufzubauen, ist am Anfang hilfreich. Später, wenn Sam ein bisschen mehr redet und Judy nicht mehr so ausgehungert ist, werden sie einen spontaneren Rhythmus finden.

Jetzt sind die Grenzen festgelegt. Beide Partner wissen, was zu tun ist. Judy wird ein bisschen warten, Sam wird ein Stück aus sich herauskommen. Sie müssen sich nicht selbst aufgeben. Eine zwanzigminütige Anstrengung erfordert kein übermenschliches Opfer. Es stimmt zwar, dass Sam ein bisschen geben muss, aber im Gegenzug erhält er genügend Raum, um sich zu entspannen. Judy ist begeistert von der Aussicht, etwas von Sam zu bekommen. Sie hat sich an seinen ständigen Widerstand gewöhnt, und nun zu hören, wie er verhandelt, ist wie eine frische Brise, die sie erleichtert aufatmen lässt. So geben Grenzen in der Beziehung beiden mehr Freiheit und Luft zum Atmen, und die Unterschiede sind bereits spürbar.

Sams und Judys Verhandlungen sind allerdings noch lange nicht abgeschlossen. Im realen Leben ist von solchen Verpflichtungen schon nach einigen Tagen oder Wochen oft weniger übrig als von den guten Vorsätzen fürs Neue Jahr. Wenn Versprechen gebrochen werden, ist das in jeder Phase einer Beziehung eine schlechte Nachricht, doch wenn das Paar gerade in einer Krise steckt, sind die Folgen verheerend. Äußerlich zeigen die Partner vielleicht gar keine Reaktion auf den Vertrauensbruch, doch in ihrem Innern kommt die Botschaft an und setzt sich fest. »Jetzt haben wir so viel durchgemacht, und es hat trotzdem nicht geklappt.« Der Partner ist nicht verlässlich. Die Beziehung ist nicht verlässlich. Wenn man nicht mehr glaubt, dass der Partner sich an gegebene Versprechen hält, was bleibt dann noch? Normalerweise nur noch zwei Menschen, die auf Sicherheit setzen. Und früher oder später wird sich herausstellen, dass das zu wenig ist.

Eingedenk dieser Gefahr empfehlen wir Paaren immer, ihre Vereinbarungen zeitlich zu begrenzen. Wie lange sind sie mit absoluter Sicherheit dazu bereit, sich voll und ganz dafür einzusetzen, ihre Absichtserklärungen in die Tat umzusetzen? Gegebenenfalls sollten sie lieber einen zu kurzen als einen zu langen Zeitraum vereinbaren, denn man kann die Vereinbarung immer wieder neu verhandeln und umsetzen. Wir raten auch Sam und Judy zu diesem Vorgehen, und sie einigen sich darauf, ihre Gesprächsvereinbarung einen Monat lang an fünf Tagen in der Woche einzuhalten. Wenn die neuen Verhaltensweisen zu positiven Ergebnissen führen, können sie ihre Vereinbarung verlängern oder auch überarbeiten, falls sie ein noch besseres Ergebnis anstreben. Und wenn sich herausstellt, dass einer von beiden unfähig oder nicht bereit ist, die Vereinbarung einen Monat lang durchzuhalten, können sie aufhören, so zu tun, als wünschten sie sich eine erfüllte, für beide Seiten befriedigende Beziehung.

Noch ein letzter Hinweis: bei Vereinbarungen und Grenzen hängt vieles von der inneren Einstellung ab. Wenn Sam an jeden Gesprächstermin herangeht, als müsse er eine bittere Medizin schlucken, ist er im Grunde noch immer in seiner Trotzhaltung gefangen, und die Erfolgsaussichten werden in direktem Verhältnis dazu sinken.

Sam und Judy setzen sich damit auseinander,
wie viel Zärtlichkeit sie brauchen

Jetzt, wo Sam und Judy das Gesprächsproblem durchgearbeitet und eine Vereinbarung getroffen haben, wenden wir uns wieder Sam zu. Es ist unwahrscheinlich, dass irgendein Partner die Energie aufbringt, auf lange Sicht ein primäres Bedürfnis des anderen zu erfüllen, ohne dass ein eigenes wichtigstes Verlangen gestillt wird. Was braucht Sam besonders dringend?

Da Sam der schweigsame Typ ist, dauert es etwas länger, bis er

seine Bedürfnisse formuliert hat, aber mit ein bisschen Ermutigung von unserer Seite räumt er ein, dass er sich mehr Berührungen wünscht. Der Austausch von Berührungen gehört für ihn
zu den wichtigsten Formen der Kommunikation in einer Partnerschaft, und er braucht mehr davon. Diese Zärtlichkeiten
müssten nicht sexueller Natur sein; sie könnten auch einfach aus
Streicheln, Massieren oder anderen Berührungen bestehen. Das
Wichtigste für ihn sei ein *regelmäßiger* Hautkontakt, ohne dass er
dabei jedes Mal reden müsse.

Diesmal ist es an Judy zu reagieren. Sie sagt, sie bemühe sich
nach Kräften, alles richtig zu machen. Sam erkenne die vielen
Dinge, die sie tue, und die ganzen Opfer, die sie bringe, um seine
Bedürfnisse zu erfüllen, überhaupt nicht an. In seinen Augen sei
es nie gut genug. Sie sei erschöpft von diesen ganzen Bemühungen. Und überhaupt – was sei mit *ihrem* Bedürfnis nach Berührungen?

Der Trotz der Frauen gegenüber Männern

Jetzt erhalten wir Gelegenheit, die Abwehr der anderen Seite zu
untersuchen. Worauf laufen die Äußerungen eines Partners hinaus, der auf diese Weise zurückschießt (wenn wir unter die Oberfläche des reinen Wortgehalts schauen)? Auf ein klares »Nein!«.
Nein, was dein Bedürfnis betrifft. Judy weiß genau Bescheid über
Sams Abwehrhaltung, hat aber große Mühe, ihre eigene zu erkennen. Frauen erwecken vielleicht den Anschein, dass sie besser mit Forderungen umgehen könnten, aber das macht sie nicht
weniger defensiv als Männer. Ihr »Nein« kommt Judy absolut
vernünftig und vollkommen gerechtfertigt vor (wie umgekehrt
auch).

Das unerfüllte Verlangen nach Berührungen beeinflusst Paare
auf andere Weise als das Gesprächsbedürfnis. Beim Gesprächsbedürfnis neigen die Partner zur Polarisierung, sie richten sich
in gegnerischen Lagern ein und streiten darüber, wer Recht oder
Unrecht hat, bis sie nicht mehr weiterkommen. Der eine fordert,
der andere wehrt ab, und beide bleiben an diesem Punkt stecken.

Bei dem Hunger nach Berührungen sieht die Situation etwas anders aus. Normalerweise sind sich beide Partner einig über dieses Bedürfnis: Sie wollen beide mehr Zärtlichkeit. Ihnen kommt etwas anderes in die Quere.

Da wir den Gegensatz zwischen Abwehr und Grenzen im Zusammenhang mit Sam recht ausführlich erörtert haben, wollen wir hier davon ausgehen, dass auch Judy alles Notwendige über dieses Thema gelernt hat. In Wahrheit war sie genauso gefangen wie Sam, aber jetzt erkennt sie den Unterschied zwischen Grenzen und Abwehr, und auch sie ist es leid, in der Defensive zu sein. So wie er sich allmählich bewusst wird, dass seine Trotz- und Abwehrreaktionen von einem sehr jungen Anteil in seinem Innern ausgehen, erkennt auch Judy, dass eine ähnliche Situation bei ihr selbst vorliegt. Sam ist bereits ein Stück aus sich herausgekommen und hat sich bereit erklärt, mehr mit ihr zu reden. Deshalb besteht keine Notwendigkeit mehr für Judy, den lang anhaltenden Machtkampf über die Frage, wer den ersten Schritt tun soll, fortzusetzen. Sie erklärt auch, sie habe volles Verständnis für Sams Bedürfnis nach Berührung und benötige keine zusätzlichen Informationen darüber. Doch als sie ein bisschen in sich forscht, wird ihr klar, dass sie, wenn sie absolut ehrlich ist, eher Lippenbekenntnisse über ihre Bereitschaft zum Austausch von Zärtlichkeiten ablegt, und nicht wirklich entschlossen ist, sich tatsächlich daran zu halten. Welche verborgenen Gefühle müssen freigelegt werden, bevor sie diesen toten Punkt überwinden kann?

Wenden wir uns zunächst einem der größten Hindernisse zu. Fast jede Frau, die man zum Thema männlicher Trotz befragt, wird bestätigen, dass ihr dieses Phänomen bekannt ist. Doch fragt man sie, in welcher Hinsicht *sie selbst* zu Trotzreaktionen neigt, erntet man verständnislose Blicke. *Ihren eigenen inneren Widerstand erkennt sie nicht.* Genauso wie Männer häufig unbewusst zu Trotzreaktionen gegenüber weiblichen Forderungen neigen, sind sich auch Frauen häufig ihrer Abwehrreaktionen gegenüber Männern nicht bewusst.

Viele Frauen, insbesondere wenn sie einen Partner haben, der ihre wichtigsten Bedürfnisse nicht erfüllt, widersetzen sich dem Mann, indem sie sich sexuell entziehen. Das ist kein bewusster Akt; es ist einfach eine Methode, die Frauen einsetzen, um nichts von ihrer Macht zu verlieren und ihr Selbstgefühl zu bewahren. Es ist die Weigerung, sich selbst preiszugeben und die eigene Verwundbarkeit rückhaltlos zu offenbaren. Die verdeckte Aussage, die damit einhergeht, lautet etwa:»Ich gebe dir die Mutter in mir und manchmal schenke ich dir mein Herz, aber die Frau in meinem tiefsten Innern kriegst du nicht.« Das heißt nicht unbedingt, dass sie nicht mit dem Mann schläft; es heißt lediglich, dass sie sich nicht in ihrer ganzen Verwundbarkeit öffnet. Und wenn Berührungen gewohnheitsmäßig auf Sex hinauslaufen, bleiben auch die Berührungen auf der Strecke. Auch hier gilt wieder, dass dies kein bewusster Akt des Vorenthaltens ist; die Frau stellt einfach fest, dass sie ihren Partner nicht sehr häufig berührt.

Wenden wir diese Erkenntnisse auf Sam und Judy an, wird deutlich, dass die Entbehrung zwischen ihnen tiefere Ursachen hat und nicht einfach darauf zurückzuführen ist, dass es hier zwei Menschen an der nötigen Intelligenz fehlt, um gegenseitig ihre wichtigsten Bedürfnisse zu erfüllen. Es steckt mehr dahinter als der passive Prozess zweier Individuen, die es einfach nicht besser wissen und deshalb in einen Zustand seelischer Mangelernährung geraten. Vielmehr wird deutlich, dass beide Partner eine trotzige Verteidigungsstellung einnehmen und unbewusst dazu beitragen, sich gegenseitig auszuhungern.

Man erkennt auch allmählich, warum es in allen Partnerschaften so schwierig ist, diese Entbehrungssituation zu ändern. Wenn die Partner reflexartig in Abwehrhaltungen verfallen, investieren sie wenig Anstrengung in eine praktische Problemlösung. Deshalb müssen die Partner bereit sein, tiefer in sich zu gehen und sich selbst besser kennenzulernen, wenn sie einen echten und dauerhaften Wandel bewirken wollen.

Eine weitere Grenze

Einige dieser Gedanken leuchten Judy ein, aber sie ist immer noch auf der Hut. (Das Bewusstsein für die eigene Abwehrstruktur entsteht normalerweise nicht durch eine blitzartige Erkenntnis, sondern entwickelt sich über längere Zeit, und in dieser Zeit muss die Person bereit sein, sich selbst genau zu beobachten.) Judy möchte immer noch glauben, dass es vor allem Sams Widerstand ist, der sie in diese Sackgasse geführt hat, aber sie kann nicht ignorieren, was in diesem Moment geschieht. Er hat jetzt einen Schritt auf sie zugemacht. Sie kann sich nun nicht einfach zurücklehnen und ihn weiterhin für die festgefahrene Situation in ihrer Ehe verantwortlich machen. Sie ist gezwungen, einen Teil der Verantwortung zu übernehmen, denn jetzt muss *sie* einen Schritt auf ihn zumachen, damit es vorangehen kann.

Die Wahrheit ist, dass auch sie sich mehr Zärtlichkeit und eine erfülltere Sexualität wünscht. Doch nach ihrer Erfahrung in den letzten Jahren führen körperliche Berührungen immer zum Sex, und das ist aus mehreren Gründen ein Problem für sie: Da ihr Körper gelernt hat, dass Berührungen ausnahmslos zum Geschlechtsverkehr führen, kann sie sich nicht wirklich entspannen, wenn sie miteinander kuscheln. Sie hat Spaß am Sex, aber wenn jede Art von Zärtlichkeit auf Sex hinausläuft, fühlt sie sich »benutzt«. Ihre Wunschvorstellung sähe folgendermaßen aus: Mehr Zärtlichkeit, mehr Geben und Nehmen, manchmal in Verbindung mit Sex, manchmal einfach Streicheln um des Streichelns willen. Jetzt hat Judy die Möglichkeit, eine Grenze zu setzen.

Sie macht Sam klar, wie ihre Vorstellung aussieht: Sie ist bereit, ihm mehr Zärtlichkeit zu geben und sich die nötige Zeit dafür zu nehmen. Sie würde auch selbst gern häufiger Zärtlichkeiten empfangen. Aber sie wünscht sich auch Berührungen ohne Sex – dass sie einfach kuscheln und das Kuscheln als solches genießen. Aus ihrer Sicht sind Berührungen in ihrer Beziehung fast immer an Sex gebunden. Sie will aber nicht jedes Mal gleich mit Sam schlafen, und damit hängt es auch zusammen, dass sie seinen Wunsch nach mehr Zärtlichkeit in der Vergangenheit häufig abgeschlagen hat.

Wir wenden uns wieder Sam zu, um zu sehen, wie er reagiert. Er ist begeistert. Er würde es großartig finden, wenn sie manchmal einfach nur Hautkontakt herstellen, sich zum Beispiel massieren, und bei anderer Gelegenheit Zärtlichkeit und Sex verbinden. Aus seiner Sicht hat sich diese Gewohnheit nur eingeschlichen, weil sie nicht sehr oft miteinander schlafen und auch nicht oft Zärtlichkeiten austauschen, sodass die Situationen, in denen sie tatsächlich einmal zärtlich zueinander sind, für gewöhnlich zum Sex führen.

Judy ist ein bisschen überrascht zu hören, dass er gern Zeit für Zärtlichkeiten hätte, auch wenn sie nicht auf Sex hinauslaufen. Ihr ist noch nicht ganz klar, wie sie selbst zu der Situation beigetragen hat: Indem sie sich immer zu beschäftigt gehalten hat, um sich auf regelmäßige Berührungen einzulassen, hat sie dafür gesorgt, dass ihr Partner nach Zärtlichkeiten hungert; und ein derart ausgehungerter Partner neigt dazu, sehr stark auf jede Berührung zu reagieren. Es ist fast eine Offenbarung für sie: Nicht nur sie hat sich ausgehungert gefühlt, sie hat auch aktiv dazu beigetragen, ihn auszuhungern.

Judy könnte jetzt sagen: »Okay, ich werde dich häufiger berühren.« Wenn man das Gespräch an dieser Stelle beendet, kann man mit ziemlicher Sicherheit davon ausgehen, dass die beiden in drei, vier oder fünf Wochen wieder bei demselben Maß an Zärtlichkeit angekommen sind wie jetzt. Warum? Man darf nie vergessen, dass die Kräfte des Alltagslebens im Allgemeinen gegen die Partner arbeiten, die ihre gegenseitigen Sehnsüchte stillen wollen. Wir sind zu beschäftigt, zu abgelenkt, zu leistungsbetont im Beruf oder zu beansprucht von den Kindern. Wie bei ihrem Gesprächsproblem müssen die beiden auch hier einen konkreten Plan ausarbeiten und eine Vereinbarung treffen. Am Ende unserer Sitzung überlassen wir Judy und Sam ihren Verhandlungen. Wir hoffen aufrichtig, dass sie einen Plan ausarbeiten und sich daran halten, denn Körperkontakt ist sehr wichtig für eine Beziehung.

Der Hunger nach Berührungen

Wir können gar nicht genug betonen, wie bedeutsam regelmäßige Berührungen mit und ohne Sex für eine Partnerschaft sind. Abgesehen von dem offenkundigen Vorteil, dass sie zur Entspannung, Revitalisierung und gegenseitigen Verbundenheit beitragen, helfen Berührungen jeder Art den Partnern dabei, die Kopfebene zu verlassen und tiefer in ihren Körper einzutauchen. Sobald sie in ihrem Körper präsent sind, werden ihre Gefühle zugänglicher. Gefühlsbewegungen tragen dazu bei, das Herz offen zu halten, was die Liebe stärkt, was wiederum beide Partner nährt und kräftigt. Wir alle wissen, dass es so ist, und es bleibt eines der ewigen Geheimnisse des Lebens, warum nur so wenige Menschen entsprechend handeln und täglich die heilende Kraft der Berührung nutzen.

Wie bereits erwähnt, halten viele Menschen (insbesondere in ihrer ersten festen Partnerschaft) es für nüchtern und unromantisch, Verhandlungen zu führen oder feste Zeiten für Zärtlichkeiten oder Sex einzuplanen. Aus ihrer Sicht sollten solche Dinge natürlicher und spontaner geschehen. Wir antworten darauf, dass Partner Grenzen setzen müssen, und zwar in allen Bereichen ihres Lebens, wenn sie möchten, dass die Dinge so laufen, wie sie es sich wünschen. Betrachtet man ehrlich, was im Leben geschieht, wenn Partner sich weigern, Zeit für die Erfüllung von Bedürfnissen bereitzustellen, sieht man normalerweise ein langsames Verkümmern gemischt mit Idealvorstellungen, die nicht verwirklicht werden.

Feinde oder Verbündete?

Letztendlich haben Menschen unterschiedliche Bedürfnisse, und es gibt kein Patentrezept für alle Paare. Jedes Paar muss seinen eigenen Weg zu einer erfüllten Partnerschaft finden, die Gespräche und Berührungen umfasst. Wir können Anregungen geben, wie man sich selbst in Abwehrhaltungen ertappt, wir kön-

nen die Notwendigkeit von Grenzen betonen und einige Grundregeln für Verhandlungen aufstellen. Aber die Wahrheit ist, dass
dies alles keinerlei bleibende Wirkung hat, wenn die Partner
nicht einen grundlegenden Entschluss fassen, der für ihr gesamtes Beziehungsverhalten gilt und bewahrt wird: Sie müssen sich
entscheiden, *ob sie einander als Feinde oder Verbündete begegnen
wollen.*

Um als Verbündete zu handeln, müssen die Partner ihre Energie in eine Richtung lenken, die für beide förderlich und kraft-
spendend ist. Wenn die Partner ihre Energie kooperativ nutzen,
sieht die Situation folgendermaßen aus: Ein Partner erfüllt die
Bedürfnisse des anderen. Wer die notwendige Kraft und Zuwendung erhält, ist geneigt, dem anderen ebenfalls zu geben, was er
braucht. Ein entspannter, zufriedener Partner ist empfänglicher
und aufnahmebereiter. Wer etwas in sich aufnimmt, ist erfüllter
und hat mehr zu geben. Diese Art des Umgangs ist aus sich heraus lohnend und gewinnt von allein an Kraft. Ein gelegentlicher
Mangel an Aufmerksamkeit fügt der Beziehung keine größeren
Schäden zu, weil die positive Dynamik beiden Partnern über kleinere Durststrecken hinweghilft.

Aus irgendeinem Grund (vielleicht liegt es daran, dass wir zu
viele Filme sehen) begreifen wir nicht, dass diese Art von positiver Dynamik eine regelmäßige Energiezufuhr von beiden Partnern verlangt, manchmal auch größere Anstrengungen, wenn
zugelassen wurde, dass die Bewegung sich verlangsamt. Wir vergessen auch, dass die Dynamik sich genauso gut umkehren und
in die entgegengesetzte Richtung laufen kann: Ein Partner erfüllt
die wichtigsten Bedürfnisse des anderen nicht, und der andere
Partner reagiert entsprechend. Sie fangen an, Machtkämpfe darüber auszutragen, wer den ersten Schritt zu machen und die Bedürfnisse des anderen zuerst zu erfüllen hat. Diese Kämpfe machen beide immer erschöpfter und ausgehungerter. Keiner will
den Blick nach innen richten und fühlen. Anstatt sich für den anderen zu öffnen, verschließen sich beide voreinander. In ihrem
ausgehungerten und gestressten Zustand verfallen sie in kindi-

sche Haltungen und reagieren abwehrend auf Forderungen. Es klingt ziemlich mitleiderregend, doch wer eine gescheiterte Beziehung hinter sich hat, weiß, wie leicht es geschehen kann.

Die Frage ist, wie es den Partnern gelingt, ihre Energie in die Richtung beiderseitigen Nutzens zu lenken. Regelmäßige Gespräche und Berührungen können den Anfang bilden, um sich gegenseitig zu nähren und die Beziehung wachsen zu lassen. Wenn die Partner das Gefühl haben, dass der andere ihre Bedürfnisse erfüllt und sie mit allem Notwendigen versorgt, werden sie zu Verbündeten und fangen eine echte Partnerschaft an. Es ist so einfach wie die Pflege einer Pflanze: Wenn man sie wässert und düngt, wird sie wachsen. Wenn man ihr Nährstoffe vorenthält und sie verdorren lässt, geht sie ein. Dasselbe gilt für eine Partnerschaft.

13 Tanz der Vertrautheit: Zu einer lebendigen Paarbeziehung gehören zwei eigenständige Persönlichkeiten

Eine dynamische und lebendige Beziehung erfordert zwei Menschen, die nicht nur *Partner*, sondern *eigenständige Individuen* sind. In einem Großteil dieses Buches haben wir uns mit Paarproblemen befasst – mit Themen, für die *beide* Partner gemeinsame Verantwortung tragen: Dazu gehören Vereinbarungen, Beziehungsfähigkeiten, Austausch von Gefühlen, Macht und Kontrolle, wechselseitige Erfüllung von Bedürfnissen und die Frage, wie man lernt, das Beste aus geschlechtsspezifischen Unterschieden zu machen. Es ist nicht überraschend, dass dies auch die Themen sind, denen die Literatur über Paarbeziehungen die größte Aufmerksamkeit widmet. Doch das ist nur die halbe Geschichte. Zu einer erfolgreichen Paarbeziehung gehören zwei ausgereifte *Individuen*.

Erkenne dich selbst

Bei den »individuellen Themen« geht es darum, was der Einzelne tun muss, um zu einer erfolgreichen Partnerschaft beizutragen. Jeder Partner hat zum Beispiel eine einzigartige Erfahrungsgeschichte, die er in die Beziehung einbringt, und jeder muss seine eigenen ungelösten Konflikte aufarbeiten. Jede Einzelperson muss persönliche Verantwortung dafür übernehmen, dass sie in der Beziehung stets mit einem *klar definierten Selbst* in Erscheinung tritt. Außerdem ist jeder Einzelne für die *Bewahrung* dieses Selbst in der Beziehung verantwortlich.

Wir reden hier nicht über ein durch Abwehr oder aufgeblasene Egozentrik aufrechterhaltenes Selbst. Davon haben wir alle mehr als genug. Wir reden nicht über die Art von Selbst, die typisch für die »Ich-Generation« ist und sich darin erschöpft, dass man immer zuerst an sich selbst denkt oder von seiner eigenen Wichtigkeit besessen ist. So ein Selbst zu entwickeln, ist nicht besonders schwierig.

Individuen mit einem klar definierten Selbst haben unmittelbaren Zugang zu ihren Gefühlen und wissen in jedem Moment, was sie empfinden. Menschen mit dieser Form von innerer Präsenz haben genügend Vertrauen zu sich selbst, um ihre Gedanken und Gefühle gegenüber dem Partner zu formulieren. Sie haben es nicht nötig, die Gefühle ihres Partners zu übernehmen, um sich lebendig zu fühlen, und sie haben es nicht nötig, sich vor den Gedanken und Gefühlen anderer zu verschließen, um sich sicher zu fühlen. Sie nehmen sich Zeit, um sich selbst zu beobachten und ihr Inneres zu erforschen, weil sie wissen, dass man nur durch ständige Anstrengung zu innerer Bewusstheit gelangt. Sie sind sich darüber im Klaren, dass Selbsterkenntnis ein laufender Prozess ist und dass die Überzeugung, bereits alles über sich selbst zu wissen, die gefährlichste Form von Unwissenheit ist.

Menschen, die mit ihrem tiefsten Innern vertraut sind, brauchen in Gegenwart ihrer Partner keine automatisierten Abwehrmechanismen. Sie müssen sich ihrem Partner nicht entziehen oder widersetzen, um ein Gefühl persönlicher Identität oder Integrität zu bewahren. Partner mit einem starken Selbstgefühl (was, wie gesagt, etwas anderes ist als ein *defensives Selbst*) übernehmen volle Verantwortung für alles, was in ihrer Partnerschaft geschieht.

Im folgenden Fallbeispiel schildern wir eine typische Ehe, in der die Partner ihre innere Entwicklung als Individuen aus den Augen verloren und sich dann – Jahre später – in einer allzu symbiotischen, leblosen Beziehung wiederfanden. Die Aufarbeitung von Partnerschaftsproblemen war in diesem Fall nicht ausreichend, weil die beiden kein klar definiertes Selbst hatten – *und sich dessen nicht bewusst waren.* Wir hoffen, dass ihre Geschichte unsere Leser dazu anregen wird, sich weiterhin anzustrengen und den Aufbau eines eigenen Selbst nicht zu vernachlässigen.

Dennis und Caroline: Kein klar umrissenes Selbst

Dennis und Caroline waren seit 23 Jahren verheiratet. In dieser Zeit hatten sie alles getan, was dazugehörte, um eine Familie zu gründen und Kinder großzuziehen, und viele befriedigende Erfahrungen gemeinsamer Fürsorge geteilt. Jetzt waren die Kinder aus dem Haus, und Dennis und Caroline hatten mehr Freizeit als je zuvor – und die notwendige finanzielle Sicherheit, um diese Freizeit zu genießen. In ihrer Gemeinschaft galten sie als glückliches und erfolgreiches Paar. Oberflächlich betrachtet schienen sie alle Voraussetzungen mitzubringen, um ihr gemeinsames Leben jetzt in vollen Zügen zu genießen. Doch in Wahrheit war ihre Ehe langweilig und unbefriedigend. Beide hatten das Gefühl, dass es noch mehr im Leben geben müsse, aber keiner sprach viel darüber.

Als Dennis und Caroline dann eines Tages auf die Silberhochzeit eines befreundeten Paares gingen, wurden sie direkt mit der Ungenügsamkeit ihrer eigenen Beziehung konfrontiert. Sie erkannten, dass *sie,* wenn es *ihre* Silberhochzeit wäre, nicht vor ihre Familienangehörigen und Freunde treten und sich aufrichtigen Herzens solche zärtlichen Worte sagen oder solche liebevollen Blicke zuwerfen könnten. Aus ihrer Enttäuschung und Traurigkeit erwuchs der Entschluss, ihre Beziehung wieder lebendiger zu machen. Sie wussten, dass das nicht leicht sein würde. Sie setzten sich eine Frist von einem Jahr und versprachen sich, in dieser Zeit mit vollem Einsatz für ihre Beziehung zu kämpfen. Wenn es ihnen dann nicht gelungen war, ihre Ehe so weit wiederherzustellen, dass sie bei ihrer eigenen Silberhochzeit ehrlichen Herzens ihre Zusammengehörigkeit feiern könnten, würden sie sich scheiden lassen. Das Paar, das scheinbar alles hatte, war bereit, sich gegebenenfalls einzugestehen, dass ihm sehr wenig oder vielleicht nichts geblieben war. Dieses Versprechen als solches reichte aus, um der Beziehung wieder etwas neuen Schwung zu geben; aber wie sollten sie jetzt weitermachen?

Die Suche nach der Wahrheit
Dennis und Caroline müssen die Wahrheit über ihre Beziehung herausfinden, damit sie zu einer echten Entdeckungsreise aufbrechen und ihr angestrebtes Ziel erreichen können. Das ist eine der schwierigsten und zeitaufwendigsten Aufgaben, der sie sich jemals gestellt haben, weil die Wahrheit in einer Situation wie dieser unweigerlich schmerzhaft sein wird. Eine Beziehung, die sich nach 23 Jahren in einem so leblosen Zustand befindet, ist eine große Enttäuschung. Beide Partner haben zu dem Niedergang beigetragen, und beide werden Anteile von sich selbst untersuchen müssen, die nicht besonders angenehm für ihr Selbstbild sind.

Das Erste, was Caroline sagte, war, dass sie Dennis' *Bedürftigkeit* nicht ertragen könne. Sie habe sich als Mutter in all den Jahren um ihre Kinder gekümmert und fühle sich überwältigt von seiner Bedürftigkeit, die mit zunehmendem Alter immer größer werde. Sie schaffe es kaum, sich um ihre eigenen Bedürfnisse zu kümmern, geschweige denn um die von Dennis. Er sei so egozentrisch. Und was sei denn überhaupt mit *ihren* Bedürfnissen? Sie könne einfach nicht anders, als sich gegenüber seinen Ansprüchen zu verschließen.

Dennis erklärte, Caroline sei so kritisch und so schwer zufriedenzustellen, dass er irgendwann einfach aufgegeben habe. Der größte Teil ihrer Zuneigung sei an die Kinder gegangen. Früher hätte er auf vielfältige Weise versucht, ihrer Beziehung neue Impulse zu geben. Doch ganz gleich, was er versucht habe, Caroline habe immer etwas an ihm auszusetzen gehabt. Wenn er für eine Sache eintrete, von der er überzeugt sei, werte sie sein Engagement ab. Er wisse, dass es irgendwie albern klinge, aber Caroline scheine im Grunde gar nicht zu wollen, dass er eine eigene Identität entwickle – obwohl sie ihn gleichzeitig dafür verachte, dass er mit ihr verschmolzen sei.

Wir als Therapeuten standen vor der Wahl, entweder das Hin und Her von etwa vierzig gegenseitigen Beschuldigungsrunden zwischen Dennis und Caroline zu verfolgen und ihre Aufmerksamkeit dabei ganz allmählich auf das eigentliche Geschehen zu richten … oder direkt zu einigen der Kernfragen vorzustoßen. Da gegenseitige Beschuldigungen wie diese nur für die Beteiligten selbst aufregend sind, wollen wir diesen Teil überspringen und direkt zu den Ursachen gehen, um zu sehen, ob wir etwas daraus lernen können.

Als objektive Beobachter sehen wir zwei emotional abgestumpfte Partner, die seit Jahren unter Entbehrungen in ihrer Beziehung leiden. Wir können mit Sicherheit voraussagen, dass sich alle möglichen Gefühle unter der Oberfläche angestaut haben. Wir erkennen, dass jede Person fast ausschließlich über die andere spricht, und sind sicher, dass es sich dabei um eine seit Langem bestehende Gewohnheit handelt. Wenn Partner auf diese Weise über den anderen sprechen, wissen wir, dass Schuldzuweisungen und Abwehrhaltungen an der Tagesordnung sind. Alles in allem sehen wir eine Ehe zwischen zwei Menschen, *die nicht fähig waren, ein eigenes, vom Partner getrenntes Selbst zu bewahren.* Deshalb haben sie sich *im anderen verloren* und sind zu einem undifferenzierbaren, leidenschaftslosen Brei verschmolzen.

Lassen Sie uns diese Gedanken, einen nach dem anderen, ausführlicher untersuchen.

Schuldzuweisungen und Abwehr

Schuldzuweisungen sind Gift für eine Partnerschaft. Das Schlimmste ist, dass sie zur Gewohnheit werden – und zwar zu einer so festen Gewohnheit, dass die Partner sich nicht bewusst sind, wie vorwurfsvoll und abwehrend sie geworden sind. Als Dennis und Caroline versuchten, die Verstrickungen in ihrer Ehe zu entwirren, begann fast jeder Satz mit etwas wie: »Du bist …« oder »Du tust …« oder »Du hast dies oder jenes gemacht oder nicht gemacht« oder »Wenn du bloß ...« oder »Ich fasse es nicht, dass du ...« oder »Ich habe immer versucht ... aber du ...« und so weiter. Bei dieser Art von Austausch ist praktisch die gesamte Anstrengung der Beteiligten darauf gerichtet, den anderen aufs Korn zu nehmen. Und in der Hitze des Gefechts macht keiner der Partner den ernsthaften Versuch, konsequent bei sich zu bleiben und von seinem eigenen Inneren auszugehen (genaugenommen sind sie sich nicht einmal bewusst, wie »außer sich« sie in Wahrheit sind). Man könnte auch sagen: Sie wissen nicht, was sie tun.

Der entscheidende Punkt ist folgender: Partner, die sich gegenseitig gewohnheitsmäßig Schuld zuweisen, haben sich in einer Opferrolle verschanzt. Das Opfer in einer Partnerschaft ist wie ein Kind, das glaubt, alle unangenehmen Ereignisse und Gefühle seien auf äußere Ursachen zurückzuführen: »Es ist nicht meine Schuld«. Wenn das Opfer in uns die Regie übernimmt, werden praktisch unsere gesamten Anstrengungen darauf gerichtet, den Partner zum Sündenbock zu machen. Die Opferhaltung trägt viel dazu bei, dass es mit einer Ehe überhaupt bergab geht, und wenn die Talfahrt dann in vollem Gang ist, läuft das Opfer häufig zur Höchstform auf.

Diese inneren Opfer haben seit vielen Jahren unter der Oberfläche gewirkt und sich insgeheim gegenseitig als Hauptursache für die gestörte Ehe betrachtet. Da weder Dennis noch Caroline ihrem inneren Wesen genügend Aufmerksamkeit geschenkt haben, konnten sie achtlos die wohlwollende Lüge aufrechterhalten, dass mit ihrer Ehe alles »in Ordnung« sei. Als sie anfangen, den Schleier der Fiktion zu lüften, ist einer der ersten verborgenen Selbstanteile, die mit Gewalt hervorbrechen, dieses Opfer, das mit dem Finger auf den anderen deutet, um ihn für alle schwerwiegenden Probleme verantwortlich zu machen. Wenn nicht jeder für sich den Entschluss fasst, mehr Verantwortung dafür zu übernehmen, sich seiner selbst gewahr zu bleiben, könnten sie in dieser Phase sehr leicht stecken bleiben (was bei vielen Paaren der Fall ist).

Dennis und Caroline haben keine wirkliche Aussicht, gemeinsam irgendwohin zu gelangen, solange sie in dieser Abwehrstruktur von Schuldzuweisung und Opfer gefangen sind. Das Abwälzen von Verantwortung ist eine sehr hartnäckige Angewohnheit, und sie vollständig abzulegen, wird wahrscheinlich sehr lange dauern, auch wenn man gar nicht früh genug damit beginnen kann. Es ist eine der Ursachen, die Caroline und Dennis gründlich untersuchen müssen.

Als wir ihnen gegenüber erstmals die Vermutung äußerten, dass sie sich beide in festen Opferrollen eingerichtet hätten, reagierten sie zunächst schockiert. Keiner war sich der eigenen Opferhaltung bewusst. Sie hatten diese Möglichkeit nie zuvor in Betracht gezogen. Doch als wir sie darauf aufmerksam machten, wie oft sie sich beide in vorwurfsvolle »Du-Aussagen« verwickelten, konnten sie diese Tatsache schwer leugnen. Als ihnen allmählich klar wurde, wie oft jeder von ihnen zu »Du-Aussagen« griff, wurde ihnen gewahr, wie wenig Kontakt sie zu sich selbst hatten. Die Pflege dieser Bewusstheit ist bereits ein wesentlicher Bestandteil der Veränderung, die sich vollziehen muss.

Dennis und Caroline hatten schon einen großen Fortschritt gemacht, als sie den Entschluss fassten, ihre Beziehung ein Jahr lang zu erforschen. Wie wir häufig betonen, ist das Einnehmen der Opferrolle eine *starke Gewohnheit*, und sie aus eigener Kraft zu überwinden ist sehr schwierig. Wenn Partner sich ihrer selbst nicht bewusst sind, neigen sie dazu, überempfindlich auf den anderen zu reagieren. Anstatt zu erkennen, dass sie um ihrer selbst willen mit den Schuldzuweisungen aufhören müssen, *ganz gleich, was der andere sagt oder tut*, verfangen sie sich in Reaktionen. Der eine zeigt mit dem Finger auf den anderen. Der andere, der kein eigenes Selbst hat, reagiert automatisch und deutet seinerseits mit dem Finger zurück. Darauf reagiert wieder der andere, und so beginnt der Kreislauf konkurrierender Schuldzuweisungen und Abwehrreaktionen.

Wer sich seiner selbst und seiner Gefühle wirklich bewusst ist, sieht ein, dass er mit den Schuldzuweisungen aufhören muss.

Punktum. Das Übernehmen einer Opferrolle wirkt in fast allen Lebensumständen selbstzerstörerisch. Wenn der Partner mit den Schuldzuweisungen weitermacht, so ist das sein Problem. Wer es dem anderen mit gleicher Münze heimzahlt, schadet nur sich selbst. Wenn in einer Beziehung zwischen zwei Individuen, die sich weiterentwickeln wollen, einer mit den Schuldzuweisungen aufhört, wird auch der andere schließlich seine Abwehr aufgeben. Dann erhalten die Partner die Chance, mehr darüber herauszufinden, wer sie wirklich sind – die Ehe bewegt sich voran. Wenn ein Partner anfängt, Verantwortung zu übernehmen, und der andere trotzdem nicht aufhört, ihn ständig für alles verantwortlich zu machen, wird schließlich klar, wie die Sache ausgeht: Die Beziehung ist zu Ende. Dass man lernen muss, auf Schuldzuweisungen zu verzichten, um stattdessen zu erforschen, welche Gefühle im eigenen Innern auftauchen, ist natürlich leichter gesagt als getan. Doch es ist eine unabdingbare Voraussetzung, um eine stagnierende Beziehung wieder zum Laufen bringen oder mit neuem Leben zu füllen.

Auch hier gilt wieder: Es ist wesentlich leichter, den anklagenden Finger einzuziehen und die eigenen Gefühle auszudrücken, wenn eine neutrale Person zugegen ist, die von beiden respektiert wird und die Schuldzuweisungen abfängt, sobald sie geäußert werden (was am Anfang sehr häufig ist). Dennis und Caroline hätten einen Freund bitten können, sie immer wieder für einige Stunden zu beobachten und gegebenenfalls einzugreifen; aber solche Freunde sind rar gesät. Sie brauchten einen ausgebildeten Experten, der ihnen durch diese Phase hindurchhelfen konnte.

Wenn Ihnen der Gedanke widerstrebt, sich Hilfe zu suchen und dafür zu bezahlen, empfehlen wir Ihnen, sich der Herausforderung *jetzt* zu stellen – *bevor* sich eine Krise entwickelt. Beobachten Sie sich selbst kritisch auf versuchte Schuldzuweisungen. Halten Sie inne, sobald Sie sich dabei ertappen, dass Sie über Ihren Partner reden oder – schlimmer noch – ihm sagen, wer er ist. Wahrscheinlich versuchen Sie auf subtile Weise, die Verantwortung auf Ihren Partner abzuwälzen, und das ist der Anfang der Schuldzuweisungen. Achten Sie darauf, wie oft Sie das Wort »Du« in ihren Sätzen verwenden, insbesondere wenn ein strittiges Thema auftaucht. In einer festgefahrenen Beziehung sind »Du«-Aussagen tödlich (außer bei Sätzen wie »Du bist großartig, gutaussehend und ungeheuer verständnisvoll«).

Als Dennis und Caroline anfingen, an ihren Schuldzuweisungen zu arbeiten, wurde ihnen klar, wie oft sie diese Vorwürfe als Mittel der Selbstverteidigung einsetzten. Sie beschlossen, aufmerksamer darauf zu achten – was ein weiterer wichtiger Schritt war. Doch wie sah der nächste Schritt aus? Sie mussten anfangen, sich für ihre Emotionen zu öffnen.

Emotionale Erstarrung

Der entschlossene Versuch, sich keine gegenseitigen Schuldvorwürfe zu machen, reicht noch nicht aus. (Genaugenommen könnte ein spitzfindiger Mensch das Ganze in eine weitere Abwehrform umwandeln: »Ich gebe dir keine Schuld. Aber insgeheim verurteile ich dich für das, was du getan hast.«) Die Partner müssen sich in Methoden üben, die ihr inneres Selbst voranbringen (eine Aufgabe des Einzelnen), und sie müssen lernen, sich ihre Gefühle mitzuteilen (eine Aufgabe des Paares).

In Partnerschaften, die einen Zustand erreicht haben wie bei Dennis und Caroline, ist die Leidenschaft eindeutig verloren gegangen. Sie bewegen sich gemeinsam von einem Tag zum anderen, aber sie sind auch erstarrt. Wie an früherer Stelle erwähnt, ist ein Hauptgrund für den Verlust der Leidenschaft, dass man schwierige Gefühle in sich hineinstopft. Man kann sich unschwer vorstellen, dass sich in Dennis und Caroline nach 23 Ehejahren und insbesondere jetzt, wo ihre Beziehung ins Wanken geraten ist, sehr viel Wut und Groll aufgestaut haben.

Diesen Groll zum Ausdruck zu bringen und zu lernen, wie man seine gutversteckte Wut auf konstruktive Weise herauslassen kann, ist eine weitere Aufgabe, die sich nicht von einem Tag auf den anderen bewältigen lässt. Doch die Gefühle müssen freigelegt werden, bevor die Partner entdecken können, ob noch genug Leidenschaft vorhanden ist, um ihre Beziehung neu zu beleben. Da Dennis und Caroline das Versprechen abgelegt haben, sich selbst ein Jahr Zeit zu lassen, hatten sie keine Ausrede, um sich vor einem Training ihrer Gefühlsfähigkeiten, wie wir es in früheren Kapiteln beschrieben haben, zu drücken. Nachdem sie erkannt hatten, dass es gut für sie wäre, besser mit Gefühlen umgehen zu können (ganz gleich, ob sie letztlich zusammenbleiben würden oder nicht), beschlossen sie, in ihrem Probejahr an diesem Bereich zu arbeiten.

Es war nicht einfach für die beiden: Als Erstes ließen sie ihren Groll heraus. Das fällt anfangs schwer, doch bei Partnern, denen immer noch etwas aneinander liegt, wirkt es letztlich erleichternd und besänftigend, wenn sie ihren Ärger in Gegenwart von Zeugen auf begrenzte, direkte Weise offenbaren. (Wenn nicht, so ist das ein sicheres Zeichen dafür, dass die Beziehung zu Ende geht.) Wenn lang gehegte – große und kleine – Ressentiments ausgedrückt und empfangen werden, können die Partner mit der Entdeckung weiterer Emotionen in ihrer Ehe fortfahren. (Partner, die in einer tiefen Sackgasse stecken, haben große Mühe, einander mehr als ein paar Sekunden anzuhören, ohne eine Verteidigung vorzubereiten. Solchen Paaren empfehlen wir ebenfalls dringend, professionelle Hilfe in Anspruch zu nehmen.)

Wir beginnen das Gefühlstraining mit dem Groll, weil die Partner für gewöhnlich bereit sind, über frühere Ressentiments und Verbitterungen zu reden. Doch das Gefühl, das hinter dem Groll steckt, ist in Wahrheit Wut. Partner, denen die Leidenschaft abhanden gekommen ist und die sich danach sehnen, aus ihrer gemeinsamen Erstarrung herauszukommen, müssen lernen, ihre gegenseitige Wut zum Ausdruck zu bringen und anzunehmen. Wut ist nicht das Ein und Alles beim Gefühlstraining, aber es ist der erste emotionale Ort, an dem die meisten Leute stecken bleiben. Die Weigerung, sich mit dem Zorn auseinanderzusetzen, führt schließlich dazu, dass auch alle anderen Gefühle leiden. Wenn die Partner sich für ihre Wut öffnen, kommen die übrigen Gefühle, die übrigen Leidenschaften viel leichter heraus.

Die Arbeit mit ihrer schon lange angestauten Wut war eine weitere große Herausforderung für Dennis und Caroline. Die meisten Paare haben Schwierigkeiten, mit ihrer Wut umzugehen, aber besonders schwierig ist dieser Umgang für Menschen, die kein echtes Selbst haben. Wenn man kein Selbst hat, kann Wut etwas ungeheuer Furchteinflößendes sein. Dennis und Caroline hatten solche Angst vor der Wut, dass sie dieses Gefühl wegdrückten und verleugneten. Menschen, die sich nicht mit ihrer Wut auseinandersetzen, lassen sie entweder in Form von Beschimpfungen heraus, agieren sie auf passiv-aggressive Weise aus oder stumpfen emotional ab. Dennis und Caroline waren sich einig, dass alle diese Dinge auf sie zutrafen. Da sie sich versprochen hatten, alles in ihrer Macht stehende zu versuchen, beschlossen sie, einige Fähigkeiten zu erwerben, um mit ihrem Zorn umzugehen. Nachdem sie das Wesentliche darüber gelernt hatten, wie sie die Wut ausdrücken und annehmen konnten, stellten sie fest, dass sie wenig vor diesen Gefühlen zu befürchten hatten, und die anderen Gefühle kamen fast von allein. Die beiden tauten weiter auf, drangen zu tieferen Wahrheiten vor, wurden aufgeregter und konnten schließlich klarer erkennen, ob sie ihre Ehe noch wollten oder nicht.

Wer diese Art von Leere und Erstarrung in seiner Beziehung vermeiden möchte, sollte aufmerksam auf Ressentiments achten, wenn sie im Entstehen sind. Seien Sie auf der Hut, wenn Sie merken, dass Sie vor sich hinbrummen, weil Sie sich über Ihren Partner ärgern. Wenn Sie sich dabei ertappen, dass Sie irgendeinem Thema ausweichen oder es auf andere Weise abblocken, sollten Sie Ihren Gefühlen auf den Grund gehen. Wenn Sie feststellen, dass Sie Ihren Ärger hinunterschlucken oder ihn mit logischen Argumenten zu entkräften suchen, sollten Sie besonders wachsam sein. Wer sich diese Muster nicht bewusst macht, beschwört eine Krise in seiner Partnerschaft herauf.

Zwei Menschen, die sich in einer Ehe verlieren

Die Geschichte von Dennis und Caroline klingt vertraut. Ganz am Anfang ihrer Beziehung wussten beide nicht, wer sie in ihrem tiefsten Innern eigentlich waren. Caroline ging sehr früh darin auf, sich um die Kinder zu kümmern, und entwickelte eine Identität als Mutter. Dennis machte den Beruf zur Grundlage seines Selbstverständnisses. Da beide voll davon in Anspruch genommen waren, für andere zu sorgen und ihre Arbeit zu erledigen, lernten sie, so zu tun, als hätten sie ein eigenes Selbst, und *spielten diese Rolle*. Da ihre ganze Aufmerksamkeit auf die Außenwelt gerichtet war, verwendeten beide wenig Mühe darauf, zu erforschen, was in ihrem Innern vor sich ging. Seite an Seite, als Eltern und Ehegatten, taten sie, was getan werden musste, mit beeindruckenden Ergebnissen. Doch ihre innere Welt teilten sie kaum miteinander, hauptsächlich weil sie sich ihres eigenen Innern zu wenig bewusst waren, um es beschreiben zu können.

Als die Kinder das Haus verließen und die Arbeitsbelastung sich verringerte, waren Dennis und Caroline plötzlich sich selbst überlassen, hatten aber nicht viele aufregende oder bedeutsame Gemeinsamkeiten. Wenn sie während der vielen gemeinsamen Jahre ihr inneres Selbst entwickelt und sich darin geübt hätten, sich auf dieser Ebene auszutauschen, hätten sie jetzt ideale Voraussetzungen gehabt, um viele interessante Entdeckungen zu machen und weiter aneinander zu wachsen. Stattdessen mussten sie feststellen, dass sie in lauter Probleme verstrickt waren, voller Schuldzuweisungen steckten und viel eher bereit waren, den anderen abzuwehren, als mit ihm zu wachsen. Wie wir auf vielerlei Art gesagt haben, ist dies typisch für Menschen, die keine Gefühlsarbeit leisten, denn: *Wenn man nicht weiß, was man fühlt, kann man unmöglich wissen, wer man wirklich ist.*

Ehepartner, die kein inneres Selbst entwickeln haben, neigen dazu, sehr stark auf den anderen zu reagieren. Anstatt konsequent die eigene innere Wahrheit zum Ausdruck zu bringen, reagiert jeder überempfindlich auf die Worte des anderen. Wenn beide sich an diesem Spiel beteiligen, reagiert der Mann auf die

Frau, die auf den Mann reagiert, der auf die Frau reagiert und so weiter. Beide Partner sind so vertieft in diesen Prozess, dass in der ganzen Verwirrung die wichtigste Botschaft verloren geht: Es ist niemand zu Hause! Keiner ist für den anderen zu sprechen. Ein irgendwie beängstigendes Szenario, und Kinder von Eltern, die dieses Spiel spielen, zahlen einen hohen Preis dafür.

Man kann diese Situation nur schwer in Angriff nehmen, weil beide Partner sich nicht bewusst sind, dass sie kein klar umgrenztes Selbst haben, das sie dem anderen anbieten können. Wenn kein Partner »zu Hause« ist, und beide einfach auf den anderen reagieren, können sie nur empfinden, was der andere ihnen zufügt. Ohne authentisches Selbst und ohne Übung darin, echte Gefühle in ihrem Innern zu entwickeln, erscheint ihnen das Leben als etwas, das von außen auf sie eindrängt. Weil ihre Haltung sie blind macht, ziehen sie den Schluss, dass die Kräfte, die bestimmen, *wer sie sind und was ihnen in ihrer Partnerschaft zustößt*, ebenfalls von außen kommen müssen. Führt man das Ganze noch einen Schritt weiter, gibt es nur eine logische Konsequenz: Jeder ist überzeugt, dass der andere für alle Schwierigkeiten in der Beziehung verantwortlich sein muss. Das ist das Ende des Weges, den sie gemeinsam gehen können, wenn es nicht zu einem tiefgreifenden inneren Wandel bei jedem Einzelnen kommt.

Sich selbst finden

Wie haben Dennis und Caroline dieses Problem in Angriff genommen? Zunächst haben sie sich eingestanden, dass ihr inneres Selbst nicht so gut entwickelt und klar begrenzt war, wie es sein könnte. Auch zu dieser Entdeckung gelangten sie nicht von einem Tag auf den anderen. Bis sie sich das Ausmaß an gegenseitigen Schuldzuweisungen und Abwehrhaltungen bewusst gemacht hatten und bis ihnen klar wurde, was ihnen an Gefühlsfähigkeiten fehlte, wären beide nie auf die Idee gekommen, dass sie kein voll entwickeltes Selbst haben könnten. Sie schienen sich einfach in einer irgendwie trostlosen Ehe festgefahren zu haben.

Am Anfang ihrer Suche kam es ihnen nahezu lächerlich vor, dass sie diesen Punkt vermeintlicher Reife ohne ein voll entwickeltes Selbst erreicht haben könnten. Nachdem sie tiefer geforscht und einige neue Entdeckungen gemacht hatten, wurde die Erkenntnis bitterer Ernst, dass *sie über die Hälfte ihres Lebens auf diese Weise verbracht hatten.* Ihnen wurde bewusst, dass sie, wenn sie als Individuen ein eigenes Selbst *hätten* – ein Selbst, das in jedem Moment weiß, was es fühlt, ein Selbst, das seine Empfindungen ehrlich äußern kann, das fähig ist, den anderen anzunehmen –, *nicht in dieser toten Beziehung wären.* Das war eine überwältigende Erkenntnis, die den ersten glaubwürdigen Hinweis darauf enthielt, dass die Zukunft etwas anderes für sie bereithalten könnte als Streit und Scheidung.

Dennis und Caroline erreichten auf ihrer Entdeckungsreise einen Punkt, den alle Paare, die sich auf diese Art von Neubewertungsprozess einlassen, irgendwann erreichen. Sie konnten sich für einige kleinere Reparaturen entscheiden und damit ihre Ehe vielleicht für ein paar weitere Jahre zusammenflicken. Oder sie konnten sich für eine Generalüberholung entscheiden. Die einzige uns bekannte, langfristige Lösung für Partner, die sich in ihrer Ehe verloren haben, besteht darin, dass sie sich – über Monate und Jahre – mit aller Kraft darum bemühen, ihr tiefstes Inneres zu erforschen und sich selbst zu finden. Wir bezeichnen das als den »Aufbau eines selbstumfangenden Raums«. Wir sind überzeugt, dass dies die Arbeit ist, die *alle* Partner irgendwann auf die eine oder andere Weise leisten müssen, wenn sie eine reiche, lebendige Partnerschaft bewahren wollen.

Nachdem Dennis und Caroline erklärt hatten, dass es ihnen ernst damit sei, ihre Ehe wieder auf den richtigen Weg zu bringen, beschlossen sie, die Sache anzupacken. Wie bewältigten sie diesen Abschnitt ihrer Reise?

Der Aufbau eines selbstumfangenden Raums

Jede erfüllende Partnerschaft braucht die volle Präsenz zweier Menschen, die sich beide innerhalb ihres eigenen selbstumfangenden Raums befinden. Was meinen wir mit »selbstumfangendem Raum«? Das ist der Ort, wo jeder ganz für sich allein lebt. Er befindet sich in unserem Körper. Er hat Grenzen. Er ist wie ein Gefäß oder ein Korb in unserem Innern. Es ist der Raum innerhalb unseres Körpers, der unsere Gefühle, Sehnsüchte, Absichten und alles andere, das uns zu dem macht, was wir sind, umfängt und hält.

Eine der Möglichkeiten, zu einer inneren Entdeckungsreise aufzubrechen, besteht darin, den Drang zur eigenen Geschäftigkeit, zum ständigen *Tun* zu zügeln: Suchen Sie sich einen ruhigen Ort, setzen Sie sich und fangen Sie an, Ihrer inneren Landschaft mehr Aufmerksamkeit zu schenken. Versuchen Sie es gleich jetzt einmal: Schließen Sie die Augen und richten Sie ihre gesamte Energie nach innen. Wenn Sie feststellen, dass sich das Zentrum Ihrer Wahrnehmung irgendwo oben in der Nähe Ihrer Augen befindet und sich nicht vom Fleck rühren will, versuchen Sie, die »Augen« tiefer wandern zu lassen, nach unten durch den Hals, und sie im Umkreis Ihres Herzens anzusiedeln. Für rational denkende Menschen klingt das vielleicht albern und unsinnig, aber man weiß nichts mit Sicherheit, bevor man es nicht ein paar Mal ausprobiert hat. Wenn Sie in der Lage sind, ihren Blick auf diese Weise nach unten zu bewegen und diesen Zustand einige Minuten zu halten, achten Sie auf den Unterschied zwischen dem, was sie von hier aus »sehen« und dem, was sie normalerweise wahrnehmen. Wir nennen das mit den »inneren Augen« sehen.

Wenn es Ihnen leichter fällt, diese Übung mit geschlossenen Augen zu machen, öffnen Sie jetzt die Augen und sehen Sie nach draußen. Bei den ersten Versuchen stellen die meisten Leute fest, dass das Zentrum ihrer Wahrnehmung sich schlagartig wieder in den Kopf verlagert, und sie fangen fast augenblicklich an, zu urteilen, zu analysieren und auf äußere Reize zu reagieren. Doch mit ein wenig Übung werden Sie bald in der Lage sein, den Unterschied zwischen der üblichen Wahrnehmung und dem Blick durch die »inneren Augen« zu spüren.

Hier eine weitere, einfache Übung: Wenn Sie mit ihrem Partner sprechen und ihn ansehen, versuchen Sie einmal, einen Teil Ihrer Aufmerksamkeit auf Ihrem Nasenrücken zu belassen, während sie gleichzeitig weiterhin Ihren Partner ansehen. Das ist nicht besonders schwierig – wenn man sich vornimmt, es zu tun. Aber versuchen Sie, es länger als ein oder zwei Minuten durchzuhalten. Versuchen Sie es insbesondere, wenn sie ein strittiges Thema am Wickel haben! Sie werden feststellen, dass die übliche Methode – die Methode, die Sie Ihr Leben lang praktiziert haben – darin besteht, dass Sie sich selbst nicht im Blick haben, dass Ihre gesamte Aufmerksamkeit auf die andere Person konzentriert ist und Sie wenig oder gar keine Aufmerksamkeit darauf richten, eigene Verantwortung für das anstehende Problem zu übernehmen. Durch diese gewohnte Sichtweise ist die ganze Aufmerksamkeit automatisch darauf gerichtet, Ereignisse außerhalb von uns selbst zu deuten und darauf zu reagieren. Wenn wir dagegen lernen, aus dem Innern unseres »selbstumfangenden Raums« nach außen zu schauen und uns darüber bewusst zu sein, was in unserem eigenen Innern geschieht, fangen wir an, die Dinge auf völlig andere Weise wahrzunehmen – auf eine Weise, von der wir vorher nicht einmal wussten, dass sie existiert. Außerdem erhalten wir die Chance, mehr Verantwortung für den eigenen Beitrag zu unserem Problem zu übernehmen (und wenn beide Partner bereit sind, eigene Verantwortung zu übernehmen, lassen sich praktisch alle Probleme leichter bewältigen.)

Am Aufbau des »selbstumfangenden Raums« zu arbeiten, ist leichter gesagt als getan. Doch wie bei allen derartigen Aufgaben geht alles viel schneller, wenn man sich jeden Tag ein bisschen Zeit dafür nimmt und regelmäßig übt. Versuchen Sie das nächste Mal, wenn Sie mit Ihrem Partner zusammen sind, Ihre gesamten Energien in sich hineinzuziehen, bevor Sie ein Gespräch beginnen. Bemühen Sie sich bei einem schwierigen Thema, einen Teil Ihrer Konzentration auf die Grenzen Ihres eigenen Körpers zu richten. Stellen Sie sich vor, wie Sie den körperlichen Raum schließen und dann wieder öffnen. Fragen Sie sich in regelmäßigen Abständen, was Sie fühlen. Achten sie darauf, wie schnell Sie diesen Vorsatz vergessen, was zeigt, wie leicht man sich selbst entgleitet. Die Faustregel lautet: *Wenn Ihnen nicht bewusst ist, dass Sie in Ihrem eigenen Innern sind, sind Sie es wahrscheinlich nicht.*

Diese Art von Arbeit erfordert große Anstrengung – mehr als man anfangs vielleicht vermutet. Doch wenn man darin allmählich mehr Übung gewinnt, entwickelt sich eine neue Gewohnheit: Ganz allmählich verstärkt sie sich von allein, und die erneuerte Spannung und Aufregung in der Partnerschaft ist die Mühe allemal wert.

Sechs wichtige Aufgaben

In den gut ein Dutzend Jahren, in denen wir uns mit dem Aufbau des »selbstumfangenden Raums« befasst haben, haben wir sechs entscheidende Elemente oder Aufgaben ermittelt:

1. *Nehmen Sie sich jeden Tag etwas Zeit, um Ihr inneres Selbst zu finden und mit ihm zusammen zu sein.* Um Ihr inneres Selbst zu finden und darauf aufzubauen, müssen Sie ihm regelmäßig Aufmerksamkeit schenken. Das heißt nicht, sich zu einem kontemplativen Leben auf einen entlegenen Berggipfel zurückzuziehen, aber man muss sich schon die Mühe machen, feste Zeiten für die Selbstbeobachtung in seinen Tagesablauf einzuplanen. Schon zwanzig Minuten pro Tag, in denen man sich an einen ruhigen Ort setzt oder spazieren geht und dabei den Blick nach innen richtet, reichen aus, um die Grundlage für einen neuen Umgang mit sich selbst und seiner Umgebung zu schaffen.

2. *Nehmen Sie ein langfristiges kreatives Projekt in Angriff, das weder profit- noch machtorientiert ist.* Kreativität bringt uns in direkten

Kontakt mit unserer inneren Welt. Sie möchten mehr über Ihre Gefühle erfahren? Versuchen Sie, Ihre Emotionen zu malen. Suchen Sie neue Herausforderungen, indem Sie eine kreative Aktivität ausüben, in der sie keine Übung haben. Wenn Sie viel schreiben, probieren Sie einmal, zu zeichnen oder zu malen. Wenn Sie sehr musikalisch sind, wenden Sie sich einmal der Bildhauerei zu. Entscheidend ist, dass Sie sich konsequent und regelmäßig auf den kreativen Prozess einlassen, sagen wir, mindestens einmal in der Woche.

3. *Erledigen Sie Unerledigtes.* Bei den meisten Menschen ist der »selbstumfangende Raum« vollgestopft mit unerledigten Angelegenheiten aus der Vergangenheit, einschließlich alter Bindungen und unausgedrückter Gefühle. Die Arbeit beginnt damit, diese alten, aufgestauten Erfahrungen aufzuspüren und auszuräumen, um das Selbst zugänglicher zu machen. Nach unserer langjährigen Erfahrung führt diese Art von Aufräumarbeit fast ausnahmslos dazu, dass Menschen sich darauf konzentrieren, alte Verletzungen zu heilen.

4. *Nehmen Sie sich fest vor, aufmerksamer auf Ihre eigenen Abwehrmechanismen zu achten.* Ihre Abwehrmechanismen sind die schützenden Mauern, die Sie im Laufe der Jahre errichtet haben; sie haben Ihnen in der ersten Hälfte Ihres Lebens zweifellos gute Dienste erwiesen, aber wenn Sie sie in der zweiten Hälfte gewohnheitsmäßig in Ihrer Partnerschaft einsetzen, ersticken Sie die Gefühle und die Lebendigkeit in Ihrer Beziehung. Das Ziel ist nicht, ganz ohne Schutzmechanismen zu leben, sondern zu erkennen, *wann* ihr Einsatz angemessen ist. Abwehrmechanismen werden in der Partnerschaft nur zum Problem, wenn die Partner sich so fest in ihrer Verteidigungsstellung eingerichtet haben, dass sie sich gar nicht mehr anders verhalten können.

5. *Konzentrieren Sie sich darauf, Ihre emotionale Bewusstheit zu erweitern.* Lernen Sie vor allem, Gefühle zu lokalisieren, auszudrücken und aufzunehmen. Werfen Sie nötigenfalls noch einmal einen Blick in die Kapitel über Gefühlstraining.

6. Gehen Sie achtsam mit Ihrem Körper um. Der Aufbau eines selbstumfangenden Raums in einem vernachlässigten Körper ist schwierig. Jüngere Menschen mögen sich für unsterblich halten und fröhlich Raubbau an den Kräften ihres praktisch wartungsfreien Körpers treiben. Doch wenn wir älter werden, sagt der Körper uns regelmäßig (auch wenn wir es nicht hören wollen), dass wir auf seine Ernährung achten und ihn regelmäßig bewegen sollten.

Für dieses Kapitel haben wir das Fallbeispiel eines Paares gewählt, das in einer Krise steckt. Warum haben wir keine richtige Erfolgsstory ausgesucht? Weil die Höhen einer Beziehung relativ leicht zu erreichen, aber nicht von Dauer sind. Die echte Paararbeit erfordert gezielte, nüchterne, tägliche Aufmerksamkeit und Anstrengung. Jeder kennt Paare wie Dennis und Caroline – was daran liegt, dass man sehr leicht in eine symbiotische, emotional abgestumpfte Beziehung voller Schuldzuweisungen hineinschlittert. Tief in ihrem Innern wussten diese Partner wahrscheinlich sehr früh in ihrer Ehe, dass sie mehr Anstrengung darauf verwenden sollten, ihre Beziehung zu stärken, aber irgendwie sind ihnen die Dinge entglitten. Sie können immer noch alles zum Guten wenden. Wir haben viele Paare kennengelernt, die zu mehr Leidenschaft zurückgefunden haben, als sie je für möglich gehalten hätten – aber was wäre, wenn sie früher angefangen hätten? Was wäre, wenn der Großteil ihrer 23 gemeinsamen Jahre mit Leidenschaft, Entdeckung, Aufregung, Lebendigkeit gefüllt gewesen wäre anstatt mit schläfriger Unaufmerksamkeit für das eigene innere Wesen? Am Ende geht es vielleicht nicht so sehr darum, ob man eine scheinbar gescheiterte Beziehung wieder neu beleben kann, denn das ist in vielen Fällen möglich, sondern vielleicht auch um die vielen verlorenen, verschwendeten Jahre und die nicht gelebten Möglichkeiten einer reichen, erfüllten Partnerschaft.

Wir möchten Sie auffordern, *jetzt* zu beginnen. Und beginnen Sie mit dem, was Sie jetzt *sofort* tun können: Fangen Sie an, sich selbst zu finden, damit Sie mehr zu Ihrer Partnerschaft beitragen können. Wenn unser Bild des »selbstumfangenden Raums« für Sie nicht funktioniert, probieren Sie etwas anderes aus, um den Entwicklungsprozess Ihres inneren Selbst in Angriff zu nehmen: Erneuern Sie Ihr Versprechen, sich voll und ganz in Ihre Partnerschaft einzubringen, und aktualisieren Sie die Vereinbarungen, die Sie mit Ihrem Partner getroffen haben. Setzen Sie sich eine Frist, um Ihre Ressentiments zu klären, wenn Sie spüren, dass sie Ihre Beziehung belasten. Probieren Sie mindestens einmal im Jahr irgendeine Form von Partnerschaftstraining aus (und erlauben Sie sich selbst, in dieser anspruchsvollsten aller Lebensdisziplinen immer wieder etwas Neues zu lernen). Geben Sie sich nicht der bequemen Annahme hin, dass Sie ohne jede Anstrengung »glücklich und zufrieden bis an ihr Ende leben« können, denn, wie Sie jetzt wissen sollten, geschieht das tatsächlich nur im Märchen.

Schlusswort

Keine der Ausführungen in diesem Buch kann dazu beitragen, Ihre Partnerschaft erfüllter zu gestalten, wenn Sie – als Paar – nicht einen gründlichen Blick auf Ihre Prioritäten werfen. In gescheiterten Beziehungen haben die Partner ausnahmslos ihre Arbeit, Kinder, Freunde und Familie über den Partner gestellt. Irgendwo in ihrem tiefsten Innern hegen diese Partner die unbewusste Überzeugung, ihre Beziehung werde alle Belastungen aushalten. Das ist nicht nur kitschig, es ist vor allem *falsch*. Diese Überzeugung geht auf die Erwartung zurück, dass Mama und Papa immer da sein werden, ganz gleich, wie schlecht man sich benimmt oder wie wenig man von sich selber gibt. Doch Mann und Frau in einer dauerhaften Beziehung sind Liebespartner, keine Eltern. Wenn sich nicht beide darüber einig sind, dass ihre Beziehung an erster Stelle steht, gibt es nichts, was ihre Partnerschaft auf Dauer leidenschaftlich, erfüllend und letztlich intakt halten kann.

Manchmal müssen Sie, als Liebespartner, ihre partnerschaftlichen Verpflichtungen beiseiteschieben. Doch wenn Sie dies häufiger tun, als sich gegenseitig Zuwendung in Form von Gesprächen, Zärtlichkeiten, Aufmerksamkeit und Gefühlen zu geben, können Sie die Hoffnung auf eine erfüllte Beziehung genauso gut auf der Stelle über Bord werfen. Doch wenn Sie bereit sind, sich voll und ganz auf Ihren Partner einzulassen und Ihre Prioritäten neu zu ordnen, kann Ihre Partnerschaft alles sein, was Sie sich davon ersehnen. Die Entscheidung liegt bei Ihnen, und wir wünschen Ihnen damit alles Gute!

Über die Autoren

Doug und Naomi Moseley sind Eheberater mit Praxen in Neu-Mexiko und British Columbia, Kanada. Sie halten Vorlesungen, Seminare und Wochenendworkshops in den USA und Kanada ab. Sie sind beide zum zweiten Mal verheiratet und haben die Leitlinien ihres Buches selbst erfolgreich angewendet.

Homepage: www.intimacytraining.com